证券业从业人员资格考试采分点丛书

2012 最新版

证券交易
采分点与模拟测试

证券业从业人员资格考试采分点丛书编委会／编
杜征征／主编

严格依据
证券业从业人员
资格考试大纲编写

ZHENGQUAN
JIAOYI
CAIFENDIAN YU MONI CESHI

中国纺织出版社

内 容 提 要

证券业从业人员资格考试具有"点多、面广、题量大、分值小"的特点,凭借以往押题、扣题式的复习方法很难通过考试。

准备应考时,选择一种好的辅导资料能够起到事半功倍的效果。本书严格依据《证券业从业人员资格考试大纲》证券交易部分的要求编写,对考试大纲、复习指导用书和历年真题进行分类解析,贯通知识,把考点和易混淆点组合成一个个"采分点",直指考试要点。同时本书还提供了数套模拟试题,并附有参考答案和详细解析,便于读者巩固复习效果、掌握答题技巧和提高应试能力。

本书将考试大纲、复习指导用书、历年考试真题和模拟测试融为一体,是一本高效的复习参考用书。

图书在版编目(CIP)数据

证券交易采分点与模拟测试 / 杜征征主编. —北京:中国纺织出版社,2012.8
(证券业从业人员资格考试采分点丛书)
ISBN 978-7-5064-8805-1

Ⅰ. ①证… Ⅱ. ①杜… Ⅲ. ①证券交易—资格考试—自学参考资料 Ⅳ. ①F830.91

中国版本图书馆CIP数据核字(2012)第144472号

策划编辑:丁守富　　特约编辑:刘红艳　　责任印制:陈 涛

中国纺织出版社出版发行
地址:北京东直门南大街6号　邮政编码:100027
邮购电话:010—64168110　传真:010—64168231
http://www.c-textilep.com
E-mail:faxing@c-textilep.com
北京通天印刷有限责任公司印刷　各地新华书店经销
2012年8月第1版第1次印刷
开本:787×1092　1/16　印张:17.5
字数:342千字　定价:36.80元

凡购本书,如有缺页、倒页、脱页,由本社图书营销中心调换

证券业从业人员资格考试采分点丛书

编委会

主　编

杜征征

编　委

任胜利	白雅君	杨礼辉	石　磊
吴　宁	马春雷	马文颖	贾　云
刘翠明	李跃丽	郭　凯	许　磊
王伟艳	石万华	宋　伟	赵春娟

证券交易 知识树

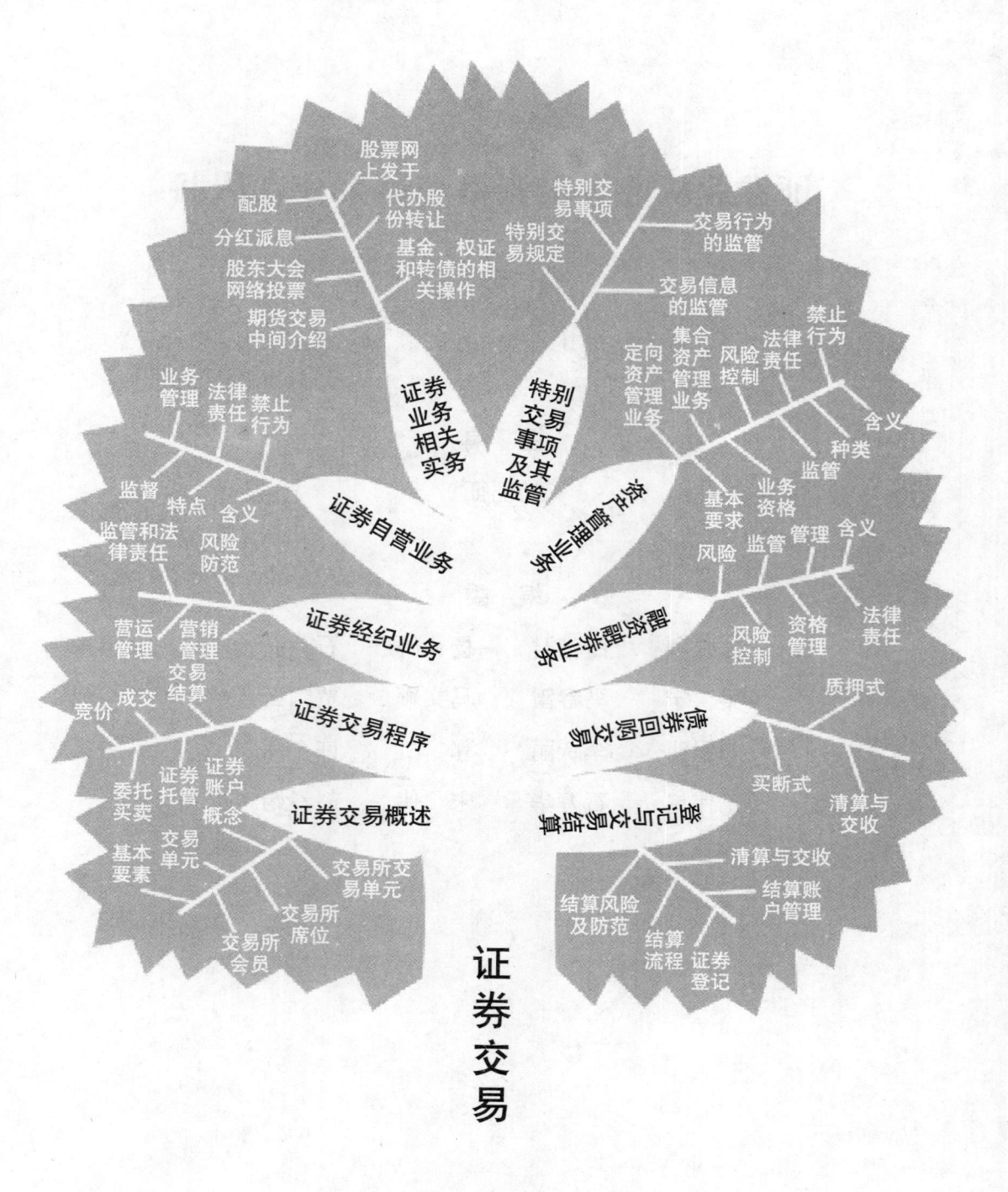

证券业务相关实务
- 配股
- 分红派息
- 股东大会网络投票
- 期货交易中间介绍
- 股票网上发行
- 代办股份转让
- 基金、权证和转债的相关操作

特别交易事项及其监管
- 特别交易事项
- 特别交易规定
- 交易行为的监管
- 交易信息的监管

资产管理业务
- 集合资产管理业务
- 定向资产管理业务
- 风险控制
- 法律责任
- 禁止行为
- 基本要求
- 业务资格
- 监管
- 风险

证券自营业务
- 含义
- 特点
- 监督监管和法律责任
- 风险防范
- 业务管理
- 法律责任
- 禁止行为

融资融券业务
- 含义
- 种类
- 监管
- 管理
- 资格管理
- 风险控制
- 法律责任

证券经纪业务
- 营运管理
- 营销管理
- 交易结算

债券回购交易
- 质押式
- 买断式
- 清算与交收

证券交易程序
- 竞价
- 成交

登记与交易结算
- 清算与交收
- 结算账户管理
- 结算风险及防范
- 结算流程
- 证券登记

证券交易概述
- 委托买卖
- 证券托管
- 账户概念
- 交易单元
- 基本要素
- 交易所交易单元
- 交易所席位
- 交易所会员

前言 PREFACE

证券业从业人员资格考试是由中国证券业协会负责组织的全国统一考试,是进入银行或非银行金融机构、上市公司、投资公司、大型企业集团、财经媒体、政府经济部门的重要参考,因此,参加证券从业人员资格考试是从事证券职业的第一道关口,证券从业资格证同时也被称为证券行业的准入证。

怎样才能顺利通过证券业从业人员资格考试呢?这就要从考试的特点入手进行分析。总体来说,证券业从业人员资格考试具有"点多、面广、题量大、分值小"的特点。这些特点就决定了凭借以往那种押题、扣题式的复习方法很难通过考试,而进行全面系统的复习和准备会更加有效。但是,对于考生来说这种全面、系统地复习又面临着一个突出的矛盾:一方面考试教材涉及面广、信息量大,需要记忆学习的内容多;另一方面这类考生大多数不同于全日制学生,时间多是零散的,难以集中精力进行复习的。广大考生热切盼望着能够有一种行之有效的复习方法解决这个矛盾。

本套丛书就定位于为考生解决这个矛盾。具体来说本套丛书具有如下特点:

1. 撷精取粹,抓住要点。编者对考试大纲、教材和历年考试真题进行了细致的分析,吃透考试精神,撷精取粹,提炼出考试可能出题的各个考点。

2. 融会贯通,高效记忆。提炼出考点后,站在出题者的角度进行思考,找出考试最可能涉及的"易混淆点",与以下划线重点标示的考点形成强烈的对比,加深考生的记忆,这样就形成一个个"采分点"。这个过程是分析、提炼、总结的过程,更是对知识融会贯通的过程。

3. 全真模拟,贴近实战。理论联系实际才能发挥作用。本丛书中各册书籍都提供了数套严格依据真实考试的试卷设置题型、题量以及出题比例的模拟试卷,全方位模拟考试真题。模拟试卷一是便于考生对考试重点进行解析、强化,巩固复习效果;二是贴近实战,便于考生熟悉考试情况。

4. 答案解析,升华提高。模拟试卷后都附有参考答案和详细解析,帮助读者查漏补缺,检验巩固复习效果,掌握解题思路和答题技巧,提高应试能力。

经过长期对考生和考试特点的研究和总结,掌握了其中的规律,这套倾注了编者心血的丛书才得以策划编写完成。丛书代考生进行分析、精炼、总结，直指考试要点，能够帮助考生在最短的时间内以最佳的方式取得最好成绩，是提高考生的应试能力及考前冲刺复习最实用的参考书。

本书在编写过程中得到了许多专家学者的大力支持，但因涉及内容广泛，书稿虽经全体编者精心编写、反复修改，疏漏和不当之处在所难免，欢迎广大专家和读者不吝赐教指正，以备再版修正，在此谨表谢意。

任何考试都非高不可攀，只要学习得法就一定能取事半功倍的效果。衷心祝愿各位读者复习轻松、考试顺利，轻松取得好成绩！

编　者

2012 年 7 月

目录 CONTENTS

第一篇 采分点

第一章 证券交易概述 3
第二章 证券交易程序 11
第三章 特别交易事项及其监管 23
第四章 证券经纪业务 31
第五章 经纪业务相关实务 48
第六章 证券自营业务 63
第七章 资产管理业务 69
第八章 融资融券业务 77
第九章 债券回购交易 84
第十章 证券登记与交易结算 89

第二篇 模拟测试

《证券交易》模拟试卷（一） 97
《证券交易》模拟试卷（一）参考答案与解析 114
《证券交易》模拟试卷（二） 145
《证券交易》模拟试卷（二）参考答案与解析 162
《证券交易》模拟试卷（三） 191
《证券交易》模拟试卷（三）参考答案与解析 207
《证券交易》模拟试卷（四） 230
《证券交易》模拟试卷（四）参考答案与解析 246

第一篇 采分点

第一章 证券交易概述

采分点1：证券是用来证明证券持有人有权取得相应权益的凭证。（2011、2008年考试涉及）

——易混淆点：发行人；交易组织者；运行监督人

采分点2：证券交易的特征主要表现为证券的流动性、收益性、风险性三个方面。（2007年考试涉及）

——易混淆点：流动性，收益性，安全性，稳定性，流动性，收益性

采分点3：证券只有通过流动才具有较强的变现能力，所以证券必须有流动机制。

——易混淆点：升值空间

采分点4：新中国证券交易市场始建于1986年。（2009年考试涉及）

——易混淆点：1982；1987；1984

采分点5：从1988年4月起，我国先后在61个大中城市开放了国库券转让市场。

——易混淆点：59；60；62

采分点6：1990年12月19日和1991年7月3日，上海证券交易所和深圳证券交易所先后正式开业。（2011、2008年考试涉及）

——易混淆点：1991年12月19日；1990年2月19日；1991年2月19日

采分点7：1992年初，人民币特种股票（B股）在上海证券交易所上市。

——易混淆点：深圳；香港；纽约

采分点8：1999年7月1日，正式实施《证券法》，这标志着维系证券交易市场运作的法规体系趋向完善。

——易混淆点：《公司法》；《证券公司管理办法》；《证券交易所管理办法》

采分点9：2004年5月，中国证监会批准了深圳证券交易所在主板市场内开设中小企业板块，并核准了中小企业板块的实施方案。

——易混淆点：上海证券交易所，香港证券交易所，纽约证券交易所

采分点10：我国股权分置改革试点工作启动的时间是2005年4月底。（2010年考试涉及）

——易混淆点：2004年5月底；2005年5月底；2006年1月底

采分点11：《证券法》于2005年10月重新修订，经第十届全国人民代表大会常务

委员会第十八次会议通过后颁布,并于 2006 年 1 月 1 日起正式实施。

——易混淆点:2005 年 1 月;2006 年 10 月

采分点 12:为了保障证券交易功能的发挥,以利于证券交易的正常运行,证券交易必须遵循"公开、公平、公正"三个原则。

——易混淆点:公开,安全,公正;公平,安全,公正

采分点 13:证券交易参与各方应依法及时、真实、准确、完整地向社会发布有关信息是公开原则的要求。

——易混淆点:公平;公正;安全

采分点 14:公平原则是指参与交易的各方应当获得平等的机会。

——易混淆点:应当公正地对待证券交易的各方;资金数量不同的交易主体应享受公平的待遇;除证券公司外,各方处于平等的法律地位

采分点 15:公开原则核心要求是实现市场信息的公开化。

——易混淆点:参与交易的各方应当获得平等的机会;交易各方要及时公布有关信息;上市公司对重大事项及时向社会公布

采分点 16:股票交易、债券交易、基金交易以及其他金融衍生工具的交易等,是按照证券交易对象的品种划分的。(2011 年考试涉及)

——易混淆点:交易规模;交易场所;交易性质

采分点 17:股票交易可以在证券交易所进行,也可以在场外交易市场进行。(2010 年考试涉及)

——易混淆点:必须在证券交易所进行,不可以在场外交易市场进行;必须在场外交易市场进行,不可以在证券交易所进行

采分点 18:股票交易在证券交易所进行的通常称为上市交易。

——易混淆点:柜台交易

采分点 19:根据发行主体的不同,债券主要有政府债券、金融债券、和公司债券三大类。

——易混淆点:债券持有人;债券承销商;发行对象

采分点 20:利益共享、风险共担的集合证券投资方式是基金交易。

——易混淆点:股票交易;债券交易

采分点 21:从基金的基本类型看,一般可以分为封闭式与开放式两种。

——易混淆点:封闭式与现货;开展放式与现货

采分点 22:开放式基金份额的申购价格和赎回价格,是通过对某一时点上基金份额实际代表的价值即基金资产净值进行估值,在基金资产净值的基础上再加一定的手续费而确定的。(2011、2003 年考试涉及)

——易混淆点:基金资产总价值;基金份额市值;双方协商

采分点 23：开放式指数基金代表的是一篮子股票的投资组合，追踪的是实际的股价指数。

——易混淆点：实际股票价格；投资组合总市值；上证 50 指数

采分点 24：属于基础性的金融产品有股票、债券等。

——易混淆点：可转换债券；权证

采分点 25：金融衍生工具交易包括权证交易、金融期货交易、金融期权交易、可转换债券交易等。（2009 年考试涉及）

——易混淆点：股票交易；基金交易

采分点 26：从内容上看，权证具有期权的性质。（2011、2009 年考试涉及）

——易混淆点：所有权；约定交易；远期交易

采分点 27：金融期货交易是指以金融期货合约为对象进行的流通转让活动。

——易混淆点：权证；股票；金融衍生产品

采分点 28：在实践中，金融期货主要有三种类型，分别为外汇期货、利率期货、股权类期货（如股票价格指数期货和股票期货等）。（2008 年考试涉及）

——易混淆点：国债期货，外汇期货，利率期货；金属期货，利率期货，股权类期货

采分点 29：金融期权交易是指以金融期权合约为对象进行的流通转让活动。

——易混淆点：期货合约；远期合约

采分点 30：买入期权指期权的买方具有在约定期限内按协定价格买入一定数量金融工具的权利，卖出期权指期权的买方具有在约定期限内按协定价格卖出一定数量金融工具的权利。

——易混淆点：金融工具市价；双方即时协商的价格；合同约定价格

采分点 31：如果按照金融期权基础资产性质的不同，金融期权还可以分为股权类期权、利率期权、货币期权、金融期货合约期权、互换期权等。

——易混淆点：国债期货期权；金属期货期权

采分点 32：在通常情况下，可转换债券转换成普通股，因此它具有债权和期权的双重特性。

——易混淆点：债权和股权；债权和权证；股权和期权

采分点 33：根据交易合约的签订与实际交割之间的关系，证券交易的方式有现货交易、远期交易和期货交易。

——易混淆点：交易的时间不同；交易的期限不同；交易合约的内容不同

采分点 34：期货交易是在交易所进行的标准化的远期交易，即交易双方在集中性的市场以公开竞价方式所进行的期货合约的交易。

——易混淆点：非标准化；集中性；非集中性

采分点 35：期货交易与远期交易的类似地方，都是<u>现在定约成交，将来交割</u>。（2002年考试涉及）

——**易混淆点**：非标准化的，在场外市场进行；期货交易和远期交易以通过交易获取标的物为目的；期货交易与远期交易都是进行实物交收的

采分点 36：从运作方式看，回购交易结合了<u>现货交易和远期交易</u>的特点，通常在债券交易中运用。

——**易混淆点**：现货交易和期货交易；远期交易和期货交易；现货交易与期权交易

采分点 37：债券买卖双方在成交的同时，约定于未来某一时间以某一价格双方再进行反向交易的这种行为是<u>债券回购交易</u>。（2009年、2008年考试涉及）

——**易混淆点**：现货；期货；远期

采分点 38：信用交易是投资者通过交付<u>保证金</u>取得经纪商信用而进行的交易，也称为融资融券交易。（2011年考试涉及）

——**易混淆点**：押金；资金；金融工具

采分点 39：2005年10月重新修订后的<u>《证券法》</u>取消了证券公司不得为客户交易融资融券的规定。

——**易混淆点**：《公司法》；《企业破产法》；《企业所得税法》

采分点 40：中国证券监督管理委员会（简称"中国证监会"）发布了《证券公司融资融券业务试点管理办法》，<u>上海证券交易所和深圳证券交易所</u>也公布了融资融券交易试点的实施细则。

——**易混淆点**：香港证券交易所和上海证券交易所；香港证券交易所和深圳证券交易所

采分点 41：证券投资者可以分为<u>个人投资者和机构投资者</u>两大类。

——**易混淆点**：个人投资者和政府性投资；企业及事业法人投资和各类基金

采分点 42：在证券经纪业务中，<u>委托人</u>是指依国家法律法规的规定，可以进行证券买卖的自然人或法人。（2008年考试涉及）

——**易混淆点**：经纪商；托管商；代理人

采分点 43：我国《证券法》规定，证券交易所、证券公司和证券登记结算机构的从业人员、证券监督管理机构的工作人员以及法律、行政法规禁止参与股票交易的其他人员，在任期或者法定限期内，不得<u>直接或者以化名、借他人名义持有、买卖股票</u>，也不得收受他人赠送的股票。

——**易混淆点**：就股票趋势提出自己的看法

采分点 44：一般的境外投资者可以投资在证券交易所上市的 B 股，而合格境外机构投资者则可以在经批准的投资额度内投资在交易所上市的除 B 股以外的股票、国债、可转换债券、企业债券、权证、封闭式基金、经中国证监会批准设立的开放式基金，还可

以参与股票增发、配股、新股发行和可转换债券发行的申购。（2002年考试涉及）

——易混淆点：国债；A股；权证

采分点 45：在我国，证券公司是指依照《中华人民共和国公司法》（简称《公司法》）规定和经国务院证券监督管理机构审查批准的，经营证券业务的有限责任公司或者股份有限公司。（2007年考试涉及）

——易混淆点：证券交易所；证券登记结算机构；证券业协会

采分点 46：证券公司经营证券经纪、证券投资咨询和证券交易及证券投资活动有关的财务顾问业务时，此证券公司注册资本最低限额为人民币5000万元。

——易混淆点：500；2000

采分点 47：证券公司经营证券承销与保荐、证券自营、证券资产管理、其他证券业务之一的，注册资本最低限额为人民币1亿元。（2008年考试涉及）

——易混淆点：5000万；2亿；5亿

采分点 48：证券公司经营相关业务时，国务院证券监督管理机构根据审慎监管原则和各项业务的风险程度可以调整注册资本最低限额，但不得少于规定的限额。（2011年考试涉及）

——易混淆点：注册资本最高限额；实收资本最高限额；实收资本的最低限额

采分点 49：证券交易所是有组织的市场，又称"场内交易市场"，是指在一定的场所、一定的时间，按一定的规则集中买卖已发行证券而形成的市场。（2011年考试涉及）

——易混淆点：场外交易市场

采分点 50：在我国，根据《证券法》的规定，证券交易所是为证券集中交易提供场所和设施，组织和监督证券交易，实行自律管理的法人。

——易混淆点：不以营利为目的；为证券集中交易提供信息

采分点 51：证券交易所的设立和解散，由国务院决定。

——易混淆点：地方政府决定；证券交易所的管理人决定

采分点 52：证券交易所可以提供证券交易的场所和设施、制定证券交易所的业务规则、接受上市申请、安排证券上市、组织及监督证券交易、对会员进行监督、对上市公司进行监督、设立证券登记结算机构、管理和公布市场信息、中国证监会许可的其他职能。（2002年考试涉及）

——易混淆点：以营利为目的的业务；新闻出版业；发布对证券价格进行预测的文字和资料；为他人提供担保

采分点 53：证券交易所的组织形式有会员制和公司制两种。（2009年考试涉及）

——易混淆点：会员制和集合制；公司制和集合制；股份制和公司制

采分点 54：证券交易市场发展的早期柜台市场是一种重要的形式，许多有价证券的买卖是在银行或证券公司等金融机构的柜台上进行的。

——**易混淆点**：集中交易市场

采分点 55：在场外交易市场，金融机构的柜台既是交易的组织者，又是交易的直接参加者。（2011 年考试涉及）

——**易混淆点**：交易的组织者；交易的直接参加者；交易的监管者

采分点 56：我国《证券法》规定，证券登记结算机构是为证券交易提供集中登记、存管与结算服务，不以营利为目的的法人。（2011 年考试涉及）

——**易混淆点**：证券交易所；证券公司；银行

采分点 57：证券登记结算机构具有自律管理的要求，它为证券市场提供安全、高效的证券登记结算服务，需采取以下措施保证业务的正常进行：要制定完善的风险防范制度和内部控制制度；要建立完善的技术系统，制定由结算参与人共同遵守的技术标准和规范；要建完善的结算参与人准入标准和风险评估体系；要对结算数据和技术系统进行备份，制定业务紧急应变程序和操作流程。

——**易混淆点**：提供安全，便利，迅捷的交易与交易后服务；制定完善的制度，以达到相互促进，相互制约的目的

采分点 58：定期交易和连续交易是按照交易时间的连续特点划分的。

——**易混淆点**：交易对象的执行特点；交易价格的决定特点；交易结果的登记情况

采分点 59：定期交易的特点有，批量指令可以提供价格的稳定性；指令执行和结算的成本相对比较低。

——**易混淆点**：市场为投资者提供了交易的即时性；交易过程中可以提供更多的市场价格信息

采分点 60：按交易价格的决定特点划分，有指令驱动和报价驱动。

——**易混淆点**：定期交易系统；连续交易系统

采分点 61：订单驱动市场是一种竞价市场，也称指令驱动。

——**易混淆点**：报价驱动；定期交易系统；连续交易系统

采分点 62：指令驱动的特点有，证券交易价格由买方和卖方的力量直接决定；投资者买卖证券的对手是其他投资者。（2009 年考试涉及）

——**易混淆点**：证券成交价格的形成由做市商决定；投资者买卖证券都以做市商为对手，与其他投资者不发生直接关系

采分点 63：证券的流动性是证券市场生存的条件。

——**易混淆点**：稳定性；有效性；安全性

采分点 64：从积极的意义上看，证券市场流动性为证券市场有效配置资源奠定了基础。

——**易混淆点**：稳定性；有效性；安全性

采分点 65：证券市场流动性包含两个方面的要求，即成交速度和成交价格。

——易混淆点：低成本和高效率；成交速度和低成本；成交价格和高效率

采分点 66：证券市场的稳定性是指证券价格的波动程度。

——易混淆点：流动性；安全性；有效性

采分点 67：证券市场的稳定性可以用市场指数的风险度来衡量。

——易混淆点：流动性；安全性；有效性

采分点 68：证券市场的有效性包含两个方面的要求：一是证券市场的高效率，二是证券市场的低成本。（2009 年考试涉及）

——易混淆点：流动性；安全性；稳定性

采分点 69：在证券市场上，证券交易所是最主要的交易场所。

——易混淆点：证券登记结算机构；证券公司；银行

采分点 70：上海证券交易所和深圳证券交易所都采取会员制。（2009 年考试涉及）

——易混淆点：公司制；集合制；股份制

采分点 71：证券公司申请文件齐备的，证券交易所予以受理，并自受理之日起 20 个工作日内作出是否同意接纳为会员的决定。

——易混淆点：10；15；25

采分点 72：证券交易所会员应当设会员业务联络人 1 至 4 名，根据授权履行会员代表职责。（2010 年考试涉及）

——易混淆点：2 至 4 名；2 至 3 名；1 至 2 名

采分点 73：证券交易所会员应当向证券交易所履行下列定期报告义务：每月前 7 个工作日内报送上月统计报表及风险控制指标监管报表，每年 4 月 30 日前报送上年度经审计财务报表和证券交易所要求的年度报告材料，每年 4 月 30 日前报送上年度会员交易系统运行情况报告，证券交易所规定的其他定期报告义务。

——易混淆点：12 月 30；1 月 30 日；5 月 30 日

采分点 74：证券交易所在会员监管过程中，对存在或者可能存在问题的会员，可以根据需要采取下列措施：口头警示；书面警示；要求整改；约见谈话；专项调查；暂停受理或者办理相关业务；提请中国证监会处理。

——易混淆点：取消会员资格；移交司法机关；通报批评

采分点 75：证券交易所会员受到取消交易权限纪律处分的，应当自收到处分通知之日起 5 个工作日内在其营业场所予以公告。

——易混淆点：3；10；15

采分点 76：证券交易所特别会员享有的权利有，列席证券交易所会员大会；向证券交易所提出相关建议；接受证券交易所提供的相关服务。（2009 年考试涉及）

——易混淆点：对证券交易所事务的提议权和表决权；对证券交易所事务和其他会员的活动进行监督；有选举权和被选举权

采分点 77：在我国，证券公司要取得交易席位，应向证券交易所提出申请。（2010年考试涉及）

——易混淆点：证券登记结算机构；中国证监会；证券业协会

采分点 78：从上海证券交易所和深圳证券交易所的相关管理制度看，交易席位代表了会员在证券交易所拥有的权益，是会员享有交易权限的基础。（2011年考试涉及）

——易混淆点：交易单元；交易价格；交易对象

采分点 79：深圳证券交易所会员取得席位后，享有下列权利，进入证券交易所参与证券交易，每个席位自动享有一个交易单元的使用权；每个席位自动享有一个标准流速的使用权；每个席位每年自动享有交易类和非交易类申报各2万笔流量的使用权；证券交易所章程、业务规则规定享有的其他权利。

——易混淆点：可大宗交易；获取证券交易即时行情，证券指数，证券交易公开信息等交易信息及相关新闻公告

采分点 80：在深圳证券交易所，会员取得席位后，每个席位每年自动享有交易类和非交易类申报各2万笔流量的使用权。

——易混淆点：1；3；5

采分点 81：交易席位可以转让，但转让席位必须按照证券交易所的有关规定进行，证券交易所自受理之日起5个工作日内对申请进行审核，并作出是否同意的决定。

——易混淆点：3；7；10

采分点 82：会员参与交易及会员权限的管理通过交易单元来实现。

——易混淆点：交易席位；交易价格；交易对象

采分点 83：交易参与人应当通过在证券交易所申请开放的交易单元进行证券交易。（2009年考试涉及）

——易混淆点：交易席位；交易业务单位；普通席位

采分点 84：深圳证券交易所规定，会员可通过多个网关进行一个交易单元的交易申报，也可通过一个网关进行多个交易单元的交易申报。

——易混淆点：会员只可通过一个网关进行一个交易单元的交易申报；会员可通过多个网关进行多个交易单元的交易申报

第二章　证券交易程序

采分点 1：开户有两个方面，即<u>开立证券账户和开立资金账户</u>。
　　——**易混淆点**：开立存款账户和开立证券账户；开立交易账户和开立资金账户；开立交易账户和开立存款账户

采分点 2：投资者需要通过经纪商的代理才能在证券交易所买卖证券，在这种情况下，投资者向经纪商下达买进或卖出证券的指令，称为"<u>委托</u>"。
　　——**易混淆点**：开户；申报；成交

采分点 3：委托指令有多种形式，可以按照不同的依据来分类。根据<u>委托订单的数量</u>，有整数委托和零数委托。（2009 年考试涉及）
　　——**易混淆点**：委托价格限制；委托时效限制；买卖证券的方向

采分点 4：根据<u>买卖证券的方向</u>，委托指令分为买进委托和卖出委托。（2011 年考试涉及）
　　——**易混淆点**：委托订单的数量；委托价格限制；委托时效限制

采分点 5：证券经纪商接到投资者的委托指令后，首先要对投资者身份的<u>真实性和合法性</u>进行审查。
　　——**易混淆点**：真实性和永久性；合法性和永久性

采分点 6：证券交易所在证券交易中接受报价的方式主要有<u>口头报价、书面报价和电脑报价</u>三种。（2008 年考试涉及）
　　——**易混淆点**：口头报价，书面报价和电话报价；书面报价，电脑报价和电话报价；口头报价，电脑报价和电话报价

采分点 7：目前，我国通过证券交易所进行的证券交易均采用<u>电脑报价</u>方式。（2011 年考试涉及）
　　——**易混淆点**：口头报价；书面报价；传真报价

采分点 8：在订单匹配原则方面，各国证券交易所普遍使用<u>价格</u>优先原则作为第一优先原则。（2010 年考试涉及）
　　——**易混淆点**：数量；客户；时间

采分点 9：证券交易成交后，首先需要对买方在资金方面的应付额和在证券方面的应收种类和数量进行计算，同时也要对卖方在资金方面的应收额和在证券方面的应付种

11

类和数量进行计算,这一过程属于清算,包括资金清算和证券清算。(2001年考试涉及)

——易混清点:资金清算和证券登记;证券清算和证券登记;资金清算和证券交割

采分点 10:证券由卖方向买方转移和对应的资金由买方向卖方转移的过程属于交收。

——易混清点:清算;成交;结算

采分点 11:对于记名证券而言,完成了清算和交收,还有一个登记过户的环节。(2009年考试涉及)

——易混清点:余额清算;清账销户;清户

采分点 12:开立证券账户是投资者进行证券交易的先决条件。

——易混清点:资金账户;结算账户;基金账户

采分点 13:根据中国结算公司《证券账户管理规则》的规定,中国结算公司对证券账户实施统一管理。

——易混清点:中国证券登记结算有限责任公司上海分公司;中国证券登记结算有限责任公司深圳分公司;中国证券登记结算有限责任公司委托的开户代理机构

采分点 14:目前,交易场所和账户用途是我国证券账户的两种划分依据。

——易混清点:交易金额和交易场所;交易金额和账户用途;投资者种类和交易场所

采分点 15:按交易场所划分,证券账户可以划分为上海证券账户和深圳证券账户,分别用于记载在上海证券交易所和深圳证券交易所上市交易的证券以及中国结算公司认可的其他证券。

——易混清点:投资者种类;账户用途

采分点 16:A股账户是人民币普通股票账户的简称,其开立仅限于国家法律法规和行政规章允许买卖A股的境内投资者和合格境外机构投资者。

——易混清点:人民币特种股票账户;证券投资基金账户;资金账户

采分点 17:在实际运用中,A股账户是我国目前用途最广、数量最多的一种通用型证券账户,既可用于买卖人民币普通股票,也可用于买卖债券、上市基金、权证等各类证券。

——易混清点:B股账户;基金账户;资金账户

采分点 18:B股账户按持有人可以分为境内投资者证券账户和境外投资者证券账户。

——易混清点:开户人;申请人

采分点 19:随着我国证券投资基金的发展,为方便投资者买卖证券投资基金而专门设置的账户是基金账户。

——易混清点:A股账户;B股账户;资金账户

采分点 20:对于同一类别和用途的证券账户,原则上一个自然人、法人只能开立1个。

——易混清点:2;3

采分点 21:对于国家法律法规和行政规章规定需要资产分户管理的特殊法人机构,

12

包括保险公司、证券公司、信托公司、基金公司、社会保障类公司和合格境外机构投资者等机构，可按规定向中国结算公司申请开立多个证券账户。

——易混淆点：证券分户管理；资产独立核算；证券分级管理

采分点 22：目前，投资者在我国证券市场上进行证券交易时采用实名制。

——易混淆点：挂名制；匿名制；代码制

采分点 23：由中国结算公司上海分公司和深圳分公司直接受理开立证券账户的是证券公司和基金管理公司等特殊法人机构。

——易混淆点：自然人和证券公司；一般机构和基金管理公司；自然人和一般机构

采分点 24：通过中国结算公司上海分公司和深圳分公司委托的分布在全国各地的开户代理机构办理开立证券账户的是自然人和一般机构。

——易混淆点：自然人和证券公司；一般机构和基金管理公司；证券公司和基金管理公司

采分点 25：上海证券账户当日开立，次一交易日生效。（2011年考试涉及）

——易混淆点：当日

采分点 26：深圳证券账户当日开立，当日即可用于交易。

——易混淆点：次一交易日

采分点 27：证券托管一般指投资者将持有的证券委托给证券公司保管，并由后者代为处理有关证券权益事务的行为。（2010年考试涉及）

——易混淆点：证券登记结算机构；证券交易所；指定商业银行

采分点 28：证券公司将投资者交给其保管的证券以及自身持有的证券统一交给证券登记结算机构保管，并由后者代为处理有关证券权益事务的行为是证券存管。

——易混淆点：证券托管；证券交易；证券交付

采分点 29：对于在上海证券交易所交易的证券，其托管制度是和指定交易制度联系在一起的，指定交易制度于1998年4月1日起推行。

——易混淆点：1997年1月1日；1997年4月1日；1998年1月1日

采分点 30：所谓指定交易，是指凡在上海证券交易所市场进行证券交易的投资者，必须事先指定上海证券交易所市场某一交易参与人，作为其证券交易的唯一受托人，并由该交易参与人通过其特定的交易单元参与交易所市场证券交易的制度。

——易混淆点：委托交易；代理交易；固定交易

采分点 31：对于持有和买卖上海证券交易所上市证券的投资者，未办理指定交易的投资者的证券暂由中国证券登记结算有限责任公司上海分公司托管，其红利、股息、债息、债券兑付款在办理指定交易后可领取。

——易混淆点：中国证券登记结算有限责任公司；交易参与人；证券公司

采分点 32：投资者在办理指定交易时，须通过其委托的交易参与人向上海证券交易所交易系统申报证券账户的指定交易指令，申报经上海证券交易所交易系统确认后即时生效。

——易混淆点：证券公司；代理机构

采分点33：办理指定交易变更手续时，投资者须向其原指定交易的交易参与人提出撤销指定交易的申请，并由原交易参与人完成向上海证券交易所交易系统撤销指定交易的指令申报；申报一经确认，其撤销<u>即刻</u>生效。

——易混淆点：次日；2个交易日；5个交易日

采分点34：深圳证券交易所交易证券的托管制度，投资者可以利用同一证券账户<u>在国内任意一家证券营业部买入证券</u>。

——易混淆点：只能在指定一家；只能在国内指定区域

采分点35：深圳证券交易所交易证券的托管制度规定，投资者可以将其托管证券从一家证券营业部转移到另一家证券营业部托管，这种行为称"<u>证券转托管</u>"。

——易混淆点：证券交付；证券存管；证券交割

采分点36：深圳证券交易所交易证券托管制度规定，转托管<u>可以是一只证券或多只证券</u>，也可以是一只证券的部分或全部。

——易混淆点：只能是一只证券；只能是多只证券；可以是一只证券的全部和多只证券的部分

采分点37：投资者在证券交易所买卖证券，是通过委托<u>证券经纪商</u>来进行的。

——易混淆点：证券公司；金融机构

采分点38：客户在办理委托买卖证券时，需要向<u>证券经纪商</u>下达委托指令。

——易混淆点：证券公司；金融机构；证券交易所

采分点39：委托指令有不同的具体形式，可以分为<u>柜台委托和非柜台委托</u>两大类。

——易混淆点：柜台委托和交易过户；非柜台委托和交易过户

采分点40：委托人亲自或由其代理人到证券营业部交易柜台，根据委托程序和必需的证件采用书面方式表达委托意向，由本人填写委托单并签章的形式是<u>柜台委托</u>。

——易混淆点：柜台交易

采分点41：客户在办理网上委托的同时，也应当开通柜台委托、电话委托等其他委托方式，当证券公司网上证券委托系统出现网络中断、高峰拥挤或网上委托被冻结等异常情况时，客户可采用上述其他委托方式下达委托指令。

——易混淆点：传真委托；自助委托

采分点42：上海证券代码和深圳证券代码都为一组<u>6</u>位数字。

——易混淆点：4；8；12

采分点43：客户委托证券经纪商买卖证券时，买进或卖出的证券不足证券交易所规定的1个交易单位的是<u>零数委托</u>。

——易混淆点：零散委托

采分点 44：目前，我国只在卖出证券时才有零数委托。（2009 年、2008 年考试涉及）

——易混淆点：买进证券

采分点 45：委托指令有效期一般有当日有效与约定日有效两种，约定日有效是指委托人与证券公司约定，从委托之时起到约定的营业日证券交易所营业终了之时止的时间内有效。如不在委托单上特别注明，均按当日有效处理。（2008 年考试涉及）

——易混淆点：无效；撤销

采分点 46：上海证券交易所于 2006 年 5 月 15 日发布了《上海证券交易所交易规则》；同日，深圳证券交易所也发布了《深圳证券交易所交易规则》。

——易混淆点：2006 年 1 月 15 日；2007 年 5 月 15 日；2007 年 1 月 15 日

采分点 47：从委托价格的限制形式看，可以将委托分为市价委托和限价委托。

——易混淆点：高低；波动区间；有效性

采分点 48：市价委托是指客户向证券经纪商发出买卖某种证券的委托指令时，要求证券经纪商按证券交易所内当时的市场价格买进或卖出证券。

——易混淆点：最高的价格；最低的价格；最合理的价格

采分点 49：市价委托的缺点是，只有在委托执行后才知道实际的执行价格。

——易混淆点：必须等市价与限价一致时才有可能成交；成交速度慢；容易坐失户机，遭受损失

采分点 50：尽管场内交易员有义务以最有利的价格为客户买进或卖出证券，但成交价格有时会不尽如人意，尤其是当市场价格变动较快时。

——易混淆点：最低的价格；最合理的价格；最高的价格

采分点 51：限价委托方式的优点：证券可以以客户预期的价格或更有利的价格成交，有利于客户实现预期投资计划，谋求最大利益。

——易混淆点：成交速度快；证券价格变动较大，客户选择限价委托比较安全

采分点 52：证券交易所也接受会员的限价申报和市价申报，不过，市价申报只适用于有价格涨跌幅限制证券连续竞价期间的交易。

——易混淆点：限价申报

采分点 53：上海证券交易所可以接受的市价申报：最优 5 档即时成交剩余撤销申报，即该申报在对手方实时最优 5 个价位内以对手方价格为成交价逐次成交，剩余未成交部分自动撤销。

——易混淆点：继续等待；转为连续竞价方式

采分点 54：上海证券交易所和深圳证券交易所都可以接受的市价申报是最优 5 档即时成交剩余撤销申报。（2011 年考试涉及）

——易混淆点：对手方最优价格申报；本方最优价格申报；最优 5 档即时成交剩余

转限价申报

采分点 55：债券质押式回购的计价单位是<u>每百元资金到期年收益率</u>。（2009 年考试涉及）

——易混淆点：每百元资金到期加权平均年收益率；每百元面值债券的到期购回价格；每百元面值债券的到期购回现值

采分点 56：债券买断式回购的计价单位是<u>每百元面值债券的到期购回价格</u>。

——易混淆点：每百元资金到期年收益额；每百元资金到期年收益率；每百元面值债券的到期购回现值

采分点 57：上海证券交易所规定 A 股、债券交易和<u>债券买断式回购交易</u>的申报价格最小变动单位为 0.01 元人民币。

——易混淆点：基金交易；权证交易；债券质押式回购交易

采分点 58：上海证券交易所规定基金、权证交易的申报价格最小变动单位为 <u>0.001 元人民币</u>。

——易混淆点：0.01；0.005；0.1

采分点 59：上海证券交易所规定<u>债券质押式回购交易</u>的申报价格最小变动单位为 0.005 元人民币。

——易混淆点：B 股；债券交易；基金交易

采分点 60：深圳证券交易所规定 B 股交易的申报价格最小变动单位为 <u>0.01 港元</u>。

——易混淆点：0.01 元人民币；0.005 元人民币；0.001 美元

采分点 61：上海证券交易所规定 B 股交易的申报价格最小变动单位为 <u>0.001 美元</u>。

——易混淆点：0.01 元人民币；0.005 元人民币；0.01 港元

采分点 62：从 2002 年 3 月 25 日开始，国债交易率先采用<u>净价交易</u>。

——易混淆点：全价交易；净值交易；全值交易

采分点 63：债券交易，根据净价的基本原理，应计利息额的计算公式应为：<u>应计利息额＝债券面值×票面利率÷365（天）×已计息天数</u>

——易混淆点：应计利息额＝债券价值×票面利率÷365（天）×已计息天数；应计利息额＝债券面值×贴现利率÷365（天）×已计息天数；应计利息额＝债券面值×票面利率÷365（天）×未计息天数

采分点 64：委托受理的验证与审单，是为了维护交易的<u>合法性</u>，提高成交的准确率，避免造成不必要的纠纷。

——易混淆点：统一性；平等性；规范性

采分点 65：委托受理过程中如果客户采用<u>自助委托</u>方式，则当其输入相关的账号和正确的密码后，即视同确认了身份。（2011 年考试涉及）

——易混淆点：网络委托；电话委托；柜台委托

采分点 66：证券经纪商接受客户买卖证券的委托，应当根据委托书载明的证券名称、买卖数量、出价方式、价格幅度等，按照<u>证券交易所</u>交易规则代理买卖证券。

——*易混淆点*：证券公司；中国证监会；中国证券登记结算有限公司

采分点 67：证券经纪商接受客户委托后应按"<u>时间优先和客户优先</u>"的原则进行申报竞价。

——*易混淆点*：时间优先和价格优先；客户优先和会员优先；价格优先和会员优先

采分点 68：在我国，取得自营业务资格的证券公司应当设专人和专用交易终端从事自营业务，不得因自营业务影响经纪业务，这反映了<u>客户优先</u>的申报原则。

——*易混淆点*：时间优先；价格优先；会员优先

采分点 69：客户<u>自行输入</u>委托指令这种方式，缩短了申报时间与成交回报时间，而且减去了场内交易员人工报盘的环节，从而降低了申报的差错，减少了客户与证券经纪商的纠纷，因此成为目前主要的申报方式。

——*易混淆点*：证券公司输入；证券经纪商输入

采分点 70：境外客户若要买卖 B 股，必须通过<u>境外的证券代理商</u>进行。

——*易混淆点*：中国证监会；中国证券登记结算有限公司

采分点 71：上海证券交易所和深圳证券交易所都规定，交易日为<u>每周一至周五</u>。

——*易混淆点*：每月 1 日至 15 日；每周二至周六；每周一至周日

采分点 72：证券交易所申报时间根据市场发展需要，<u>经中国证监会</u>批准，证券交易所可以调整交易时间。

——*易混淆点*：中国证券登记结算有限公司；证券代理商；证券交易所

采分点 73：上海证券交易所规定，接受会员竞价交易申报的时间为每个交易日 <u>9:15～9:25、9:30～11:30、13:00～15:00</u>。

——*易混淆点*：8:45～9:00；9:00～9:15；9:10～9:20

采分点 74：上海证券交易所规定每个交易日 <u>9:20～9:25</u> 的开盘集合竞价阶段，上海证券交易所交易主机不接受撤单申报。

——*易混淆点*：9:15～9:20；9:25～9:30；9:30～9:35

采分点 75：深圳证券交易所规定，接受会员竞价交易申报的时间为每个交易日 <u>9:15～11:30、13:00～15:00</u>。

——*易混淆点*：8:30～10:45；9:30～11:45

采分点 76：深圳证券交易所规定，每个交易日 <u>9:20～9:25</u>、14:45～15:00，深圳证券交易所交易主机不接受参与竞价交易的撤销申报。

——*易混淆点*：9:15～9:20；9:25～9:30；9:30～9:35

采分点 77：深圳证券交易所规定，每个交易日 <u>9:25～9:30</u>，交易主机只接受申报，不对买卖申报或撤销申报作处理。

——易混淆点：9：15～9：20；9：25～9：30；9：30～9：35

采分点78：证券交易所内的证券交易按"价格优先和时间优先"原则竞价成交。

——易混淆点：时间优先和客户优先；会员优先和价格优先；客户优先和会员优先

采分点79：成交时价格优先的原则为：较高价格买入申报优先于较低价格买入申报，较低价格卖出申报优先于较高价格卖出申报。

——易混淆点：较低，较高，较高，较低

采分点80：目前，我国证券交易所采用两种竞价方式：集合竞价方式，连续竞价方式。

——易混淆点：分散，连续；间断，集合

采分点81：集合竞价方式下，如有两个以上申报价格符合以下三个条件：可实现最大成交量的价格；高于该价格相同的买方或卖方至少有一方全部成交的价格；与该价格相同的买方或卖方至少有一方全部成交的价格，则深圳证券交易所取距前收盘价最近的价格为成交价。

——易混淆点：上海证券交易所；中国证监会

采分点82：所有交易以同一价价格成交的竞价方式是集合竞价。

——易混淆点：连续；分散

采分点83：对证券买卖申报逐笔连续撮合的竞价方式是连续竞价。(2011年考试涉及)

——易混淆点：集合竞价；拍卖竞价；招标竞价

采分点84：深圳证券交易所规定，连续竞价期间未成交的买卖申报，自动进入收盘集合竞价。

——易混淆点：间断；最低

采分点85：竞价申报时涉及证券价格的有效申报范围。

——易混淆点：市场价格；成交价格

采分点86：根据现行制度规定，无论买入或卖出，股票（含A、B股）、基金类证券在1个交易日内在交易价格相对上一交易日收市价格的涨跌幅度不得超过10%（不包含ST股票和*ST股票）。

——易混淆点：5%；15%

采分点87：根据现行制度规定，无论买入或卖出ST股票或*ST股票价格涨跌幅度不得超过5%。

——易混淆点：10%；15%

采分点88：涨跌幅价格的计算公式为：涨跌幅价格＝前收盘价×(1±涨跌幅比例)。

——易混淆点：涨跌幅价格＝今开盘价×(1±涨跌幅比例)；涨跌幅价格＝前平均价×(1±涨跌幅比例)；涨跌幅价格＝前最高价×(1±涨跌幅比例)

采分点89：在深圳证券交易所，买卖有价格涨跌幅限制的中小企业板股票，连续竞价期间超过有效竞价范围的有效申报不能即时参加竞价，暂存于交易主机；当成交价格波动使其进入有效竞价范围时,交易主机自动取出申报,参加竞价。

——易混淆点:上海证券交易所;中国证监会;证券公司

采分点90:在深圳证券交易所,中小企业板股票连续竞价期间有效竞价范围为最近成交价的上下3%。

——易混淆点:1%;5%

采分点91:上海和深圳证券交易所规定,属于下列情形之一的,首个交易日不实行价格涨跌幅限制:首次公开发行上市的股票(上海证券交易所还包括封闭式基金);增发上市的股票;暂停上市后恢复上市的股票;证券交易所或中国证监会认定的其他情形。

——易混淆点:连续公开发行上市的股票;股票交易申报价格不高于上一交易日收盘价格的900%的

采分点92:根据上海证券交易所的规定,买卖无价格涨跌幅限制的证券,集合竞价阶段的有效申报价格应符合下列规定:股票交易申报价格不高于前收盘价格的900%,并且不低于前收盘价格的50%;基金、债券交易申报价格最高不高于前收盘价格的150%,并且不低于前收盘价格的70%。(2011年考试涉及)

——易混淆点:深圳证券交易所;中国证监会;证券公司

采分点93:债券回购交易申报无价格限制的是集合竞价阶段。

——易混淆点:连续竞价

采分点94:在上海证券交易所买卖无价格涨跌幅限制的证券,连续竞价阶段的有效申报价格应符合下列规定:申报价格不高于即时揭示的最低卖出价格的110%且不低于即时揭示的最高买入价格的90%;同时不高于上述最高申报价与最低申报价平均数的130%且不低于该平均数的70%。

——易混淆点:50%;80%;100%

采分点95:深圳证券交易所无涨跌幅限制证券的交易按以下方法确定有效竞价范围:股票上市首日开盘集合竞价的有效竞价范围为发行价的900%以内,连续竞价、收盘集合竞价的有效竞价范围为最近成交价的上下10%。

——易混淆点:5%;15%;20%

采分点96:深圳证券交易所无涨跌幅限制证券的交易按以下方法确定有效竞价范围:债券质押式回购非上市首日开盘集合竞价的有效竞价范围为前收盘价的上下100%,连续竞价、收盘集合竞价的有效竞价范围为最近成交价的上下100%。

——易混淆点:最终成交价;市场价格;收盘价格

采分点97:深圳证券交易所无价格涨跌幅限制的证券在开盘集合竞价期间没有产生成交的,连续竞价开始时,按下列方式调整有效竞价范围:有效竞价范围内的最高买入申报价高于发行价或前收盘价的,以最高买入申报价为基准调整有效竞价范围。

——易混淆点:最低买入申报价;最合理买入申报价

19

采分点 98：无价格涨跌幅限制的证券在开盘集合竞价期间没有产生成交的，连续竞价开始时，按下列方式调整有效竞价范围：有效竞价范围内的最低卖出申报价低于发行价或前收盘价的，以最低卖出申报价为基准调整有效竞价范围。

——易混淆点：最高卖出申报价；最合理卖出申报价；市场价格

采分点 99：买卖深圳证券交易所无价格涨跌幅限制的证券，超过有效竞价范围的申报不能即时参加竞价，可暂存于交易主机；当成交价格波动使其进入有效竞价范围时，交易主机自动取出申报，参加竞价。

——易混淆点：上海证券交易所；中国证监会；证券公司

采分点 100：如果证券的委托买卖全部成交，证券经纪商应及时通知客户按规定的时间办理交收手续。

——易混淆点：价格；程序

采分点 101：客户的委托如果未能全部成交，证券经纪商应在委托有效期内可继续执行，直到有效期结束。

——易混淆点：证券公司；上海证券交易所；深圳证券交易所

采分点 102：投资者在委托买卖证券成交后按成交金额一定比例支付的费用，证券经纪商为客户提供证券代理买卖服务收取的费用是佣金。

——易混淆点：过户费；印花税

采分点 103：证券经纪商向客户收取的佣金（包括代收的证券交易监管费和证券交易所手续费等）不得高于证券交易金额的3‰，也不得低于代收的证券监管费和证券交易所手续费等。

——易混淆点：5‰；10‰

采分点 104：委托买卖证券所支付的佣金包括证券公司经纪佣金、证券交易所手续费及证券交易监管费等。

——易混淆点：变更股权登记费；基金交易过户费

采分点 105：A股、证券投资基金每笔交易佣金不足5元的，按5元收取。

——易混淆点：B股；企业债券；权证

采分点 106：国债现券、企业债（含可转换债券）、国债回购以及以后出现的新交易品种，其交易佣金标准由证券交易所制定并报中国证监会和原国家计划和发展委员会（现为国家发展和改革委员会）备案，备案15天内无异议后实施。

——易混淆点：7；10

采分点 107：委托买卖的股票、基金成交后，买卖双方为变更证券登记所支付的费用是过户费。

——易混淆点：佣金；印花税

采分点 108：委托买卖的股票、基金成交后，买卖双方为变更证券登记所支付的费用属于<u>中国结算公司</u>的收入。

——*易混淆点*：证券经纪商；证券公司；中国证监会

采分点 109：上海证券交易所和深圳证券交易所在过户费的收取上略有不同，<u>在深圳证券交易所的过户费在交易经手费中，不向投资者单独收取</u>。

——*易混淆点*：上海证券交易所

采分点 110：上海证券交易所和深圳证券交易所在过户费的收取上略有不同，对于B股，这项费用称为结算费，<u>在深圳证券交易所为成交金额的 0.5‰，但最高不超过 500 港元</u>。

——*易混淆点*：上海证券交易所

采分点 111：我国税收制度规定，股票成交后，<u>国家税务机关</u>应向成交双方分别收取印花税。

——*易混淆点*：证券公司；证券经纪商；中国证监会

采分点 112：我国证券交易的印花税税率标准曾多次调整，2008年9月19日证券交易印花税只对出让方按 <u>1‰</u> 税率征收，对受让方不再征收。

——*易混淆点*：0.1‰；2‰；3‰

采分点 113：上海证券交易所，A股的过户费为成交面额的 <u>1‰</u>，起点为1元。

——*易混淆点*：成交金额的1‰；成交金额的0.5‰；成交面额的0.5‰

采分点 114：在上海证券交易所B股的结算费为成交金额的 <u>0.5‰</u>。

——*易混淆点*：成交金额的1‰；成交面额的1‰；成交面额的0.5‰

采分点 115：每日交易结束后，<u>证券公司</u>要为客户办理证券和资金的清算与交收。

——*易混淆点*：中国证监会；中国结算公司

采分点 116：目前，我国证券市场采用的是<u>法人</u>结算模式。

——*易混淆点*：自然人；一般机构

采分点 117：证券交收结果等数据由<u>中国结算公司</u>每日传送至证券公司，供其对账和向客户提供余额查询等服务。

——*易混淆点*：中国证监会；证券经纪商

采分点 118：根据客户资金的存取数据和证券公司向其发送的证券交易清算数据，完成客户管理账户余额的更新。并进行客户资金账户余额与客户管理账户余额的核对，将核对结果发送证券公司的是由<u>指定商业银行</u>负责。

——*易混淆点*：中国证监会；证券经纪商

采分点 119：证券公司根据核对无误的清算结果向指定商业银行发送资金划付指令，指定商业银行根据证券公司的资金划付指令及时办理资金划付，完成客户证券交易的<u>资金交收</u>。

——*易混淆点*：资金清算；资金结算；资金存取

采分点 120：在客户交易结算资金第三方存管模式下，证券公司与客户之间的资金存取、清算与交收过程：客户通过<u>证券公司</u>的资金账户及密码，采用证券公司提供的委托手段进行交易。

——易混淆点：指定商业银行；中国结算公司

采分点 121：在客户交易结算资金第三方存管模式下，证券公司与客户之间的资金存取、清算与交收过程：<u>指定商业银行</u>根据客户资金的存取数据和证券公司向其发送的证券交易清算数据完成客户管理账户余额的更新，并进行客户资金账户余额与客户管理账户余额的核对，将核对结果发送证券公司。

——易混淆点：中国结算公司；中国证监会

第三章　特别交易事项及其监管

采分点1：我国现行有关交易制度规定，如果证券单笔买卖申报达到一定数额的，证券交易所可以采用<u>大宗交易</u>方式进行交易。

——*易混淆点*：回转交易；委托交易；指向交易

采分点2：根据《上海证券交易所交易规则》的规定，在上海证券交易所进行的证券买卖符合以下条件的，可以采用大宗交易方式：A股单笔买卖申报数量应当不低于 50 万股，或者交易金额不低于 <u>300</u> 万元人民币。（2009年考试涉及）

——*易混淆点*：150；200；350

采分点3：证券公司负责更新客户资金账户的余额，并向<u>指定商业银行</u>发送客户证券交易清算数据及资金账户余额。

——*易混淆点*：中国结算公司；证券交易所；中国证监会

采分点4：客户证券交易的资金交收是由<u>指定商业银行</u>完成。

——*易混淆点*：证券公司；中国结算公司

采分点5：上海证券交易所接受大宗交易的时间为每个交易日 <u>9:30～11:30</u>、<u>13:00～15:30</u>。

——*易混淆点*：8:30～10:30；9:00～11:00；8:00～11:00

采分点6：上海证券交易所接受大宗交易时，如果在交易日 <u>15:00</u> 前处于停牌状态的证券，则不受理其大宗交易的申报。

——*易混淆点*：14:30；14:00；15:30

采分点7：大宗交易的申报包括意向申报和成交申报。其中，<u>意向申报</u>包括的内容有：证券代码、证券账号、买卖方向、证券交易所规定的其他内容。

——*易混淆点*：成交申报

采分点8：无涨跌幅限制证券的大宗交易成交价格，由买卖双方在前收盘价的上下 <u>30%</u> 之间自行协商确定。

——*易混淆点*：10%；50%

采分点9：上海证券交易所于 <u>2008年5月</u> 推出了大宗交易系统专场业务。

——*易混淆点*：2007年1月；2007年5月；2008年1月

采分点10：深圳证券交易所为提高大宗交易市场效率，丰富交易服务手段，自 <u>2009</u>

年1月12日起，启用综合协议交易平台，取代原有大宗交易系统。

——易混淆点：2008年1月1日；2008年1月12日；2009年1月1日

采分点11：深圳证券交易所决定撤销退市风险警示，公司应按照深圳证券交易所要求在撤销退市风险警示前一个交易日做出公告。

——易混淆点：当日；次一交易日

采分点12：我国现行有关交易制度规定，债券和权证实行当日回转交易。

——易混淆点：次日

采分点13：根据《深圳证券交易所交易规则》的规定，在深圳证券交易所进行的证券买卖符合以下条件的，可以采用大宗交易方式：债券单笔现货交易数量不低于5000张（以100元人民币面额为1张）或者交易金额不低于50万元人民币。（2007年考试涉及）

——易混淆点：1000张；4000张；10000张

采分点14：深圳证券交易所协议平台接受交易用户申报的时间为每个交易日9:15～11:30、13:00～15:30。

——易混淆点：9:00～11:15；9:30～11:45

采分点15：协议平台接受交易用户申报的类型包括：意向申报、定价申报、双边报价、成交申报和其他申报。其中，定价申报指令包括证券账号、证券代码、买卖方向、交易价格、交易数量和本方交易单元代码等内容。

——易混淆点：双边报价；成交申报；意向申报

采分点16：深圳证券交易所会员可以申请成为协议平台交易用户，市场所有参与者可以提交成交申报申请按指定的价格与定价申报全部或部分成交，交易主机按时间优先顺序配对成交。

——易混淆点：价格优先；客户优先；会员优先

采分点17：深圳证券交易所会员可以申请成为协议平台交易用户，协议平台接受交易用户申报时明确指定价格和数量是成交申报的要求

——易混淆点：双连报价；意向申报；定价申报

采分点18：深圳证券交易所协议平台按不同业务类型分别确认成交，具体确认成交的时间规定为：权益类证券大宗交易、债券大宗交易（除公司债券外），协议平台的成交确认时间为每个交易日15:00～15:30。

——易混淆点：10:00～11:30；14:00～14:30；16:00～16:30

采分点19：深圳证券交易所协议平台按不同业务类型分别确认成交，具体确认成交的时间规定为：公司债券的大宗交易、专项资产管理计划协议交易，协议平台的成交确认时间为每个交易日9:15～11:30、13:00～15:30。

——易混淆点：权益类证券；A股；B股

采分点20：深圳证券交易所规定，用户对各交易品种申报的价格应当符合下列规定，

交易方可成立：权益类证券大宗交易中，该证券有价格涨跌幅限制的，由买卖双方在其当日涨跌幅价格限制范围内确定；该证券无价格涨跌幅限制的，由买卖双方在前收盘价的上下 30% 或当日已成交的最高价、最低价之间自行协商确定。

——易混淆点：15%；20%

采分点 21：专项资产管理计划协议交易以及债券大宗交易实行当日回转交易。

——易混淆点：权益类证券大宗交易；公司债券的大宗交易

采分点 22：证券摘牌后，行情信息中无该证券的信息。

——易混淆点：停牌；挂牌

采分点 23：退市风险警示的处理措施包括：在公司股票简称前冠以"*ST"字样，以区别于其他股票；股票报价的日涨跌幅限制为 5%。

——易混淆点：3%；7%；10%

采分点 24：上市公司因出现股权分布发生变化导致连续 20 个交易日不具备上市条件的情形，公司在规定期限内提出股权分布问题解决方案，经证券交易所同意其实施。

——易混淆点：10；15

采分点 25：上市公司应当在股票交易实行退市风险警示之前 1 个交易日发布公告。（2009 年考试涉及）

——易混淆点：2；3

采分点 26：上市公司出现以下情形的，证券交易所对其股票交易实行其他特别处理：上市公司因 2 年连续亏损而实行退市风险警示，以后亏损情形消除，于是按规定申请撤销退市风险警示并获准，但其最近一个会计年度的审计结果显示主营业务未正常运营，或扣除非经常性损益后的净利润为负值。

——易混淆点：3；5

采分点 27：为了促进中小企业板上市公司规范发展，保护投资者合法权益，深圳证券交易所根据相关法律和规章制度，于 2006 年 11 月制定了《中小企业板股票暂停上市、终止上市特别规定》。

——易混淆点：2005 年 1 月；2005 年 11 月；2006 年 1 月

采分点 28：中小企业板上市公司最近一个会计年度的审计结果显示公司违法违规为其控股股东及其他关联方提供的资金余额超过 2000 万元或者占净资产值的 50% 以上的，深圳证券交易所对其股票交易实行退市风险警示。

——易混淆点：1000 万；5000 万；1 亿

采分点 29：中小企业板上市公司受到深圳证券交易所公司谴责后，在 24 个月内再次受到深圳证券交易所公司谴责的，深圳证券交易所对其股票交易实行退市风险警示。

——易混淆点：12 个月；18 个月

采分点 30：在公司股票交易实行退市风险警示期间，公司应当至少在每月前 5 个交易日内披露公司为撤销退市风险警示所采取的措施及有关工作进展情况。

——易混淆点：3；7

采分点 31：中小企业板上市公司最近一个会计年度的审计结果显示其股东权益为负值的深圳证券交易所对其股票交易实行退市风险警示后，公司首个年度报告审计结果显示股东权益仍然为负的深圳证券交易所暂停其股票上市。

——易混淆点：正

采分点 32：证券的开盘价通过集合竞价方式产生。

——易混淆点：连续竞价；分散竞价；双边竞价

采分点 33：上海证券交易所证券交易的收盘价为当日某证券最后一笔交易前1分钟所有交易的成交量加权平均价(含最后一笔交易)；日无成交的，以前收盘价为当日收盘价。

——易混淆点：前5分钟；前10分钟；前15分钟

采分点 34：股票、封闭式基金交易出现异常波动的，证券交易所可以对相关证券实施停牌。

——易混淆点：挂牌；摘牌

采分点 35：对于开市期间停牌的申报问题，我国证券交易所的规定是：证券开市期间停牌的，停牌前的申报参加当日该证券复牌后的交易；停牌期间，可以继续申报，也可以撤销申报；复牌时对已接受的申报实行集合竞价。

——易混淆点：分散竞价；连续竞价；指向竞价

采分点 36：深圳证券交易所可以对无价格涨跌幅限制股票交易实施盘中临时停牌措施，如盘中成交价较当日开盘价首次上涨或下跌达到或超过20%时，临时停牌时间为30分钟；盘中成交价较当日开盘价首次上涨或下跌达到或超过50%时，临时停牌时间为30分钟。

——易混淆点：20%；30%；40%

采分点 37：深圳证券交易所可以对无价格涨跌幅限制股票交易实施盘中临时停牌措施，如盘中成交价较当日开盘价首次上涨或下跌达到或超过80%的，临时停牌至14:57。

——易混淆点：20%；50%；90%

采分点 38：我国证券交易所是在权益登记日（B股为最后交易日）的次一交易日对证券作除权、除息处理。

——易混淆点：当日；第三交易日

采分点 39：除权（息）价的计算公式为：除权（息）参考价＝前收盘价－现金红利＋配股价格 × 股份变动比例 ÷（1＋股份变动比例）。

——易混淆点：除权（息）参考价＝开盘价－现金红利＋配股价格 × 股份变动比例 ÷（1＋股份变动比例）；除权（息）参考价＝前收盘价－现金红利＋配股价格 × 股份变动比例 ÷（2＋股份变动比例）

采分点 40：在权证业务中，标的证券除权、除息，对权证行权价格会有影响，因此需要调整；标的证券除权的，权证的行权价格按下列公式进行调整：新行权价格＝（原行权价格 × 标的证券除权日参考价）÷ 除权前一日标的证券收盘价。

——易混淆点：新行权价格＝（行权价格 × 标的证券除权日参考价）÷ 除权前一日标的证券收盘价；新行权价格＝原行权价格 ×（标的证券除权日参考价 ÷ 除权前两日标的证券收盘价）；新行权价格＝（原行权价格 × 标的证券除权日前一日有参考价）÷ 除权前一日标的证券收盘价

采分点 41：在权证业务中，标的证券除权、除息，对权证行权价格会有影响，因此需要调整；标的证券除息的，权证的行权价格按下列公式进行调整：新行权价格＝（原行权价格 × 标的证券除息日参考价）÷ 除息前一日标的证券收盘价。

——易混淆点：新行权价格＝原行权价格 ×（标的证券除息日参考价 ÷ 除息前一日标的证券开盘价）；新行权价格＝（行权价格 × 标的证券除息日参考价）÷ 除息前一日标的证券收盘价；新行权价格＝原行权价格 ×（标的证券除权日参考价 ÷ 除权前一日标的证券开盘价）

采分点 42：证券交易所交易异常情况是指导致或可能导致证券交易所证券交易全部或者部分不能正常进行的情形，引发交易异常情况的原因包括不可抗力、意外事件、技术故障问题等，这里的不可抗力是证券交易所所在地或全国其他部分区域出现或据灾情预警可能出现严重自然灾害、重大公区卫生事件或社会安全事件等情形。

——易混淆点：意外事件；技术故障

采分点 43：证券交易所证券交易全部或者部分不能正常进行是指无法正常开始交易、无法连续交易、交易结果异常、交易无法正常结束等情形；无法连续交易是指证券交易所交易、通信系统出现 10 分钟以上中断；证券交易所行情发布系统出现 10 分钟以上中断；10% 以上会员营业部无法正常发送交易申报、接收实时行情或成交回报；10% 以上的证券中断交易等情形。（2011 年考试涉及）

——易混淆点：5%；15%；20%

采分点 44：交易异常情况处理后，证券交易所将及时向市场公告，并可视情况需要单独或者同时采取技术性停牌、临时停市、暂缓进入交收等措施；证券交易所采取这些措施，要及时报告中国证监会。

——易混淆点：证券公司；中国证券登记结算机构；投资人

采分点 45：上海证券交易所固定收益平台的交易，自 2007 年 7 月 25 日起开始试行。

——易混淆点：2007 年 7 月 1 日；2008 年 7 月 1 日；2008 年 7 月 25 日

采分点 46：固定收益平台主要进行固定收益证券的交易，包括交易商之间的交易和交易商与客户之间的交易两种。按照规定，通过报价或询价方式买卖在固定收益平台挂牌交易的固定收益证券是交易商之间的交易。

——易混淆点：交易商与客户之间的交易

采分点 47：经过上海证券交易所核准，在固定收益平台交易中持续提供双边报价及对询价提供成交报价的交易商称<u>一级交易商</u>。

——易混淆点：证券经纪商；委托人

采分点 48：上海证券交易所的一级交易商在固定收益平台交易期间，应当对选定做市的特定固定收益证券进行连续双边报价，每交易日双边报价中断时间累计不得超过 <u>60</u> 分钟。

——易混淆点：50；80

采分点 49：上海证券交易所的一级交易商对做市品种的双边报价，应当是确定报价，且双边报价对应收益率价差小于 10 个基点，单笔报价数量不得低于 <u>5000</u> 手（1 手为 1000 元面值）。

——易混淆点：2000；4000

采分点 50：上海证券交易所固定收益平台的交易时间为 9：30～11：30、<u>13：00～14：00</u>。

——易混淆点：13：00～15：00；13：00～16：00

采分点 51：上海证券交易所在固定收益平台进行的固定收益证券交易实行净价申报，申报价格变动单位为 <u>0.001</u> 元，申报数量单位为手（1 手为 1000 元面值）。

——易混淆点：0.1；0.01；0.0001

采分点 52：上海证券交易所在固定收益平台交易采用报价交易和询价交易两种方式，其中<u>询价交易</u>，交易商须以实名方式申报。

——易混淆点：报价交易

采分点 53：上海证券交易所在询价交易中，询价方每次可以向 <u>5</u> 家被询价方询价，被询价方接受询价时提出的报价采用确定报价。

——易混淆点：6；8

采分点 54：上海证券交易所在报价交易中，交易商的每笔买卖报价数量为 <u>5000</u> 手或其整数倍，报价按每 5000 手逐一进行成交。

——易混淆点：100；500；1000

采分点 55：对于首次上市证券在上市首日的前收盘价格，<u>上海证券交易所</u>规定，首次上市证券上市首日，其即时行情显示的前收盘价格为其发行价（证券交易所另有规定的除外）。

——易混淆点：深圳证券交易所；中国证监会；中国证券登记结算机构

采分点 56：证券指数的编制遵循<u>公开透明</u>的原则。（2011 年考试涉及）

——易混淆点：合法；真实；规范

采分点 57：深圳证券交易所公布的股票价格指数也有三大类，其中<u>样本指数类</u>包括深证成分股指数、深证 A 股指数、深证 B 股指数、深证 100 指数。

——易混淆点：综合指数类；分类指数类

采分点 58：对于有价格涨跌幅限制的股票、封闭式基金竞价交易出现下列情形之一的，证券交易所分别公布相关证券当日买入、卖出金额最大的 5 家会员营业部（深圳证券交易所是营业部或席位）的名称及其买入、卖出金额：日收盘价格涨跌幅偏离值达到 ±7% 的各前 3 只股票（深圳证券交易所为前 5 只证券）。（2011 年考试涉及）

——易混淆点：±5%；±10；±15%

采分点 59：ST 股票和 *ST 股票连续 3 个交易日内日收盘价格涨跌幅偏离值累计达到 ±15% 的（深圳证券交易所为 ±12%），证券交易所公告该股票交易异常波动其间累计买入、卖出金额最大 5 家会员营业部（深圳证券交易所是营业部或席位）的名称及其累计买入、卖出金额。

——易混淆点：±5%；±10%；±20%

采分点 60：连续 3 个交易日内日均换手率与前 5 个交易日的日均换手率的比值达到 30 倍，并且该股票、封闭式基金连续 3 个交易日内的累计换手率达到 20% 的，证券交易所公告该股票交易异常波动期间累计买入、卖出金额最大 5 家会员营业部（深圳证券交易所是营业部或席位）的名称及其累计买入、卖出金额。

——易混淆点：20；50

采分点 61：出现异常交易行为证券交易所可采取限制相关证券账户交易，限制证券账户交易的措施包括：限制买入指定证券或全部交易品种（但允许卖出）；限制卖出指定证券或全部交易品种（但允许买入）；限制买入和卖出指定证券或全部交易品种。（2009 年考试涉及）

——易混淆点：限制卖出指定证券或指定交易品种；限制卖出指定证券或全部交易品种

采分点 62：在我国，合格境外机构投资者境内证券投资制度启动于 2002 年年底。

——易混淆点：2000；2001；2003

采分点 63：中国证监会、中国人民银行和国家外汇管理局于 2006 年 8 月又重新发布了《合格境外机构投资者境内证券投资管理办法》；同时，为了贯彻这一办法，中国证监会发布了《关于实施＜合格境外机构投资者境内证券投资管理办法＞有关问题的通知》。

——易混淆点：2002 年 8 月；2005 年 8 月；2007 年 8 月

采分点 64：每个合格投资者可分别在上海、深圳证券交易所委托 3 家境内证券公司进行证券交易。

——易混淆点：1；2

采分点 65：合格投资者的境内证券投资是由中国证监会依法监督管理。

——易混淆点：国家外汇管理局；中国证券业协会；证券交易所

采分点 66：合格投资者应当委托托管人向中国结算公司申请开立多个证券账户。

——易混淆点：中国证监会；证券交易所；中国证券业协会；

采分点 67：合格投资者的境内股票投资，应当遵守中国证监会规定的持股比例限制和国家其他有关规定。

——易混淆点：中国结算公司；证券交易所；中国证券业协会

采分点 68：单个境外投资者通过合格投资者持有一家上市公司股票的，持股比例不得超过该公司股份总数的 10%。

——易混淆点：5%；15%；20%

采分点 69：所有境外投资者对单个上市公司 A 股的持股比例总和，不超过该上市公司股份总数的 20%。（2011 年考试涉及）

——易混淆点：5%；10%；15%

采分点 70：所有合格投资者持有同一上市公司挂牌交易 A 股数额，合计达到该公司总股本的 16% 及其后每增加 2% 时，证券交易所于该交易日结束后通过交易所网站，公布合格投资者已持有该公司挂牌交易 A 股的总数及其占公司总股本的比例。

——易混淆点：10%；15%；20%

采分点 71：当日交易结束后，如遇所有合格投资者持有同一上市公司挂牌交易 A 股数额超过限定比例的，证券交易所将按照后买先卖的原则确定平仓顺序，并向其委托的证券公司及托管人发出通知；合格投资者自接到通知之日起的 5 个交易日内作出相应处理，以满足持股限定比例要求。

——易混淆点：当日；次交易日；7 个交易日

第四章 证券经纪业务

采分点 1：证券经纪业务包含的要素有：委托人、证券经纪商、证券交易所和证券交易对象。

——易混淆点：中国证券业协会；证券公司；中国证监会

采分点 2：个人投资者在证券经纪商处开立证券交易结算资金账户时，须提交有效身份证明文件。（2010 年考试涉及）

——易混淆点：银行存款证券；资金存取密码；所在单位证明

采分点 3：证券委托买卖中委托人权利是选择证券经纪商。（2010 年考试涉及）

——易混淆点：了解交易风险，明确买卖方式；采用正确的委托手段；如实填写开户书

采分点 4：证券经纪商是证券市场的中坚力量，其作用主要表现：充当证券买卖的媒介；证券经纪商充当证券买方和卖方的经纪人，发挥着沟通买卖双方并按一定要求迅速、准确地执行指令和代办手续的媒介作用，提高了证券市场的流动性和效率。

——易混淆点：提供证券资产管理；提供信息服务；防止股价波动

采分点 5：同自营业务相比，证券经纪业务的特点有：业务对象的广泛性；证券经纪商的中介性；客户指令的权威性；客户资料的保密性。（2011 年考试涉及）

——易混淆点：交易行为的自主性；选择交易方式的自主性；收益的不稳定性

采分点 6：证券经纪商权利包括，拒绝接受不符合规定的委托要求；按规定收取服务费用。（2010 年考试涉及）

——易混淆点：决定证券买入卖出的时间和价格；坚持为客户保密制度

采分点 7：证券经纪业务按基本原理可分为柜台代理买卖和证券交易所代理买卖两种。（2010 年、2009 年考试涉及）

——易混淆点：柜台代理买卖和证券登记结算公司代理买卖；证券交易所代表买卖和证券承销代理买卖；证券登记结算公司代理买卖和证券承销代理买卖

采分点 8：所有上市交易的股票和债券都是证券经纪业务的对象，因此，证券经纪业务的对象具有广泛性。（2001 年考试涉及）

——易混淆点：集中性；分散性

采分点 9：同一种证券在不同时点上会有不同的价格，因此，证券经纪业务的对象

还具有<u>价格变动性</u>的特点。

——*易混淆点：时间变动性；不确定性*

采分点 10：委托人的指令具有<u>权威性</u>，证券经纪商必须严格地按照委托人指定的证券、数量、价格和有效时间买卖证券，不能自作主张，擅自改变委托人的意愿。

——*易混淆点：规范性；确定性；合理性*

采分点 11：在证券经纪业务关系中，委托人的义务有：<u>履行交割清算义务</u>；接受交易结果；按规定缴存交易结算资金。（2010 年考试涉及）

——*易混淆点：全权委托经纪商代理交易；证券交易所代理买卖*

采分点 12：按我国现行的做法，投资者入市应事先到<u>中国结算公司上海分公司或中国结算公司深圳分公司</u>及其代理点开立证券账户。

——*易混淆点：中国证监会；中国证券业协会*

采分点 13：在具备了<u>证券</u>账户的基础上，投资者就可以与证券经纪商建立特定的经纪关系，成为该经纪商的客户。

——*易混淆点：资金；存款*

采分点 14：在证券经纪业务中，经纪关系建立的第一个环节是签署《风险揭示书》和《客户须知》，第二个是签订《证券交易委托代理协议》，第三个环节是<u>开立资金账户与建立第三方存管关系</u>。（2011 年考试涉及）

——*易混淆点：清算；初始登记；交割*

采分点 15：2007 年 11 月 7 日，<u>中国证券业协会</u>发布了有关证券交易委托代理协议的指引，要求证券公司应根据《证券交易委托代理协议（范本）》修订与客户签订的相关证券经纪业务合同文本。

——*易混淆点：中国证监会；中国登记结算机构；证券公司*

采分点 16：从事证券代理业务的证券经纪商应与投资者签订《证券交易委托代理协议》，协议应包括的事项有：双方声明及承诺、协议标的、资金账户、<u>交易代理</u>、网上委托、变更和撤销、甲方授权代理人委托、甲乙双方的责任及免赔条款、争议的解决、机构客户、附则。（2010 年考试涉及）

——*易混淆点：如实填写开户申请表；证券账户*

采分点 17：目前按照《证券法》的要求，证券公司客户的交易结算资金应当存放在商业银行，以每个客户的名义<u>单独立户</u>管理。（2010 年考试涉及）

——*易混淆点：银证转账；多个账户；分类账户*

采分点 18：证券公司通过<u>资金账户</u>对客户的证券买卖交易、证券交易资金支取进行前端控制，对客户证券交易结算资金进行清算交收和计付利息等。

——*易混淆点：证券账户；存款账户；银行账户*

采分点 19：证券营业部为客户开立资金账户应严格遵守"<u>实名制</u>"原则。

——易混淆点：匿名制；委托制

采分点 20：客户开立资金账户须<u>本人</u>到证券营业部柜台办理。

——易混淆点：委托人；代理人；证券经纪商

采分点 21：客户交易结算资金第三方存管协议中的<u>证券资金台账</u>是由投资者在证券公司营业部开立并专门用于投资者的证券买卖交易。

——易混淆点：证券委托账户；证券台账；资金委托账户

采分点 22：在实行"客户交易结算资金第三方存管"方式下，投资者开立资金账户时，需要与证券公司和选定的商业银行（作为自己客户交易结算资金的指定商业银行）三方共同签署<u>《客户交易结算资金第三方存管协议书》</u>。

——易混淆点：《证券交易委托银行结算代理协议》；《证券交易委托代理第三方存管协议》；《客户交易结算资金银行第三方存管协议》

采分点 23：中国证监会也明确要求证券公司在 <u>2007</u> 年全面实施"客户交易结算资金第三方存管"。

——易混淆点：2008；2009；2010

采分点 24：我国证券市场中客户交易结算资金汇总账户以证券公司名义开立，资金全部为<u>客户</u>所有。

——易混淆点：证券公司；委托人；中国证监会

采分点 25：我国证券市场中客户交易结算资金的存取，<u>全部通过指定的指定商业银行办理</u>。（2009 年考试涉及）

——易混淆点：全部通过证券公司办理；可在任意银行办理

采分点 26：委托买卖证券的过程中，客户作为委托人享有的权利：选择经纪商的权利，<u>即客户可以自由地选择经纪商作为代理自己买卖证券的受托人</u>；对自己购买的证券享有持有权和处置权，即客户可以自由买卖、赠与或质押自己名下的证券。

——易混淆点：客户只能选择指定经纪商；客户一旦选择经纪商后就不能更改

采分点 27：在委托买卖证券的过程中，客户作为委托合同的委托人，在享受权利时也必须承担相应的义务：<u>按规定缴存交易结算资金</u>。

——易混淆点：可随意缴存交易结算资金；委托人在受托人按其委托要求成交后，可以不履行交割手续

采分点 28：委托人在受托人按其委托要求成交后，必须如期履行<u>交割</u>手续，否则即为违约。（2011 年考试涉及）

——易混淆点：变更；托管；转账

采分点 29：证券经纪商应当置备统一制定的<u>《证券买卖委托书》</u>供委托人使用；采取其他委托方式的，必须有委托记录。

——易混淆点：《风险揭示书》；《证券交易委托代理协议》

采分点 30：证券买卖成交后，证券经纪商应当按规定制作买卖成交报告单交付客户，并代为办理清算、交收，将款项和证券及时交付给客户签收。

——易混淆点：指定商业银行；中国证监会；中国证券业协会

采分点 31：在委托买卖证券中，证券经纪商为受托人应坚持为客户保密制度（监管、司法机关除外）。

——易混淆点：任何情况下都不可泄露；可随意泄露

采分点 32：在委托买卖证券中，证券经纪商为受托人有权不接受全权委托。

——易混淆点：自行决定买卖证券数量、种类、价格及买入和卖出

采分点 33：同一证券公司在同时接受两个以上委托人就相同种类、相同数量的证券按相同价格分别作委托买入和委托卖出时，必须分别进场申报竞价成交完成交易。（2007 年考试涉及）

——易混淆点：自行对冲；与委托人协商对冲；报交易所批准后对冲

采分点 34：证券营业部在办理账户身份变更业务时，应当重新识别客户身份。

——易混淆点：不需要重新识别客户身份

采分点 35：账户存续期间，证券公司营业部应每 3 年一次对个人客户信息进行全面核查。

——易混淆点：1；5

采分点 36：证券营业部日常管理的主要内容是经纪业务的营运管理。

——易混淆点：从业人员的日常管理；内部监管的控制管理；客户开发的维护管理

采分点 37：境内自然人申请开立的证券账户中，客户委托他人代办的，需另行提供的资料包括经公证的委托代办书、代办人有效身份证明文件及复印件。

——易混淆点：委托人签字的；受委托人签字的；经纪人员审核的

采分点 38：境内法人申请开立证券账户的，客户应填写机构证券账户注册申请表。

——易混淆点：机构证券账户注册登记表；机构证券账户授权委托书；机构证券账户开立申请表

采分点 39：根据证券经纪业务规范管理和经营监督的要求，证券公司总部应对除客户服务以外的经纪业务实行集中管理。（2011 年考试涉及）

——易混淆点：操作权限；清算；交易

采分点 40：境内自然人申请开立 B 股账户，须先开立 B 股资金账户。（2010 年考试涉及）

——易混淆点：H 股账户；A 股资金账户；A 股账户

采分点 41：证券投资者在证券营业部开立资金账户时须签署的文件有《风险揭示书》、《买者自负承诺函》、《证券交易委托代理协议书》。（2010 年考试涉及）

——易混淆点：《保密协议》；《安全协议》；《保证单》

采分点 42：境内法人申请开立资金账户时，经办人需通过证券登记结算系统查验客户提交的证券账户的状态。（2010年考试涉及）

——*易混淆点*：工商管理系统；中国证监会；证券交易所

采分点 43：合伙企业执行事务合伙人，以合伙企业营业执照上的记载为准，有多名合伙企业执行事务合伙人的，由其中 1 名在授权书上签字。

——*易混淆点*：2；3

采分点 44：在证券账户卡的挂失补办过程中，补办新号码证券账户卡的，按规定数据格式将有关资料传送中国结算公司。

——*易混淆点*：相关证券公司；相关经纪人员；中国证监会

采分点 45：证券账户注册资料的查询，经办人向中国结算公司实时办理查询，并将查询结果交客户经办人。

——*易混淆点*：证券公司；中国证监会；中国证券业协会

采分点 46：在证券账户的管理中，如果自然人或法人同时更改姓名、身份证号码或名称、注册号码，应将客户证券账户卡、授权委托书、发证机关出具的变更证明等原件及有效身份证明复印件寄送中国结算公司审核。审核通过后，经办人在 5 个工作日后打印新的证券账户卡交申请人。

——*易混淆点*：3；7

采分点 47：中国证券登记结算有限责任公司深圳分公司要求，将股份非交易过户申请材料以特快专递寄送至公司经纪业务管理部门，公司经纪业务管理部门审核无误后再传真至中国证券结算有限责任公司。

——*易混淆点*：传真；电话；电报

采分点 48：中国证券登记结算有限责任公司上海分公司要求，将股份非交易过户申请材料以传真方式寄送至公司经纪业务管理部门。公司经纪业务管理部门审核无误后再传真至中国证券登记结算有限责任公司。

——*易混淆点*：特快专递；电话；电报

采分点 49：客户开立资金账户，应到证券公司营业部柜台提出书面申请，出示有效身份证明文件。

——*易混淆点*：证券业协会；证券交易所柜台

采分点 50：证券营业部为申请人开立资金账户时，须依据客户的书面申请设置资金账户的证券交易委托方式、服务品种、存管或银证转账银行，请客户自行设置密码。

——*易混淆点*：可代替客户设置密码

采分点 51：自然人客户资金账户开户：客户提交有效身份证明及复印件、证券账户卡及复印件、拟选择指定商业银行的借记卡，签署《证券交易委托代理协议书》等相关协议书、承诺函等必备文件。

——易混淆点：《风险提示书》；《客户须知》；《客户交易结算资金银行存管协议书》

采分点 52：法人申请补办新号码证券账户卡的，按规定数据格式将有关资金传送中国证券登记结算有限责任公司，中国证券登记结算有限责任公司审核合格后即时予以配号，自动将新证券账户托管到原证券公司（或B股托管机构），并将相关证券由原证券账户转到新的证券账户。

——易混淆点：补办原号码证券账户卡；补办原号码资金账户卡；补办新号码资金账户卡

采分点 53：客户申请开通网上交易委托方式的前提是必须已开通<u>资金账户</u>但尚未申请开通网上交易的客户。

——易混淆点：证券账户；存款账户

采分点 54：客户申请开通网上交易委托时，经办人查验客户提交的身份证件、资金账户卡，查验协议书填写的<u>准确性和完整性</u>，与原留存身份证件核对确认系同一人后，交复核员通过系统实时复核（复核要求与经办人相同）。

——易混淆点：真实性和完整性；准确性和一致性；真实性和一致性

采分点 55：新交易委托方式（或新交易品种）的协议书（风险揭示书）由<u>证券公司</u>按照相关规定适时统一制定并下发。

——易混淆点：中国登记结算机构；中国证券业协会

采分点 56：自然人客户申请开通创业板市场交易，对具有<u>两</u>年以上股票交易经验的自然人客户（交易经验的起算时点为客户本人名下账户在深圳、上海证券交易所发生首笔股票交易之日），请其在《风险揭示书》上抄写"声明"："本人确认已阅读并理解创业板市场相关规则和上述风险揭示的内容，具有相应的风险承受能力，自愿承担参与创业板市场投资的各种风险"。

——易混淆点：一；三

采分点 57：自然人客户申请开通创业板市场交易的，营业部经办人在<u>T＋2</u>交易日后，为具有两年以上股票交易经验的客户在交易系统中开通创业板交易业务（即在第T＋3交易日开通交易）。复核员复核后生效。

——易混淆点：T＋1；T＋3；T＋5

采分点 58：自然人客户申请开通创业板市场交易的，在<u>T＋5</u>交易日后，为尚未具备两年交易经验的客户在交易系统中开通创业板交易业务（即在第T＋6交易日开通交易）。复核员复核后生效。

——易混淆点：T＋1；T＋2；T＋3

采分点 59：开通客户交易结算资金第三方存管的前提必须已开立<u>资金账户</u>但未开通三方存管的客户。

——易混淆点：证券账户；存款账户

采分点 60：开通客户交易结算资金第三方存管客户要到证券公司开户营业部，签署《××银行客户交易结算资金三方存管协议书》（有的银行规定只能到银行方签署此协议）及"第三方存管开通申请表"，办理相关手续。

——**易混淆点**：中国证券业协会；中国证券登记结算机构

采分点 61：证券客户变更第三方指定商业银行，客户持有效证件到证券公司开户营业部，填制第三方存管变更申请表。

——**易混淆点**：中国证券登记结算机构；原第三方指定商业银行；中国证券业协会

采分点 62：证券客户变更第三方指定商业银行时，证券营业部经办人受理业务后须查验该客户资金账户当日是否发生过银证转账或证券交易。

——**易混淆点**：2日内；3日内；5日内

采分点 63：证券客户撤销资金账户，客户本人持有效证件到开户证券营业部，办理撤销指定、转托管。下一营业日，客户持有效证件到开户证券营业部，填制资金账户销户申请表。

——**易混淆点**：3个；5个；7个

采分点 64：证券委托买卖委托柜台应严格按照时间优先的原则，依次为客户办理委托业务，不得漏报或插报。

——**易混淆点**：客户优先；机构优先；VIP优先

采分点 65：证券委托买卖委托柜台在接受客户委托时，若证券名称和证券代码不一致，无法及时与客户取得联系时，则以证券名称为准输入委托指令代理客户买卖股票。

——**易混淆点**：证券代码；随机股；其他大盘股

采分点 66：证券委托买卖非柜台委托中，如无事先约定、未预留印鉴或签名的，则营业部不受理人工电话或传真委托。

——**易混淆点**：网上委托或人工电话委托；网上委托或传真委托

采分点 67：投资者要求开办网上委托应向具有资格的证券公司提出申请。（2011年考试涉及）

——**易混淆点**：证券登记结算公司；证券交易所；中国证券业协会

采分点 68：无效的委托方式是客户直接向场内交易员报单。

——**易混淆点**：柜台委托；电话委托；网上委托

采分点 69：证券公司营业部为客户办理证券交割一般有自助交割和柜台人工交割两种交割方式。

——**易混淆点**：电话交割和柜台人工交割；网上交割和自助交割；电话交割和网上交割

采分点 70：证券公司应当根据客户财务与收入状况、证券专业知识、证券投资经验和风险偏好、年龄等情况，在与客户签订《证券交易委托代理协议书》时，对客户进行初次风险承受能力评估,以后至少每两年根据客户证券投资情况等进行一次后续评估,并对客户进行分类管理,分类结果应当以书面或者电子形式记载、留存。

——易混淆点:每年;每三年;不定期

采分点 71:投资者教育的渠道主要通过营业部设立"投资者园地"、公司网站、交易委托系统、客服中心等多种渠道。

——易混淆点:模拟训练;集体培训

采分点 72:《会员持续开展创业板市场投资者适当性管理业务指引》是由深圳证券交易所制定的,它要求会员公司持续做好创业板市场投资者适当性管理工作,引导投资者理性参与创业板市场交易,促进创业板市场的健康稳定发展。

——易混淆点:上海证券交易所;中国证券业协会

采分点 73:证券投资者未按照适当性管理要求签署《创业板市场投资风险揭示书》,对发生买入申报且已成交的,及时限制其创业板交易买入权限,并在买入申报发生日后的2个交易日内,根据客户意愿办理创业板市场交易开通相关手续,直至完全符合适当性管理要求后为其解除创业板买入限制。

——易混淆点:2日;3日;3个交易日

采分点 74:在客户开通创业板市场交易后,深圳证券交易所应对客户参与创业板市场交易的情况进行跟踪,并结合所了解的客户信息,至少每两年对所有已开通创业板市场交易的客户进行一次风险承受能力的后续评估。

——易混淆点:一;三

采分点 75:重点监控账户名单由深圳证券交易所确定,同时根据定期评估重点监控账户参与重点股票交易、异常交易发生频率等情况进行调整,并通过书面函件、会员业务专区等方式通知会员。

——易混淆点:中国证券业协会;中国证监会

采分点 76:发现重点监控账户利用转托管、启用新账户等方式规避监管,应当及时向深圳证券交易所报告。

——易混淆点:中国证券业协会;中国证监会

采分点 77:2010 年 10 月中国证监会发布 [2010]27 号公告,公布了《证券投资顾问业务暂行规定》,自 2011 年 1 月 1 日起施行。

——易混淆点:中国证券业协会;深圳证券交易所;上海证券交易所

采分点 78:证券公司应当向客户提供风险揭示书,并由客户签收确认,风险揭示书的内容与格式要求由中国证券业协会制定。

——易混淆点:证券公司;中国证监会

采分点 79:证券投资顾问服务收费应向公司账户支付。

——易混淆点:证券投资顾问人员;中国证券业协会

采分点 80：证券公司提供证券投资顾问服务，应当与客户签订证券投资顾问服务协议，此协议内容应包括：当事人的权利和义务；<u>证券投资顾问服务的内容和方式</u>；证券投资顾问的职责和禁止行为；收费标准和支付方式；争议或者纠纷解决方式；终止或者解除协议的条件和方式。

——易混淆点：证券投资顾问特殊情况可以代客户作出投资决策

采分点 81：证券投资顾问服务协议应当约定，自签订协议之日起<u>5</u>个工作日内，客户可以书面通知方式提出解除协议。

——易混淆点：7；10

采分点 82：证券公司应当提前<u>5</u>个工作日将广告宣传方案和时间安排向公司住所地证监局、媒体所在地证监局报备。

——易混淆点：7；10

采分点 83：证券投资顾问业务档案的保存期限自协议终止之日起不得少于<u>5</u>年。

——易混淆点：3；10

采分点 84：证券经纪业务营销中<u>客户关系建立</u>是客户招揽的保证。

——易混淆点：目前市场选择；营销渠道选择；客户促成

采分点 85：证券经纪业务营销中<u>目标市场与营销渠道选择</u>是招揽客户的前提和基础。

——易混淆点：客户关系的建立与营销渠道选择；目标市场与客户关系的建立

采分点 86：证券经纪业务营销中<u>客户促成</u>是证券经纪业务营销的关键环节。

——易混淆点：目标市场选择；营销渠道选择；客户关系建立

采分点 87：证券经纪业务营销中<u>客户服务</u>是证券公司营销的重要组成部分，贯穿于证券公司营销活动的始终。

——易混淆点：客户关系建立；营销渠道选择；目标市场选择

采分点 88：在证券经纪业务营销中，客户服务主要包括交易通道服务、有形服务和信息咨询服务等附加服务，而<u>交易通道服务</u>是证券经纪业务服务的核心。

——易混淆点：有形服务；信息咨询服务

采分点 89：在证券经纪业务营销中，<u>客户招揽</u>是证券公司通过营销渠道，采取多种促销方式，与客户建立关系并促成交易的过程，是证券经纪业务营销活动的第一个环节。

——易混淆点：客户服务；客户咨询；客户反馈

采分点 90：证券公司的客户招揽包括确定目标市场、选择营销渠道、建立客户关系和客户促成等环节；<u>确定目前市场</u>首先要进行市场细分。

——易混淆点：选择营销渠道；建立客户关系；客户促成

采分点 91：以人口统计因素为依据细分市场，一般需要<u>2个或2个以上</u>的具体变量才能准确地描述每个子市场的特征。

——易混淆点：1个或1个以上；3个或3个以上；4个或4个以上

采分点 92：根据投资者的投资动机、投资偏好、交易行为、持仓结构等特征来细分客户的是按照<u>行为因素</u>细分的。

——*易混淆点*：人口因素细分的；心理因素细分的；地理因素细分的

采分点 93：要使证券市场细分成为有效和可行的，必须具备的条件是：<u>可度量性</u>和有价值。

——*易混淆点*：集中性；一致性；合理性

采分点 94：证券公司在市场细分的基础上，对不同的细分市场进行评估，经过比较和筛选，选定一个或几个细分市场，在其中实施营销计划并获取利润的行为，这是公司的<u>目标市场选择</u>。

——*易混淆点*：营销渠道选择；客户关系建立；信息咨询服务的实施

采分点 95：根据所选择的细分市场数目和范围，可以将目标市场选择策略分为无差异市场营销策略、集中性市场营销策略和差异性市场营销策略 3 种方式，其中，<u>无差异市场营销策略</u>是指不考虑各细分市场的差异性，仅强调它们的共性，而将它们视为一个统一的整体市场。（2011 年考试涉及）

——*易混淆点*：集中性市场营销策略；差异性市场营销策略

采分点 96：所有投资者接受的产品和服务完全一致的是采取<u>无差异营销策略</u>。

——*易混淆点*：集中性市场营销策略；差异性市场营销策略

采分点 97：证券公司客户招揽中确定营销策略的<u>集中性市场营销策略</u>又称"密集性策略"，是指公司集中所有力量来满足一个或几个细分市场的需求。

——*易混淆点*：差异性市场营销策略；无差异市场营销策略；分散性市场营销策略

采分点 98：证券公司客户招揽中<u>差异性市场营销策略</u>也称"多重细分市场策略"，是指公司根据不同的目标市场采用不同的营销策略，甚至设计不同的产品来满足不同目标市场上的不同需求。

——*易混淆点*：集中性市场营销策略；无差异市场营销策略；分散性市场营销策略

采分点 99：在证券经纪业务营销中，证券公司集中性市场营销策略可分为地区集中策略、品种集中策略和客户集中策略，其中，<u>地区集中策略</u>是指将营销重点放在某一个或某几个区域，追求该地区的高市场占有率，这类策略为大多数地方性证券公司采用。

——*易混淆点*：品种集中策略；客户集中策略；时间集中策略

采分点 100：证券公司应当建立健全客户<u>适当性</u>管理制度。

——*易混淆点*：统一性；规范性

采分点 101：在证券经纪业务营销中，证券公司集中性市场营销策略可分为地区集中策略、品种集中策略和客户集中策略，其中，<u>客户集中策略</u>可以让营销人员深入渗透某个或某几个细分市场，把有限的资源进行集中利用，进而在这个有限市场中建立专业知名度。

——**易混淆点**：地区集中策略；时间集中策略；品种集中策略

采分点 102：证券公司采用<u>差异性市场营销策略</u>时，营销人员会选择多个潜在客户群作为目标市场，对每个细分市场设计独立的营销组合，并对不同的细分市场进行差异化的产品销售或服务，从而能够更好地满足客户的需求。

——**易混淆点**：集中性市场营销策略；无差异市场营销策略；分散性市场营销策略

采分点 103：采用<u>无差异市场营销策略</u>的主要优点在于成本低，操作简单。

——**易混淆点**：集中性市场营销策略；差异性市场营销策略

采分点 104：实力较强的证券公司往往采用<u>差异性市场营销策略</u>，它们追求的是较高的市场占有率，并谋求地区间的布局平衡。

——**易混淆点**：无差异营销策略；集中性市场营销策略

采分点 105：证券类金融产品及证券服务从证券公司向客户（投资者）转移过程中所经过的途径称<u>证券公司营销渠道</u>。

——**易混淆点**：营销渠道选择；信息咨询服务实施

采分点 106：证券公司传统的营销渠道是<u>分支机构</u>，它提供一直较为被动的分销方式。

——**易混淆点**：中介机构；代理机构

采分点 107：目前，我国证券公司的营销渠道基本上是<u>直接销售渠道</u>，包括证券公司营业部、网络证券营销和证券公司内部营销人员。

——**易混淆点**：间接销售渠道；集中性市场销售渠道

采分点 108：证券营销人员通过主动自我介绍的方式，与陌生人认识、交流，把陌生人发展成为潜在客户的方法是<u>陌生拜访法</u>。

——**易混淆点**：介绍法；缘故法

采分点 109：证券营销人员通过传播媒介将相关信息传递给客户的过程是<u>客户沟通</u>。

——**易混淆点**：客户关系的建立；营销渠道的选择；信息咨询与服务

采分点 110：证券营销人员将公司及其产品和服务灌输到客户头脑中的阶段称<u>认知阶段</u>。

——**易混淆点**：情感阶段；最终行为阶段；建立客户关系阶段

采分点 111：在<u>情感阶段</u>，营销人员应使得客户有一个态度的转变，如认可或支持该公司及其产品。

——**易混淆点**：认知阶段；犹豫阶段；最终行为阶段

采分点 112：由于证券投资具有风险性以及证券类金融产品的差异性和复杂性的特性，证券监管机构要求证券经营机构或证券产品的销售机构在进行证券类金融产品销售或开展证券经纪、融资融券等业务时，须了解客户并适用产品销售的"<u>适应性</u>"原则，即在了解客户的基础上，将适当的产品和服务提供给适当的客户。

——**易混淆点**：合理性；真实性；规范性

采分点 113：按照<u>《监管条例》</u>的规定，证券公司及其营销人员应当了解的客户信息包括客户的身份、财产和收入状况、证券投资经验和风险偏好等。

——易混淆点：《证券法》；《证券业从业人员执业行为准则》

采分点 114：根据客户的风险偏好，结合客户的资产状况，可将客户类型分为保守型、稳健型和积极型，其中，<u>保守型</u>是指对投资的态度是希望投资收益稳定，不愿意承担高风险以换取高收益，通常不太在意资金是否有较大的增值，不愿意承受投资波动对心理的煎熬，追求稳定。

——易混淆点：稳健型；积极型；死板型

采分点 115：证券公司提供的客户服务是以<u>客户需求</u>为导向的，是能够满足客户或目标市场需要的一系列服务的组合，涉及的范围广，形式复杂。

——易混淆点：购买对象；产品类型

采分点 116：证券公司在开展经纪业务时，为客户所提供的核心服务是<u>证券交易通道服务</u>，满足的是客户完成证券交易的核心需求。

——易混淆点：有形服务；信息咨询服务

采分点 117：证券公司向客户提供财务分析与规划、投资建议、个人投资产品推介等综合性理财专业化服务称<u>理财顾问服务</u>。

——易混淆点：证券投资咨询服务；有形服务；证券交易通道服务

采分点 118：在理财顾问服务中，证券公司只提供<u>投资建议</u>，最终决策权在客户。

——易混淆点：信息咨询；证券交易通道服务

采分点 119：证券客户形成购买决策、实施购买行为时营销人员提供的服务是<u>售中服务</u>。

——易混淆点：售前服务；售后服务

采分点 120：理财顾问服务的<u>专业性</u>要求提供服务的人员有扎实的金融证券基本知识，对相关的金融市场及其交易机制、相关的金融产品的风险和收益性有清晰的认识，在此基础上提供专业性的判断。

——易混淆点：顾问性；综合性；长期性

采分点 121：为投资额较大的投资者和机构投资者提供的最具个性化的<u>专人服务</u>。

——易混淆点：邮寄服务；电话服务；网上服务

采分点 122：通过<u>互联网的应用</u>可以向投资者提供容量更大、范围更广的信息查询(包括投资常识、股市行情、开放式基金的净值、投资者账户信息等)、证券交易、证券资讯、自动回邮或下载的服务，并接受投诉和建议。

——易混淆点：媒体和宣传手册的应用；讲座，推介会和座谈会

采分点 123：证券公司应当对证券经纪人进行不少于<u>60</u>个小时的执业前培训，其中法律法规和职业道德的培训时间不少于 20 个小时。

——易混淆点：30；50

采分点 124：证券经纪人的执业范围包括：<u>向客户介绍证券公司和证券市场的基本情况</u>；向客户介绍证券投资的基本知识及开户、交易、资金存取等业务流程等。

——*易混淆点*：*替客户办理账户开立、注销、转移、证券认购、交易或者资金存取、划转、查询等事宜；与客户约定分享投资收益，对客户证券买卖的收益或者赔偿证券买卖的损失作出承诺*

采分点 125：证券经纪人及证券营销人员的禁止性行为包括：提供、传播虚假或者误导客户的信息，或者诱使客户进行不必要的证券买卖；采取贬低竞争对手、进入竞争对手营业场所劝导客户等不正当手段招揽客户；<u>泄露客户的商业秘密或者个人隐私</u>。

——*易混淆点*：*向客户传递由证券公司统一提供的研究报告与证券投资有关的信息；向客户传递由证券公司统一提供的证券类金融产品宣传推介材料及有关信息*

采分点 126：为了加强证券公司经纪业务的监管，规范证券经纪业务活动，保护投资者的合法权益，中国证监会于 <u>2010 年 4 月</u>发布了《关于加强证券经纪业务管理的规定》。

——易混淆点：2010 年 1 月；2010 年 12 月

采分点 127：<u>证券公司</u>应当建立健全证券经纪业务客户管理与客户服务制度，加强投资者教育，保护客户合法权益。

——*易混淆点*：*证券交易所；中国证券业协会*

采分点 128：证券公司与客户签订证券交易委托代理协议，应当为客户开立<u>资金账户</u>。

——*易混淆点*：*存储账户；证券账户*

采分点 129：证券投资客户申请转托管、撤销指定交易和销户的，应当在接受客户申请并完成其账户交易结算（包括但不限于交易、基金代销、新股申购等业务）后的 <u>2 个交易日</u>内办理完毕。

——易混淆点：2 日；3 日；3 个交易日

采分点 130：证券公司应当根据客户财务与收入状况、证券专业知识、证券相关投资经验和风险偏好、年龄等情况，在与客户签订证券交易委托代理协议时，对客户进行初次风险承受能力评估，以后至少<u>每两年</u>根据客户证券投资情况等进行一次后续评估，并对客户进行分类管理。

——易混淆点：每一年；每三年

采分点 131：证券公司应当统一组织回访客户，对新开户客户应当在 1 个月内完成回访，对原有客户的回访比例应当不低于上年末客户总数的 <u>10%</u>。

——易混淆点：15%；20%

采分点 132：证券公司对客户的回访应当留痕，相关资料应当保存不少于 <u>3</u> 年。

——*易混淆点*：*5；7*

采分点 133：证券公司及证券营业部应当建立客户投诉书面或者电子档案，保存时间不少于 3 年。

——易混淆点：2；5

采分点 134：证券公司和证券营业部应当在每年的 4 月底前，汇总上一年度证券经纪业务投诉及处理情况，分别报证券公司住所地及证券营业部所在地证监局备案。

——易混淆点：中国证券业协会；公安局

采分点 135：证券营业部应当建立健全营业场所安全保障机制，保证与当地公安、消防等有关部门的联系畅通，维护交易秩序稳定；制定重大突发事件应急处理预案，定期组织自查，按规定进行演练。自查及演练情况应当以书面方式记载、留存，保存时间不少于 3 年。

——易混淆点：5；7

采分点 136：证券公司应当每年对证券营业部负责人进行年度考核，年度考核情况应当以书面方式记载、留存。

——易混淆点：每半年；每两年

采分点 137：证券营业部负责人应当每 3 年至少强制离岗一次，强制离岗时间应当连续不少于 10 个工作日。

——易混淆点：5；15

采分点 138：证券营业部负责人离任的，证券公司应当进行审计。

——易混淆点：中国证券业协会；中国证监会

采分点 139：证券公司对证券营业部离任负责人审计后的 3 个月内，将审计报告报证券营业部所在地及公司住所地证监局备案。

——易混淆点：2 个月；6 个月

采分点 140：证券经纪业务的风险主要包括合规风险、管理风险和技术风险。（2007 年考试涉及）

——易混淆点：基本风险和非基本风险；代理风险和经营管理风险；系统风险和非系统风险

采分点 141：证券公司在经纪业务活动中违反法律、行政法规和监管部门规章及规范性文件、行业规范和自律规则、公司内部规章制度、行业公认并普遍遵守的职业道德和行为准则等行为，可能使证券公司受到法律制裁、被采取监管措施、遭受财产损失或声誉损失的风险称合规风险。

——易混淆点：管理风险；代理风险；基本风险

采分点 142：证券公司和证券经纪人的失信行为信息，记入证券期货市场诚信信息数据库系统。

——易混淆点：证券营业部信息

采分点 143：证券经纪业务的管理风险主要有下列情形，违规为客户证券交易提供融资、融券等信用交易；为获取交易佣金或其他利益，诱导客户进行不必要的证券买卖；私下接受客户委托或接受客户的全权委托代理其买卖证券等等。(2010年考试涉及)

——易混淆点：向客户推荐的产品或者服务与所了解的客户情况不相适应；不按规定存放、管理客户的交易结算资金，违反规定动用客户的交易结算资金和证券

采分点 144：从数量和质量等方面完善交易软硬件设施满足证券交易业务发展的需要，可以有效防范证券经纪业务的技术风险。(2010年考试涉及)

——易混淆点：政策风险；合规风险；管理风险

采分点 145：证券经纪业务的技术风险是指证券公司信息技术系统发生故障，从而可能给客户造成损失，证券公司因承担赔偿责任而带来经济或声誉损失的风险。

——易混淆点：操作风险；合规风险；管理风险

采分点 146：证券经纪业务中对客户交易结算资金实行第三方存管能够有效防范合规风险。

——易混淆点：严格执行经纪业务操作规程；配备先进，可靠，高效的软硬件设施；建立客户投诉处理及责任追究机制

采分点 147：证券经纪业务管理风险的防范包括：加强经纪业务营销管理；严格执行经纪业务操作规程；建立经纪业务营销和账户管理操作信息管理系统，防范从业人员执业行为引发的风险，保护客户合法权益；加强员工培训，提高员工素质；建立客户投诉处理及责任追究机制；建立经纪业务检查稽核制度。

——易混淆点：根据业务需要建立完善的信息技术系统及相应的容错备份系统和灾难备份系统；建立健全各项规章制度，严格按经纪业务内部控制的要求完善内部控制机制和制度

采分点 148：证券营业部的信息系统建设和管理，包括基础环境、网络通信、应用系统、管理制度、系统运行维护、安全保障等方面应符合中国证券业协会制定的《证券营业部信息技术指引》的有关要求。

——易混淆点：中国证监会；中国结算公司；证券公司

采分点 149：证券业的自律性组织是证券业协会，它是社会团体法人。

——易混淆点：中国证监会；证券公司；证券经纪商

采分点 150：证券经纪业务的一线监管机构是证券交易所。

——易混淆点：证券业协会；证券公司；中国证监会

采分点 151：证券交易所每年应当对会员的财务状况、内部风险控制制度以及遵守国家有关法规和证券交易所业务规则等情况进行抽样或者全面检查，并将检查结果报告中国证监会。

——易混淆点：证券业协会；中国结算公司；证券公司

采分点152：证券公司应当自每一会计年度结束之日起 4 个月内，向证券监管机构报送年度报告；自每月结束之日起 7 个工作日内，报送月度报告。

　　——易混淆点：5；15

采分点153：证券公司从事证券经纪业务，客户资金不足而接受其买入委托，或者客户证券不足而接受其卖出委托的，依照《证券法》规定，没收违法所得，暂停或者撤销相关业务许可，并处以非法融资融券等值以下的罚款；对直接负责的主管人员和其他直接责任人员给予警告，撤销任职资格或者证券从业资格，并处以 3 万元以上 30 万元以下的罚款。

　　——易混淆点：5000元；1万元；5万元

采分点154：证券公司从事证券经纪业务时将客户的资金账户、证券账户提供给他人使用的，依照《证券法》的规定处罚，责令改正，没收违法所得，并处以违法所得一倍以上五倍以下的罚款；没有违法所得或者违法所得不足 3 万元的，处以 3 万元以上 30 万元以下的罚款。

　　——易混淆点：5000；1万；2万

采分点155：证券公司诱使客户进行不必要的证券交易，处以 1 万元以上 10 万元以下的罚款。

　　——易混淆点：1万元以上5万元以下；3万元以上10万元以下；3万元以上30万元以下

采分点156：证券公司违反《证券公司监督管理条例》的规定，有向客户提供投资建议，对证券价格涨跌或者市场走势做出确定性判断的，责令改正，给予警告，没收违法所得，并处以违法所得 1 倍以上 5 倍以下的罚款。

　　——易混淆点：1倍以上3倍以下；2倍以上5倍以下；5倍以上10倍以下

采分点157：证券公司违反《证券公司监督管理条例》的规定，有与他人合资、合作经营管理分支机构，或者将分支机构承包、租赁或者委托给他人经营管理的：对直接负责的主管人员和其他直接责任人员给予警告，并处 3 万元以上 10 万元以下的罚款；情节严重的，撤销任职资格或者证券从业资格。

　　——易混淆点：1万元以上5万元以下；3万元以上5万元以下；5万元以上10万元以下

采分点158：证券公司未按照规定为客户开立账户的且情节严重的处以 20 万元以上 50 万元以下的罚款，并对直接负责的董事、高级管理人员和其他直接责任人员，处以 1 万元以上 5 万元以下的罚款。

　　——易混淆点：3万元以上10万元以下；10万元以上30万元以下；20万元以上30万元以下

采分点 159：《证券公司监督管理条件》的规定，有证券公司、资产托管机构、证券登记结算机构违反规定动用客户的交易结算资金和证券的，对直接负责的主管人员和其他直接责任人员给予警告、撤销任职资格或者证券从业资格，并处以 3 万元以上 30 万元以下的罚款。

——**易混淆点**：3 万元以上 10 万元以下；20 万元以上 30 万元以下；20 万元以上 50 万元以下

第五章 经纪业务相关实务

采分点1：股票发行是股票交易的前提。
　　——易混淆点：新股认购；网上竞价
采分点2：在我国，新股网上竞价发行是指新股发行主承销商利用证券交易所的交易系统，以自己作为唯一的"卖方"，投资者作为"买方"，以不低于新股发行人确定的发行底价的价格及限购数量，进行竞价认购的一种新股发行方式。（2010年考试涉及）
　　——易混淆点：新股发行人；证券公司；证券登记结算公司
采分点3：网上发行股票大大减轻了发行组织的工作压力，为社会节省了大量的人力、物力和财力资源；这一优点是其经济性的表现。（2010年考试涉及）
　　——易混淆点：高效性；连续性；市场性
采分点4：新股竞价发行在国外指的是一种由多家承销机构通过招标竞争确定证券发行价格，并在取得承销权后向投资者推销证券的发行方式，也称招标购买方式。（2008年考试涉及）
　　——易混淆点：承销购买方式；同一价购买方式；支付购买方式
采分点5：网上竞价发行正是将市场原则引入发行环节，通过市场竞争最终决定较为合理的发行价格。
　　——易混淆点：议价过程；申报过程；定价过程
采分点6：网上竞价发行方式的缺陷是股价容易被机构大资金操纵。
　　——易混淆点：广泛的市场性；一、二级市场的联动性；经济高效性
采分点7：新股网上定价发行是事先规定发行价格，再利用证券交易所交易系统来发行股票的发行方式。
　　——易混淆点：中国证券业协会；个人投资者；符合中国证券监督管理委员会规定条件的机构投资者
采分点8：我国自2005年1月1日起首次实行公司发行股票的询价制度。
　　——易混淆点：2003年1月1日；2004年1月1日；2007年1月1日
采分点9：根据《关于首次公开发行股票试行询价制度若干问题的通知》的规定，首次公开发行股票的公司及其保荐机构应通过向符合中国证券监督管理委员会规定条件的机构投资者询价的方式确定股票发行价格。

——易混淆点：中国证券业协会；证券交易所；个人投资者

采分点 10：新股发行人及其保荐机构通过<u>初步询价</u>确定发行价格区间。

——易混淆点：累计投标询价

采分点 11：深圳证券交易所和中国结算公司于<u>2006 年 5 月 19 日</u>共同发布《资金申购上网定价公开发行股票实施办法》。

——易混淆点：2006 年 5 月 20 日；2009 年 6 月；2009 年 5 月 19 日

采分点 12：上海证券交易所和中国结算公司于<u>2006 年 5 月 20 日</u>共同发布《沪市股票上网发行资金申购实施办法》。

——易混淆点：2006 年 5 月 19 日；2009 年 6 月；2009 年 5 月 19 日

采分点 13：中国证监会于<u>2006 年 9 月</u>公布并开始实施《证券发行与承销管理办法》。

——易混淆点：2009 年 6 月；2006 年 5 月；2007 年 9 月

采分点 14：按照《证券发行与承销管理办法》的规定，首次公开发行股票，应当通过向<u>特定机构投资者</u>询价的方式确定股票发行价格。

——易混淆点：证券交易所；发行人；主承销商

采分点 15：上海证券交易所规定，每一申购单位为 1000 股，申购数量不少于 1000 股，超过 1000 股的必须是 1000 股的整数倍，但最高不得超过当次社会公众股上网发行总量的 <u>1‰</u>，且不得超过 9999.9 万股。（2008 年考试涉及）

——易混淆点：10%；1%

采分点 16：深圳证券交易所上网发行申购资金冻结时间为 <u>3</u> 个交易日。

——易混淆点：5；7

采分点 17：上海证券交易所上网发行申购资金冻结时间设计为 <u>4</u> 个交易日，但根据发行人和主承销商的申请，可以缩短为 3 个交易日。

——易混淆点：5；7

采分点 18：股票上网发行资金申购日后的第一个交易日（T+1 日），由中国结算公司分公司进行申购资金冻结处理；上海证券交易所规定 <u>16：00</u> 前，申购资金须全部到位。

——易混淆点：14：00；15：00；17：00

采分点 19：股票上网发行资金申购日后的第一个交易日（T+1 日），由中国结算公司分公司进行申购资金冻结处理；深圳证券交易所规定 <u>15：00</u> 前，申购资金须全部到位。

——易混淆点：14：00；16：00；17：00

采分点 20：根据深圳证券交易所《资金申购上网定价公开发行股票实施办法》和上海证券交易所《沪市股票上网发行资金申购实施办法》的规定，<u>发行人</u>应当向负责申购资金验资的会计师事务所支付验资费用。（2010 年考试涉及）

——易混淆点：证券登记结算公司；证券交易所；主承销商

采分点 21：在采用新股网上竞价发行的情形下，当累计有效申报数量未达到新股实际发行数量时,则所有申报按<u>发行底价</u>成交。

——**易混淆点**:各自申报价;平均申报价;最低申报价

采分点 22:股票上网发行资金申购,如果有效申购总量大于该次股票发行量,主承销商将于申购日后的<u>第二个交易日</u>组织摇号抽签,公布确定的发行价和中签率,并按规定进行中签处理。

——**易混淆点**:第三个交易日;第五个交易日;第七个交易日

采分点 23:股票上网发行资金申购,申购日后的第<u>三</u>个交易日,主承销商公布中签结果,中国结算公司对未中签部分的申购款予以解冻,并按规定进行新股认购款划付,即从结算参与人的资金交收账户上扣收新股主购款项,再划付给主承销商。

——**易混淆点**:二;五;七

采分点 24:根据新股网上竞价发行的程序,新股竞价发行申报时,主承销商为唯一的卖方,其申报数为新股实际发行数,卖出价格为<u>发行底价</u>。

——**易混淆点**:实际发行价格;第一笔买入申报价;平均发行价

采分点 25:我国有许多新股采用网上定价发行方式,其发行价格确定于<u>发行之前</u>。

——**易混淆点**:发行之后;发行之中;议价过程

采分点 26:股票网下发行结束后,发行人向中国结算公司提交相关材料申请办理股权登记,中国结算公司在其材料齐备的前提下<u>2</u>个交易日内完成登记。

——**易混淆点**:1;3

采分点 27:上海、深圳证券交易所上市证券的分红派息,主要是通过<u>中国结算公司的交易清算系统</u>进行的。

——**易混淆点**:交易所;各证券公司;各银行

采分点 28:上海证券所 A 股现金红利派发日程安排如下:证券发行人在实施权益分派公告日<u>5</u>个交易日前,要向中国结算公司上海分公司提交相关申请材料。

——**易混淆点**:1;3;7

采分点 29:上海证券所 A 股现金红利派发日程安排中,中国结算公司上海分公司在公告日<u>3</u>个交易日前审核申报材料并作出答复。

——**易混淆点**:5;7

采分点 30:上海证券所 A 股证券发行人接到中国结算公司上海分公司核准答复后,应在确定的权益登记日<u>3</u>个交易日前,向证券交易所申请信息披露。

——**易混淆点**:1;5

采分点 31:上海证券所根据现行 A 股现金派发日程安排,投资者可在 <u>T+8</u> 日后领取现金红利。

——**易混淆点**:T+5 日;T+3 日;T 日

采分点 32:根据现行有关部门制度规定,上海证券交易所上市的 B 股现金红利的派发权益登记日为 T + 6 日。

——易混淆点：T + 2；T + 4；T + 8

采分点 33：上海证券所 B 股现金红利派发，未办理指定交易及暂无指定结算证券公司(托管银行)的 B 股投资者，其持有股份的现金红利暂由中国结算公司上海分公司保管，不计息。

——易混淆点：证券交易所；配股承销商；中国证监会

采分点 34：对于上市公司派送红股和公积金转增股本，中国结算公司上海分公司在送股登记日闭市后，将向证券公司传送指定交易投资者送股明细数据库。

——易混淆点：配股公告日后一天；配股公告日；配股登记日后一天

采分点 35：上市公司给予其老股东的一种认购该公司股份的权利证明是配股权证。

——易混淆点：代理证；承销证

采分点 36：在现阶段，我国 A 股的配股权证不挂牌交易，不允许转托管。

——易混淆点：B 股；基金债券；国债

采分点 37：根据有关规定，配股权证由中国结算公司根据上市公司提供的配股方案中的配股比例，按照配股除权登记日登记的股东持股数增加其配股权证，完成配股权证的派发。

——易混淆点：证券交易所；配股主承销商；中国证监会

采分点 38：上海证券交易所按上市公司的送配公告，在股权登记日闭市后根据每个股东股票账户中的持股量，按照无偿送股比例，自动增加相应的股数并主动为其开立配股权证账户，按有偿配股的比例给予相应数量。

——易混淆点：配股公告日；配股公告日后一天；股权登记日后一天

采分点 39：上海证券交易所实行全面指定交易后，中国结算公司上海分公司在配股登记日闭市后向各证券营业部传送投资者配股明细数据库。

——易混淆点：配股公告日；配股公告日后一天；配股登记日后一天

采分点 40：按照上海证券交易所配股规则，拥有某种股票配股权证的投资者，可委托买入不超过可配股数的股票，具体方式为向场内申报卖出配股权证。

——易混淆点：买入配股权证；卖出股票；先买入后卖出

采分点 41：在认购配股操作中，由于是申报卖出，因此证券交易所利用电脑交易撮合系统控制卖空的功能即可判别客户拥有配股权证的数量，一旦确认即可撮合成交。

——易混淆点：买空；多头；申报

采分点 42：上海证券交易所根据每个股东股票账户中的持股量，按照无偿送股比例，自动增加相应的股数并主动为其开立配股权证账户。

——易混淆点：有偿送股比例；有效送股比例；约定送股比例

采分点 43：深圳证券交易所配股认购于 R + 1 日开始，认购期为 5 个工作日。

——易混淆点：7；15

采分点 44：上市公司（或保荐机构）在配股缴款期内应至少刊登 3 次《配股提示性公告》。

——易混淆点：5；7

采分点 45：召开股东大会的上市公司要提前 30 天刊登公告，在公告中说明是否要进行网络投票。

——易混淆点：15；20

采分点 46：我国上市公司于 2005 年开始进行股权分置改革试点，其中流通股股东可以采用网络投票形式来行使自己的权利。

——易混淆点：2002；2004；2007

采分点 47：进行分置改革试点的上市公司，在召开临时股东大会的通知中，须包括本次股东大会提供交易系统等网络形式的投票平台，以及公司为流通股股东提供不少于 5 个交易日（含股东大会当日）的网络投票时间等内容。

——易混淆点：7；10

采分点 48：上海证券交易所申报股数用来代表表决意见，申报 2 股代表反对。

——易混淆点：同意；弃权；交易双方

采分点 49：投资者办理股东大会网络投票等网络服务业务，需首先登录中国结算公司网站注册。

——易混淆点：证券公司；中国证监会；中国证券业协会

采分点 50：对于股东大会网络投票，深圳证券交易所网络投票系统中在"委托价格"项填报股东大会议案序号，其中 1.00 元代表议案一。

——易混淆点：0.10；0.01；0

采分点 51：中国证券登记结算有限责任公司的网络投票系统基于互联网。

——易混淆点：上海证券交易所网络投票系统；深圳证券交易所网络投票系统；上海和深圳证券交易所网络投票系统

采分点 52：深圳证券交易所于 2005 年 7 月 13 日发布了《深圳证券交易所开放式基金申购赎回业务实施细则》。

——易混淆点：2004 年 7 月 13 日；2004 年 7 月 14 日；2005 年 7 月 14 日

采分点 53：在通常情况下，可转换债券是指可转换成股票的债券。（2010 年考试涉及）

——易混淆点：权证；基金；另一种债券

采分点 54：投资者在上海证券交易所认购申报时采用金额认购方式，以认购金额填报数量申请，买卖方向为买入。

——易混淆点：卖出；先买入后卖出；先卖出后买入

采分点 55：投资者在上海证券交易所认购申报的最低认购金额由基金管理公司确定

并公告；在最低认购金额基础上，累加认购申报金额为 100 元或其整数倍，但单笔申报最高不得超过 99999900 元。

——易混淆点：10；50；1000

采分点 56：上海证券交易所在每个交易日的撮合交易时间内，接受基金份额申购、赎回的申报。

——易混淆点：大宗交易

采分点 57：上海证券交易所基金管理人可以依据有关法律、法规、行政规章的规定，提前 1 个工作日，以书面形式向上海证券交易所申请暂停基金份额的申购或赎回。

——易混淆点：3；5

采分点 58：上海证券交易所申购、赎回的成交价格按当日基金份额净值确定，由于申报价格栏不能空白，故约定始终都填写为"1 元"。（2009 年考试涉及）

——易混淆点：0；10 元；100 元

采分点 59：上海证券交易所对申购、赎回申报申请直接转发给中国结算公司。

——易混淆点：中国证券业协会；中国证监会

采分点 60：投资者申请将基金份额转出上海证券交易所场内系统的，可在 T 日持有效身份证明文件和上海证券账户卡到转出方的交易所会员营业部提交转托管申请。

——易混淆点：T＋1 日；T＋2；T＋5 日

采分点 61：上海证券交易所投资者可在 T＋2 日起在场外转入方的基金管理人或其代销机构处查询到该转托管转入基金份额。

——易混淆点：T；T＋1；T＋3

采分点 62：深圳证券交易所于 2004 年 8 月 17 日发布了《深圳证券交易所上市开放式基金业务规则》。

——易混淆点：2004 年 8 月 20 日；2005 年 7 月 13 日；2005 年 8 月 17 日

采分点 63：基金的发售可以在深圳证券交易所和基金管理人及其代销机构同时进行，交易所采用上网发行方式。

——易混淆点：网下；网上和网下；柜台

采分点 64：深圳证券交易所接受证券营业部申报认购的时间为募集期内每个交易日的交易时间。

——易混淆点：大宗交易时间；撮合交易时间

采分点 65：深圳证券交易所投资者在同一交易日内可进行多次认购，每笔认购量必须为 1000 或其整数倍，且最大不能超过 99999000 份基金单位。

——易混淆点：10；100；10000

采分点 66：投资者通过深圳证券交易所认购取得（以及日后交易取得）的上市开放基金份额，以投资者的深圳证券账户记载，登记在中国结算公司深圳分公司证券登记结算系统中,托管在<u>证券营业部</u>。

——易混淆点:中国结算公司;中国证监会;中国证券业协会

采分点 67:基金合同生效后即进入封闭期,封闭期一般不超过 <u>3</u> 个月。(2007 年考试涉及)

——易混淆点:1;2

采分点 68:基金上市首日的开盘参考价为上市首日前一交易日的<u>基金份额净值</u>(四舍五入至价格最小变动单位)。

——易混淆点:最后一分钟内加权平均价格;市场价格

采分点 69:深圳证券交易所上市开放基金采取"金额申购、份额赎回"原则,即申购以金额申报,赎回以份额申报;场内申购申报单位为 <u>1</u> 元人民币。

——易混淆点:10;100

采分点 70:中国结算公司 TA 系统依据基金管理人给定的赎回费率,以赎回当日<u>基金份额净值</u>为基准,计算投资者可得到的净赎回金额。

——易混淆点:前日基金份额净值;1 元;当日市场价格

采分点 71:中国结算公司深圳证券登记系统在 <u>T + 1</u> 日根据场内申购、赎回的确认数据在投资者的深圳证券账户中进行基金份额过户登记处理,并生成深圳证券交易所场内申购、赎回交易回报数据发送相关证券经营机构席位。

——易混淆点:T;T + 2;T + 5

采分点 72:深圳证券交易所自 <u>T + 2</u> 日起,投资者申购份额可用,T + N 日(N 为基金管理人事先约定的赎回资金交收周期,2 ≤ N ≤ 6),赎回资金可用。

——易混淆点:T;T + 1;T + 3

采分点 73:深圳证券账户中的基金份额可通过<u>证券营业部</u>向深圳证券交易所交易系统申报卖出或赎回。

——易混淆点:深圳证券结算公司;中国证监会;中国证券业协会

采分点 74:上市开放式基金在交易所的交易规则与封闭式基金基本相同,具体内容有:买入上市开放式基金申报数量应当为 100 份或其整数倍,申报价格最小变动单位为 <u>0.001</u> 元人民币。

——易混淆点:1;0.1;0.01

采分点 75:深圳证券交易所对上市开放式基金交易实行价格涨跌幅限制,涨跌幅比例为 <u>10%</u>,自上市首日起执行。(2009 年考试涉及)

——易混淆点:1%;15%;20%

采分点 76:T 日买入基金份额自 <u>T + 1</u> 日开始可在深圳证券交易所卖出或赎回。

——易混淆点:T + 2;T + 3;T + 5

采分点 77:为方便投资者查询上市开放式基金的份额净值,深圳证券交易所于交易日通过行情发布系统揭示基金管理人提供的上市开放式基金前一交易日基金份额净值。

——易混淆点：前一交易日市场价格；当日基金份额净值；当日市场价格

采分点 78：上市开放式基金份额的投资者拟将托管在某证券营业部的上市开放式基金份额转托管到其他证券营业部，可通过系统内转托管办理。

——易混淆点：跨系统转托管

采分点 79：投资者如需将登记在证券登记系统中的基金份额转托管到 TA 系统（基金份额由证券营业部转托管到代销机构、基金管理人），或将登记在 TA 系统中的基金份额转托管到证券登记结算系统（基金份额由代销机构、基金管理人转托管到证券营业部），应办理跨系统转托管手续。

——易混淆点：系统内转托管；系统间转托管

采分点 80：投资者拟将上市开放式基金份额从证券登记系统转入 TA 系统，按以下程序办理：T＋1 日 TA 系统将有效申报处理结果发送转入代销方机构、基金管理人。

——易混淆点：T；T＋2；T＋3

采分点 81：投资者拟将上市开放式基金份额从 TA 系统进入证券登记系统，自 T＋2 日始，投资者可以通过转入方证券营业部申报在深圳证券交易所卖出或赎回基金份额。

——易混淆点：T；T＋1；T＋3

采分点 82：上海证券交易所于 2004 年 11 月 24 日发布了《上海证券交易所交易型开放式指数基金业务实施细则》。

——易混淆点：2004 年 1 月 1 日；2006 年 2 月 13 日；2005 年 11 月 24 日

采分点 83：深圳证券交易所于 2006 年 2 月 13 日发布了《深圳证券交易所交易型开放式指数基金业务实施细则》。

——易混淆点：2004 年 11 月 24 日；2005 年 11 月 24 日；2004 年 2 月 13 日

采分点 84：投资者办理证券交易所 ETF 份额的认购、交易、申购、赎回业务，需使用在中国结算公司开立的证券账户。

——易混淆点：证券交易所；中国证监会；第三方指定商业银行

采分点 85：ETF 的基金管理人采用网上现金认购的，接受申报的证券交易所会员应即时冻结投资者用于认购的资金，并不得挪用。

——易混淆点：网下；网上和网下；柜台

采分点 86：按现行有关制度规定，进行证券交易所 ETF 申购、赎回操作的投资者需具有证券交易所 A 股账户。

——易混淆点：基金账户；B 股账户；资金账户

采分点 87：证券交易所 ETF 投资者通过一级交易商，申请以一篮子股票和少量现金换取一定数量的基金份额属于证券交易所 ETF 的申购。

——易混淆点：赎回；买卖

采分点 88：证券交易所 ETF 投资者申购基金份额的，应当拥有对应的足额组合证券及替代现金。（2010 年考试涉及）

——易混淆点：组合证券；组合基金；组合基金和替代现金

采分点 89：根据我国证券交易所的相关规定，买卖、申购、赎回 ETF 的基金份额时，应遵守：当日申购的基金份额，同日可以卖出，但不得赎回；当日买入的基金份额，同日可以赎回，但不得卖出；当日赎回的证券，同日可以卖出，但不得用于申购基金份额；当日买入的证券，同日可以用于申购基金份额。（2009 年考试涉及）

——易混淆点：当日申购的基金份额，同日不可以卖出；当日申购的基金份额，同日可以卖出，也可以赎回

采分点 90：在 ETF 信息传递和披露方面，为保证申购、赎回和买卖的正常进行，要求每日开市前基金管理人应向证券交易所、证券登记结算机构提供 ETF 的申购、赎回清单，并通过证券交易所指定的信息发布渠道予以公告。

——易混淆点：收盘后

采分点 91：上海证券交易所于 2005 年 7 月发布了《上海证券交易所权证管理暂行办法》，当日，深圳证券交易所也发布了《深圳证券交易所权证管理暂行办法》。

——易混淆点：2004 年 7 月；2006 年 7 月；2007 年 7 月

采分点 92：投资者应使用在中国结算公司开立的证券账户（A 股账户）办理权证的认购、交易、行权等业务，单笔权证买卖申报数量不得超过 100 万份，申报价格最小变动单位为 0.001 元人民币。

——易混淆点：10；50；80

采分点 93：上海证券交易所规定，权证行权的申报数量为 100 份的整数倍。

——易混淆点：10；1000

采分点 94：权证交易实行价格涨跌幅限制，涨跌幅按下列公式计算：权证涨幅价格＝权证前一日收盘价格＋（标的证券当日涨幅价格－标的证券前一日收盘价）×125%×行权比例。

——易混淆点：权证涨幅价格＝权证当日开盘价格＋（标的证券当日涨幅价格－标的证券前一日收盘价）×125%×行权比例；权证涨幅价格＝权证前一日收盘价格＋（标的证券前一日涨幅价格－标的证券前一日收盘价）×125%×行权比例

采分点 95：证券交易所在每日开盘前公布每只权证可流通数量及持有权证数量达到或超过可流通数量 5% 的持有人名单。

——易混淆点：2%；10%；15%

采分点 96：权证存续期满前 5 个交易日，权证终止交易，但可以行权。（2010 年考试涉及）

——易混淆点：10；3

采分点 97：权证持有人行权的，应委托证券公司（证券交易所的会员）通过证券交易所交易系统申报。

——*易混淆点*：基金管理人；基金托管人；基金代销机构

采分点 98：权证行权采用现金方式结算的，权证持有人行权时，按行权价格与行权日标的证券结算价格及行权费用之差价收取现金；其中，标的证券结算价格为行权日前 10 个交易日标的证券每日收盘价的平均数。

——*易混淆点*：5；15

采分点 99：采用现金结算方式行权且权证在行权期满时为价内权证的，发行人在权证期满后的 3 个工作日内未行权的权证持有人自动支付现金差价。

——*易混淆点*：5；7

采分点 100：采用证券给付结算方式行权且权证在行权期满时为价内权证的，代为办理权证行权的证券经纪商应在权证期满前的 5 个交易日提醒未行权的权证持有人权证即将期满，或按事先约定代为行权。

——*易混淆点*：7；10

采分点 101：权证行权时，标的股票过户费为股票过户面额的 0.05%。

——*易混淆点*：0.1%；0.01%；0.5%

采分点 102：根据我国《上市公司证券发行管理办法》的规定，上市公司发行的可转换公司债券在发行结束 6 个月后，方可转换为公司股票，而具体转股期限应由发行人根据可转债的存续期及公司财务情况确定。

——*易混淆点*：9；3

采分点 103：可转债转换成发行公司股票的股份数的计算公式是：可转债转换股份数（股）=（转债手数×1000）÷当次转股初始价格。

——*易混淆点*：可转债转换股份数（股）=（转债手数×100）÷当次转股初始价格；可转债转换股份数（股）=（转债手数×1000）÷当时相关股价；可转债转换股份数（股）=（转债手数×10000）÷当次转股初始价格

采分点 104：当日（T 日）转换的公司股票可在 T+1 日卖出；非交易过户的可转债在过户的下一个交易日方可进行转股申报。

——*易混淆点*：T+2；T+3；T+5

采分点 105：中国证券业协会于 2001 年 6 月 12 日发布了《证券公司代办股份转让服务业务试点办法》。

——*易混淆点*：2001 年 12 月 27 日；2002 年 6 月 12 日；2002 年 12 月 27 日

采分点 106：代办股份转让服务业务是指证券公司为非上市公司提供的股份转让服务业务。

——*易混淆点*：境内上市公司；海外上市公司；民营企业

采分点 107：中国证券业协会于 2002 年 12 月 27 日发布了《证券公司从事代办股份转让主办券商管理办法（试行）》。

——易混淆点：2001 年 6 月 12 日；2001 年 12 月 27 日；2002 年 6 月 12 日

采分点 108：对证券公司代办股份转让服务进行监督管理的是中国证券业协会。

——易混淆点：中国证监会；证券交易所；中国结算公司

采分点 109：根据中国证券业协会发布的《证券公司从事代办股份转让主办券商管理办法（试行）》规定，主办业务包括：根据中国证券业协会要求，调查或协助调查指定事项；对股份转让业务中出现的问题，依据有关规则和协议及时处理并报中国证券业协会备案，重大事项应立即报告中国证券业协会。

——易混淆点：受托办理股份转让公司股权确认事宜；根据中国证券业协会或相关主办券商的要求，协助调查指定事项。

采分点 110：根据中国证券业协会发布的《证券公司从事代办股份转让主办券商管理办法（试行）》规定，主办业务包括：发布关于所推荐股份转让公司的分析报告，包括在挂牌前发布推荐报告，在公司披露定期报告后的 10 个工作日内发布对定期报告的分析报告，以及在董事会就公司股本结构变动、资产重组等重大事项作出决议后的 5 个工作日内发布分析报告，客户地向投资者揭示公司存在的风险。

——易混淆点：7；15

采分点 111：根据中国证券业协会发布的《证券公司从事代办股份转让主办券商管理办法（试行）》规定，代办业务范围包括：受托办理股份转让公司股权确认事宜；向投资者提示股份转让风险，与投资者签订股份转让委托协议书，接受投资者委托办理股份转让业务。（2010 年考试涉及）

——易混淆点：办理所推荐的股份转让公司挂牌事宜；发布关于所推荐股份转让公司的分析报告；对拟推荐在代办股份转让系统挂牌的公司全体董事、监事及高级管理人员进行辅导

采分点 112：证券公司从事代办股份转让服务业务，应当报经中国证券业协会批准，并报中国证监会备案。

——易混淆点：证券交易所；中国证券业协会；中国结算公司

采分点 113：根据《证券公司从事代办股份转让主办券商业务资格管理办法（试行）》，从事代办股份转让服务业务资格的申请条件之一为：经中国证监会批准为综合类证券公司或比照综合类证券公司运营 1 年以上。

——易混淆点：3；5

采分点 114：根据《证券公司从事代办股份转让主办券商业务资格管理办法（试行）》，对从事代办股份转让服务业务资格的申请条件规定有：最近年度净资产不低于人民币 8 亿元，净资本不低于人民币 5 亿元。（2009 年考试涉及）

——易混淆点：10；15；20

采分点115：根据《证券公司从事代办股份转让主办券商业务资格管理办法（试行）》，对从事代办股份转让服务业务资格的申请条件规定有：最近2年内不存在重大违法违规行为；经营稳健，财务状况正常，不存在重大风险隐患。

——易混淆点：3；5

采分点116：根据《证券公司从事代办股份转让主办券商业务资格管理办法（试行）》，对从事代办股份转让服务业务资格的申请条件规定有：设置代办股份转让业务的管理部门，由公司副总经理以上的高级管理人员负责该业务的日常管理，至少配备2名有资格从事证券承销业务和证券交易业务的人员，专门负责信息披露业务，其他业务人员须有证券业从业资格；具有20家以上的营业部，且布局合理。（2010年考试涉及）

——易混淆点：15；25

采分点117：股份转让公司能够委托1家证券公司办理股份转让，并与证券公司签订委托协议。

——易混淆点：2；3

采分点118：为保护上市公司终止上市后社会公众股东的合法权益，中国证监会印发了《关于做好股份公司终止上市后续工作的指导意见》。

——易混淆点：中国证券业协会；中国结算公司；证券交易所

采分点119：股份有限公司在证券交易所做出股票终止上市决定时，未依法确定代办机构的，由证券交易所指定临时代办机构。（2010年考试涉及）

——易混淆点：证券业协会；上市公司协会；中国证监会

采分点120：对于《指导意见》施行前已退市的公司，在《指导意见》施行后15个工作日内未确定代办机构的，由证券交易所指定临时代办机构。（2009年考试涉及）

——易混淆点：10；20

采分点121：股份转让临时代办机构应自被指定之日起45个工作日内，开始为退市公司向社会公众发行的股份的转让提供代办服务。

——易混淆点：20；30

采分点122：投资者参与股份转让，应当委托证券公司营业部办理。

——易混淆点：证券交易所；证券经纪商；代理人

采分点123：代办股份转让时，投资者委托指令以集合竞价方式配对成交。

——易混淆点：撮合方式定价；连续竞价；交易所定价

采分点124：股份转让的转让日根据股份转让公司质量，实行区别对待，分类转让，同时满足以下条件的股份转让公司，股份实行每周5次（周一至周五的转让方式：规范履行信息披露义务；股东权益为正值或净利润为正值；最近年度财务报告未被注册会计师出具否定意见或拒绝发表意见。不能同时满足以上条件的股份转让公司，股份实行每周3次的转让方式,为每周星期一、星期三、星期五。

——易混淆点:星期一,星期二,星期五;星期二,星期三,星期五;星期一,星期四,星期五

采分点125:由证券交易所指定主办券商的退市公司,未与主办券商签订委托代办股份转让协议,或不履行基本信息披露义务的退市公司,其股份实行每周星期五转让1次的方式。

——易混淆点:星期一;星期三;星期四

采分点126:按照现行代办股份转让业务的有关规定,股份转让公司的股份在代办股份转让系统挂牌转让,转让价格实行涨跌幅限制,涨跌幅比例限制为前一转让日转让价格的5%。(2009年考试涉及)

——易混淆点:2%;7%;10%

采分点127:股份每周转让5次的公司,信息披露参照上市公司标准执行;股份每周转让3次的公司,在会计年度结束后的4个月内,必须公布经具有证券业从业资格会计师事务所审计的年度报告。

——易混淆点:3;5

采分点128:中国证监会于2006年1月16日批复同意中关村科技园区非上市股份有限公司股份进入代办股份转让系统进行股份报价转让试点。

——易混淆点:2005年12月27日;2005年1月16日;2006年12月27日

采分点129:非上市股份有限公司股份转让方式不同,交易所市场采用连续竞价的交易方式。

——易混淆点:代办股份转让系统;股份报价转让

采分点130:根据2009年7月6日起施行的《证券公司代办股份转让系统中关村科技园区非上市股份有限公司股份报价转让试点办法(暂行)》的规定,股份报价转让业务主要体现在股份挂牌、股份转让、主办券商和信息披露等几个方面。

——易混淆点:2008年1月1日;2008年7月16日;2009年1月1日

采分点131:中关村科技园区非上市股份有限公司申请股份在代办系统挂牌,须委托一家主办券商作为其推荐主办券商,向中国证券业协会进行推荐。

——易混淆点:中国证监会;证券交易所;中国结算公司

采分点132:股份投资者股份转让委托的股份数量以"股"为单位,每笔委托股份数量为3万股以上。

——易混淆点:2;5

采分点133:股份投资者股份转让委托中报价最小变动单位为0.01元。

——易混淆点:0.1;0.001

采分点134:股份报价转让业务中主办券商通过专用通道,按接受投资者委托的时

间先后顺序向报价系统申报。

——易混淆点：价格的高低顺序；交易对象

采分点 135：挂牌公司向中国证监会申请公开发行股票并上市的，主办券商应当自中国证监会正式受理其申请材料的下一报价日起暂停其股份转让，直到股票发行审核结果公告日。

——易混淆点：当日；前一报价日；第三个报价日

采分点 136：股份挂牌前，非上市公司至少应当披露股份报价转让说明书。

——易混淆点：临时报告；年度报告；半年度报告

采分点 137：期货交易是指交易双方在集中性的市场以公开竞价方式所进行的期货合约的交易。

——易混淆点：集合竞价；连续竞价；分散竞价

采分点 138：在我国，中国证监会于 2007 年 4 月 20 日发布了《证券公司为期货公司提供中间介绍业务试行办法》，其目的就是为了规范证券公司为期货公司提供中间介绍业务活动，防范和隔离风险，促进期货市场积极稳妥发展。

——易混淆点：中国证券业协会；中国结算公司；证券交易所

采分点 139：证券公司申请介绍业务资格，其申请日前 6 个月的各项风险控制指标应当符合规定标准。

——易混淆点：5；7

采分点 140：证券公司申请介绍业务资格，应当全资拥有或者控股一家期货公司，或者与一家期货公司被同一机构控制，且该期货公司具有实行会员分级结算制度期货交易所的会员资格、申请日前 2 个月的风险监管指标持续符合规定的标准。

——易混淆点：1；6

采分点 141：证券公司申请为期货公司提供中间介绍业务资格应当符合的条件之一是，配备必要的业务人员，公司总部至少有 5 名、拟开展介绍业务的营业部至少有 2 名具有期货从业人员资格的业务人员。

——易混淆点：6；8

采分点 142：证券公司从事介绍业务，应当依照规定取得介绍业务资格，审慎经营，并对通过其营业部开展的介绍业务实行统一管理。

——易混淆点：期货业协会的书面授权；介绍业务执业资格；期货经纪业务执业资格

采分点 143：证券公司受期货公司委托从事介绍业务，应当提供的服务有：协助办理开户手续；提供期存行情信息、交易设施；中国证监会规定的其他服务。

——易混淆点：代理客户进行期货交易，结算或者交割；代期货公司，客户收付期货保证金；利用证券资金账户为客户存取、划转期货保证金

采分点 144：证券公司从事介绍业务，应当与期货公司签订书面委托协议。委托协议应当载明的内容是：<u>介绍业务的范围</u>，执行期货保证金安全存管制度的措施。

——**易混淆点**：为客户从事期货交易提供担保；利用证券资金账户为客户存取，划转期货保证金

采分点 145：证券公司按照委托协议对期货公司承担介绍业务受托责任，基于期货经纪合同的责任由<u>期货公司</u>直接对客户承担。

——**易混淆点**：证券公司；证监会

第六章 证券自营业务

采分点1：从事证券自营业务的证券公司其注册资本最低限额应达到1亿元人民币，净资本不得低于5000万元人民币。（2010年、2009年考试涉及）
——*易混淆点*：1000；2000

采分点2：中国证监会于2011年4月公布了《关于证券公司证券自营业务投资范围及有关事项的规定》，自2011年6月1日起证券公司可以委托具备证券资产管理业务资格、特定客户资产管理业务资格或者合格境内机构投资者资格的其他证券公司或者基金管理公司进行证券投资管理。
——*易混淆点*：2011年12月1日；2012年1月1日

采分点3：证券公司将自有资金投资于依法公开发行的国债、投资级公司债、货币市场基金、央行票据等中国证监会认可的风险较低、流动性较强的证券，或者委托其他证券公司或者基金管理公司进行证券投资管理，且投资规模合计不超过其净资本80%的，无须取得证券自营业务资格。
——*易混淆点*：60%；90%

采分点4：依法已经可以在境内银行间市场交易的证券有：政府债券；国际开发机构人民币债券；央行票据；金融债券；短期融资券；公司债券；中期票据；企业债券。
——*易混淆点*：所以商业银行的票据

采分点5：自2010年4月21日起，证券公司可以按照中国证监会《证券公司参与股指期货交易指引》的要求，以套期保值为目的参与股指期货交易。
——*易混淆点*：证券交易所；商业银行

采分点6：证券公司的承销业务中的自营买卖主要是指采用包销方式发行股票的行为。
——*易混淆点*：分销；代销；直销

采分点7：证券公司在进行自营买卖证券时，其交易方式可以在法规范围内依时间和条件自主选择。（2007年考试涉及）
——*易混淆点*：资金数量；交易量；交易品种

采分点8：证券公司自营买卖业务的首要特点为决策的自主性。
——*易混淆点*：交易的风险性；收益的不稳定性；买卖的随意性

采分点 9：自营业务的收益性表现为，其收益主要来源于<u>低买高卖的价差</u>。

——易混淆点：佣金；手续费；高买低卖的价差

采分点 10：证券公司自营业务的特点之一是<u>收益的不确定性</u>。（2010年考试涉及）

——易混淆点：结算的便利性；决策的限制性；交易的快捷性

采分点 11：证券公司自营业务决策机构原则上应当按照<u>"董事会—投资决策机构—自营业务部门"的三级体制</u>设立。

——易混淆点："监事会—投资决策机构—自营业务部门"的三级体制；"投资决策机构—自营业务部门"的二级体制；"董事会—投资决策部门"的二级体制

采分点 12：自营业务的最高决策机构是<u>董事会</u>，在严格遵守监管法规中关于自营业务规模等风险控制指标规定的基础上，根据公司资产、负债、损益和资本充足等情况确定自营业务规模、可承受的风险限额等，并以董事会决议的形式进行落实。

——易混淆点：监事会；投资决策机构；自营业务部门

采分点 13：自营业务投资运作的最高管理机构是<u>投资决策机构</u>，负责确定具体的资产配置策略、投资事项和投资品种等。

——易混淆点：董事会；自营业务部；监事会

采分点 14：自营业务的管理和操作由证券公司<u>自营业务部门</u>专职负责。

——易混淆点：非自营业务部门；分支机构；指定证券经纪商

采分点 15：证券自营业务建立健全自营账户的审核和稽核制度，<u>严禁将自营账户借给他人使用</u>，严禁使用他人名义和非自营席位变相自营、账外自营。

——易混淆点：禁止账外自营；禁止建立专用自营账户；禁止以公司名义进行

采分点 16：证券公司在自营业务中违反法律、行政法规和监管部门规章及规范性文件、行业规范和自律规则等行为是指<u>合规风险</u>。

——易混淆点：市场风险；经营风险

采分点 17：证券公司自营业务面临的主要风险是<u>市场风险</u>。

——易混淆点：合规风险；经营风险

采分点 18：由于证券业务的高风险特性，为了控制和经营风险，中国证监会颁布的《证券公司风险控制指标管理办法》规定，自营权益类证券及证券衍生品的合计额不得超过净资本的<u>100%</u>。

——易混淆点：20%；50%；80%

采分点 19：由于证券业务的高风险特性，为了控制和经营风险，中国证监会颁布的《证券公司风险控制指标管理办法》规定，自营固定收益类证券的合计额不得超过净资本的<u>500%</u>。

——易混淆点：100%；200%；600%

采分点 20：根据中国证监会颁布的《证券公司风险控制指标管理办法》规定，证券

公司自营持有一种权益类证券的成本不得超过净资本的 30%。（2010 年考试涉及）

——易混淆点：10%；20%；5%

采分点 21：根据中国证监会颁布的《证券公司风险控制指标管理办法》规定，证券公司自营持有一种权益类证券的市值与其总市值的比例不得超过 5%，但因包销导致的情形和中国证监会另有规定的除外。

——易混淆点：10%；20%；30%

采分点 22：证券公司自营业务的内部控制中重点防范的风险包括：规模失控、决策失误、超越授权、变相自营、账外自营、操纵市场、内幕交易等的风险。

——易混淆点：市场风险；管理风险

采分点 23：证券公司自营业务的内部控制建立健全自营业务风险监控系统的功能，根据法律法规和监管要求应在监控系统中设置相应的风险监控阀值，通过系统的预警触发装置自动显示自营业务风险的动态变化。

——易混淆点：风险预警指标；敏感性指标；风险测量阀值

采分点 24：证券自营业务的风险性或高风险特点主要是指市场风险。

——易混淆点：合规风险；经营风险；操作风险

采分点 25：证券自营业务通过建立实时监控系统全方位监控自营业务的风险，建立有效的风险监控报告机制；发现业务运作或风险监控指标值存在风险隐患或不合规时，要立即向董事会和投资决策机构报告并提出处理建议。（2007 年考试涉及）

——易混淆点：风险监控阀值；风险预警指标值；敏感性指标值

采分点 26：证券公司应建立健全自营业务风险监控缺陷的纠正与处理机制，由风险监控部门根据自营业务风险监控的检查情况和评估结果，提出整改意见和纠正措施，并对落实情况进行跟踪检查。（2011、2010 年考试涉及）

——易混淆点：董事会；风险控制委员会；证券自营部门

采分点 27：证券公司自营风险的防范应遵循重点防范和综合防范相结合的原则。

——易混淆点：重点防范和部分防范；外部防范和综合防范；外部防范和部分防范

采分点 28：证券公司应当按照监管部门和证券交易所的要求报送自营业务信息；报告的内容包括：自营业务账户、席位情况；涉及自营业务规模、风险限额、资产配置、业务授权等方面的重大决策；自营风险监控报告；其他需要报告的事项。（2009 年考试涉及）

——易混淆点：证券公司的资产状况

采分点 29：常见的内幕交易有：非法获得内幕信息的人利用内幕信息买卖证券或者建议他人买卖证券。（2010 年考试涉及）

——易混淆点：以明示的方式约定与其他证券投资者在某一时间内共同买进一只股票；发行人委托证券公司代为买卖证券；上市公司与其他公司进行关联交易

采分点 30：证券交易内幕信息的知情人包括：持有公司 5% 以上股份的股东及其董事、监事、高级管理人员；公司的实际控制人及其董事、监事、高级管理人员。

——易混淆点：10%；15%

采分点 31：证券公司在从事自营业务中可以买入公司在 IPO 包销过程中未能售出的股票。（2010 年考试涉及）

——易混淆点：以个人名义进行自营业务；以默示的方式，约定与其他证券投资者在某一时间内共同买卖几种证券；委托其他证券公司代为买卖证券

采分点 32：证券交易内幕信息的知情人包括：发行人的董事、监事、高级管理人员；发行人控股的公司及其董事、监事、高级管理人员；证券监督管理机构工作人员以及由于法定职责对证券的发行、交易进行管理的其他人员。（2010 年考试涉及）

——易混淆点：持有上市公司 3% 股份的自然人；不负责发行代办管理的证券公司

采分点 33：可能对上市公司股票交易价格产生较大影响的重大事件包括：公司的经营方针和经营范围的重大变化；公司的董事、1/3 以上监事或者经理发生变动。

——易混淆点：1/2；1/4；1/5

采分点 34：可能对上市公司股票交易价格产生较大影响的重大事件包括：公司的重大投资行为和重大的购置财产的决定；公司减资、合并、分立、解散及申请破产的决定；持有公司 5% 以上股份的股东或者实际控制人，其持有股份或者控制公司的情况发生较大变化。（2009 年考试涉及）

——易混淆点：10%；15%

采分点 35：《证券法》明确列示操纵证券市场的手段包括：单独或者通过合谋，集中资金优势、持股优势或者利用信息优势联合或者连续买卖，操纵证券交易价格或者证券交易量；与他人串通，以事先约定的时间、价格和方式相互进行证券交易，影响证券交易价格或者证券交易量；在自己实际控制的账户之间进行证券交易，影响证券交易价格或者证券交易量；以其他手段操纵证券市场。

——易混淆点：将自营业务与经纪业务混合操作；自营账户借给他人使用；使用他人名义和非自营席位变相自营、账外自营

采分点 36：根据《证券法》的规定，证券公司从事证券自营业务，应当以公司名义建立证券自营账户，并报中国证监会备案。

——易混淆点：中国证券业协会；中国结算公司

采分点 37：自 2008 年 6 月 1 日起施行的《证券公司监督管理条例》规定，证券公司的证券自营账户，应当自开户之日起 3 个交易日内报证券交易所备案。

——易混淆点：5；7

采分点 38：证券公司为完善内部监控机制的重要举措是专设自营账户。

——易混淆点：设立风险监测委员会；自营业务与经纪业务分开操作

采分点 39：证券自营业务原始凭证以及有关业务文件、资料、账册、报表和其他必要的材料应至少妥善保存 20 年。（2007 年、2001 年考试涉及）

——易混淆点：5；10

采分点 40：根据《证券交易所管理办法》的规定，证券会员的自营买卖业务必须使用专门的股票账户和资金账户，并采取技术手段严格管理；要求会员按月编制库存证券报表，并于次月 5 日前报送证券交易所。（2001 年考试涉及）

——易混淆点：3；7

采分点 41：根据《证券交易所管理办法》的规定，每年 6 月 30 日和 12 月 31 日过后的 30 日内，向中国证监会报送各家会员截止到该日的证券自营业务情况。

——易混淆点：15；20

采分点 42：证券公司作为证券市场上的中介机构，为上市公司提供多种服务，能从多种渠道获取内幕信息。

——易混淆点：代理机构；委托机构

采分点 43：根据《证券法》有关规定证券自营业务投资范围或者投资比例违反规定的，责令改正，给予警告，没收违法所得，并处以违法所得 1 倍以上 5 倍以下的罚款。

——易混淆点：1 倍以上 3 倍以下；3 倍以上 5 倍以下；3 倍

采分点 44：证券自营业务资金的出入必须以公司名义进行。

——易混淆点：个人

采分点 45：证券公司在自营业务中，由于投资决策失误、规模失控，管理不善、内控不严或操作失误而使自营业务受到损失的风险称经营风险。

——易混淆点：操作风险；合规风险；技术风险

采分点 46：根据《证券法》有关规定：证券公司未按照规定将证券自营账户报证券交易所备案的，且没有违法所得或者违法所得不足 3 万元的，处以 3 万元以上 30 万元以下的罚款。（2011 年考试涉及）

——易混淆点：3 万元以上 10 万元以下；5 万元以上 10 万元以下；10 万元以上 30 万元以下

采分点 47：根据《证券法》有关规定，证券交易内幕信息的知情人或者非法获取内幕信息的人，在涉及证券的发行、交易或者其他对证券的价格有重大影响的信息公开前，买卖该证券，或者泄露该信息，或者建议他人买卖该证券的，责令依法处理非法持有的证券，没有违法所得或者违法所得不足 3 万元的，处以 3 万元以上 60 万元以下的罚款。

——易混淆点：3 万元以上 10 万元以下；3 万元以上 30 万元以下；5 万元以上 60 万元以下

采分点 48：根据《证券法》有关规定，操纵证券市场的,责令依法处理非法持有的证券，没收违法所得并处以违法所得 1 倍以上 5 倍以下的罚款；没有违法所得或者违法所得不足 30 万元的，处以 30 万元以上 300 万元以下的罚款。

——易混淆点：30 万元以上 60 万元以下；30 万元以上 100 万元以下；60 万元以上 300 万元以下

采分点 49：根据《证券法》有关规定，证券公司对其证券自营业务与其他业务不依法分开办理，混合操作的，责令改正，没收违法所得，并处以 30 万元以上 60 万元以下的罚款。

——易混淆点：3 万元以上 60 万元以下；3 万元以上 30 万元以下；30 万元以上 100 万元以下

第七章 资产管理业务

采分点1：资产管理业务是指证券公司作为资产管理人，依法为客户提供证券及其他金融产品的投资管理服务的行为。

——易混淆点：委托人；资产托管人；代理人

采分点2：为单一客户办理定向资产管理业务的特点是，证券公司与客户必须是一对一的；具体投资方向应在资产管理合同中约定；必须在单一客户的专用证券账户中经营运作。（2011、2009年考试涉及）

——易混淆点：证券公司与客户是一对多；投资范围有限定性和非限定性之分；较严格的信息披露

采分点3：证券公司办理集合资产管理业务，可以设立限定性集合资产管理计划和非限定性集合资产管理计划；限定性集合资产管理计划投资于业绩优良、成长性高、流动性强的股票等权益类证券以及股票型证券投资基金的资产，不得超过该计划资产净值的20%，并应当遵循分散投资风险的原则。

——易混淆点：15%；25%

采分点4：专项资产管理业务的特点包括：综合性、特定性、通过专门账户经营运作。

——易混淆点：集合性；唯一性；风险性

采分点5：证券公司设立集合资产管理计划，办理集合资产管理业务，设立非限定性集合资产管理计划的，净资本不低于人民币2亿元。

——易混淆点：3；5

采分点6：中国证监会收到证券公司集合资产管理计划的申报材料后对申报材料的齐备性进行审查，并书面通知证券公司是否受理其申请。（2011年考试涉及）

——易混淆点：合规性；可行性；真实性

采分点7：证券公司从事资产管理业务，应当符合的条件有：资产管理业务人员具有证券业从业资格，无不良行为记录，其中，具有3年以上证券自营、资产管理或者证券投资基金管理从业经历的人员不少于5人。

——易混淆点：3；10

采分点8：证券公司设立集合资产管理计划，办理集合资产管理业务，其设立限定性集合资产管理计划的净资本不低于3亿元人民币，设立非限定性集合资产管理计划的净资本不低于 5 亿元人民币。

——易混淆点：3；10

采分点 9：证券公司办理定向资产管理业务，接受单个客户的资产净值不得低于人民币 100 万元，证券公司可以在规定的最低限额的基础上，提高本公司客户委托资产净值的最低限额。

——易混淆点：80；150

采分点 10：证券公司设立限定性集合资产管理计划的，接受单个客户的资金数额不得低于人民币 5 万元，设立非限定性集合资产管理计划的，接受单个客户的资金数额不得低于人民币 10 万元。

——易混淆点：3；7

采分点 11：证券公司参与 1 个集合计划的自有资金，不得超过计划成立规模的 5%，并且不得超过 2 亿元。

——易混淆点：10%；15%

采分点 12：证券公司参与多个集合计划的自有资金总额，不得超过证券公司净资本的 15%。

——易混淆点：5%；10%

采分点 13：证券公司设立集合资产管理计划的，应当自中国证监会出具无异议意见或者作出批准决定之日 6 个月内启动推广工作，并在 60 个工作日内完成设立工作并开始投资运作。

——易混淆点：30；50

采分点 14：证券公司将其所管理的客户资产投资于一家公司发行的证券，不得超过该证券发行总量的 10%。

——易混淆点：15%；20%

采分点 15：证券公司将其管理的客户资产投资于本公司、资产托管机构及与本公司或资产托管机构有关联方关系的公司发行的证券，应当事先取得客户的同意，事后告知资产托管机构和客户，同时向证券交易所报告；单个集合资产管理计划投资于前述证券的资金，不得超过该集合资产管理计划资产净值的 3%。

——易混淆点：2%；5%

采分点 16：证券公司办理定向资产管理业务，客户委托资产应当按照中国证监会的规定采取托管方式进行保管。

——易混淆点：中国证券业协会；中国结算公司；证券交易所

采分点 17：证券公司、资产托管机构应当为集合资产管理计划单位开立证券账户和资金账户，其中证券账户名称应当是"证券公司名称—资产托管机构名称—集合资产管理计划名称"。（2010 年考试涉及）

——易混淆点："集合资产管理计划名称"；"证券公司名称—集合资产管理计划名称"；"资产托管机构名称—集合资产管理计划名称"

采分点 18：证券公司办理定向资产管理业务时，由<u>客户</u>行使其所持有证券的权利，履行相应的义务。（2010 年考试涉及）

——易混淆点：证券公司；托管银行；交易所

采分点 19：证券公司从事定向资产管理业务，应当遵循公平、公正、<u>诚信</u>的原则，禁止任何形式的利益输送。

——易混淆点：平等；公开；自愿

采分点 20：同一客户只能办理 <u>1</u> 个上海证券交易所专用证券账户和 1 个深圳证券交易所专用证券账户。

——易混淆点：2；3

采分点 21：代理客户办理专用证券账户，应当由<u>证券公司</u>向证券登记结算机构申请。

——易混淆点：客户自己；证券交易所；代理人

采分点 22：证券公司应当自专用证券账户开立之日起 <u>3</u> 个交易日内，将专用证券账户报证券交易所备案。（2010 年考试涉及）

——易混淆点：5；10

采分点 23：证券公司应当在定向资产管理合同失效、被撤销、解除或者终止后 <u>15</u> 日内，向证券登记结算机构代为申请注销专用证券账户，或者根据客户要求，代理客户向证券登记机构申请将专用证券账户转为普通证券账户。

——易混淆点：5；10

采分点 24：专用证券账户注销后，证券公司应当在 <u>3</u> 个交易日内报证券交易所备案。

——易混淆点：5；7

采分点 25：证券公司应当建立健全档案管理制度，妥善保管定向资产管理业务的合同、客户资料、交易记录等文件、资料和数据，保存期限不得少于 <u>20</u> 年，任何人不得隐匿、伪造、篡改或销毁。

——易混淆点：10；15

采分点 26：定向资产管理业务的投资风险由<u>客户自行</u>承担，证券公司不得以任何方式对客户资产本金不受损失或者取得最低收益作出承诺。

——易混淆点：证券公司；资产托管机构；客户与证券公司按照比例承担

采分点 27：证券公司定向资产管理业务活动由<u>中国证监会监督</u>管理。

——易混淆点：中国证券业协会；证券交易所；国务院

采分点 28：证券公司定向资产管理业务的研究工作应当符合下列要求：保持独立、客观；建立严密的研究工作业务流程，运用科学、有效的研究方法；<u>建立和完善投资对象备选库制度，建立和维护备选库</u>；建立研究与投资决策之间的交流制度，保持交流渠

道畅通。（2011、2010年考试涉及）

——易混淆点：建立研究与交易之间的交流制度；建立有效的投资风险评估制度；建立完善的交易记录制度

采分点29：证券公司应当为每个客户建立业务台账，按照企业会计准则的相关规定进行会计核算与<u>资产托管机构</u>定期对账。

——易混淆点：客户；证监会；证券交易所

采分点30：证券公司应当依据中国证监会有关证券公司风险控制指标管理的规定，根据自身<u>管理能力</u>及风险控制水平，合理控制定向资产管理业务规模。

——易混淆点：财务状况；经营规模；安全监管能力

采分点31：证券公司发现客户委托资产涉嫌洗钱的，<u>应当履行报告义务</u>。

——易混淆点：直接没收该资产；追究其刑事责任

采分点32：证券公司定向资产管理业务的投资决策应当符合要求包括：严格遵守法律、行政法规和中国证监会的规定，符合定向资产管理合同约定的投资目标、投资范围和投资限制等要求；健全投资决策授权制度，明确投资权限，严格遵守投资限制，防止越权决策；<u>建立有效的投资风险评估与管理制度</u>。

——易混淆点：建立交易监测系统，预警系统和反馈系统，完善相关的安全设施；建立完善的交易记录制度，每日投资组合列表等应当及时核对并存档保管

采分点33：证券公司定向资产管理业务应当建立投资交易控制体系，主要内容包括：建立投资指令审核制度，保证投资指令符合法律、行政法规和中国证监会的规定，符合定向资产管理合同对投资范围、投资策略和投资限制的约定；执行公开的交易分配制度，公平对待客户；<u>建立交易监测系统、预警系统和反馈系统，完善相关的安全设施</u>。

——易混淆点：建立科技的管理业绩评价体系，包括是否符合合同约定和决策程序、投资绩效归属分析等内容；建立有效的投资风险评估与管理制度

采分点34：建立集合资产管理计划投资主办人员制度，即应当指定专门人员具体负责每一个集合资产管理计划的投资管理事宜；投资主办人员须具有<u>3</u>年以上证券自营、资产管理或证券投资基金从业经历，且应当具备良好的职业道德，无不良行为记录。

——易混淆点：2；5

采分点35：集合资产管理计划中证券公司享有的权利包括<u>收取客户资产管理报酬</u>。（2010年考试涉及）

——易混淆点：收取交易印花税；将管理的资产用于资金拆借；分享投资收益

采分点36：集合资产管理计划推广期间，应当由<u>托管银行</u>负责托管与集合资产管理计划推广有关的全部账户和资金。

——易混淆点：证券公司；推广机构；结算托管部门

采分点37：集合资产管理计划推广活动结束后，证券公司应当聘请具有证券相关业

务资格的会计师事务所对集合资产管理计划进行验资。

——易混淆点：审计；稽核；评估

采分点38：证券公司应当负责集合资产管理计划资产净值估值等会计核算业务，并由托管机构进行复核。（2011年考试涉及）

——易混淆点：证券公司自己；推广机构；结算托管部门

采分点39：集合资产管理计划的管理人不保证集合计划一定盈利，也不保证最低收益。（2010年考试涉及）

——易混淆点：但保证最低收益不低于说明书的预测收益；但保证最低收益不低于银行同期存款利率；但保证投资者的本金不受损失

采分点40：上海证券交易所规定，集合资产管理计划的投资会员应设立或指定专门的部门负责集合资产管理业务，集合资产管理计划使用的专用交易单元应归属其名下，并在集合资产管理计划运作前5个工作日通过上海证券交易所网站会员会籍办理系统，完成部门信息的填报和专用交易单元变更的手续。

——易混淆点：3；7

采分点41：证券公司应当在集合资产管理计划开始投资运作之日起6个月内，使集合资产管理计划的投资组合比例符合集合资产管理合同的约定。（2009年考试涉及）

——易混淆点：2；12

采分点42：因证券市场波动、投资对象合并、集合资产管理计划规模变动等外部因素致使集合资产管理计划的组合投资比例不符合集合资产管理合同约定的，证券公司应当在10个工作日内进行调整。

——易混淆点：7；15

采分点43：集合资产管理计划开始投资运作后，证券公司、托管银行应当至少每3个月向客户提供一次集合资产管理计划的管理报告和托管报告。（2010年考试涉及）

——易混淆点：2；6

采分点44：证券公司应当在每个年度结束之日起60个工作日内，按照《试行办法》的规定对集合资产管理计划的运营情况单独进行年度审计，将审计意见提供给客户和托管机构，并报中国证监会及注册地中国证监会派出机构备案。

——易混淆点：30；40

采分点45：上海证券交易所规定，集合资产管理计划开始投资运作后，应通过会籍办理系统，在每月前5个工作日内，向上海证券交易所提供上月资产净值。

——易混淆点：上月资产市值；上月资产总值；上月资产平均值

采分点46：证券公司应于每个会计年度结束后4个月内以书面形式向上海证券交易所报送集合资产管理计划单项审计意见。

——易混淆点：2；6

采分点 47：集合资产管理计划存续期届满展期、解散或终止的，应在中国证监会批复同意后 <u>5</u> 个工作日内通过会籍办理系统向上海证券交易所备案。

——*易混淆点*：3；7

采分点 48：深圳证券交易所规定，会员应当在集合资产管理计划成立后 <u>5</u> 个工作日内向深圳证券交易所提交书面材料。

——*易混淆点*：3；7

采分点 49：深圳证券交易所规定，每个交易日上午 <u>9:00</u> 之前在深圳证券交易所网站"会员之家"网页的"业务在线—资产管理"栏目下报备经托管机构复核的前一交易日的集合资产管理计划资产净值。

——*易混淆点*：8:00；10:00；11:00

采分点 50：深圳证券交易所规定，每季度结束后的 <u>15</u> 个工作日内以书面形式向深圳交易所报送集合资产管理计划的管理报告和托管报告、集合资产管理计划的交易监控报告。

——*易混淆点*：10；30

采分点 51：深圳证券交易所规定，每个会计年度结束后 <u>4</u> 个月内以书面形式向深圳证券交易所报送集合资产管理计划的单项审计意见。

——*易混淆点*：2；3

采分点 52：证券公司申请设立集合资产管理计划，应当按规定的内容与格式制作申请材料，证券公司注册地中国证监会派出机构应当按照有关规定对申报材料进行审查，并自中国证监会决定受理其申报材料后 <u>10</u> 个工作日内，将对申报材料的书面意见报送到中国证监会。

——*易混淆点*：7；15

采分点 53：在集合资产管理合同中，管理人应<u>承诺以诚实信用、谨慎勤勉的原则管理和运用本集合计划资产</u>。

——*易混淆点*：保证委托资产的来源及用途合法；保证本集合计划资产投资不受损失；承诺以诚实信用、谨慎勤勉的原则履行托管职责

采分点 54：证券公司办理集合资产管理业务，由<u>证券公司代表客户行使集合资产管理计划所拥有证券的权利</u>。

——*易混淆点*：客户自己；证券交易所代表客户；中国证监会代表客户

采分点 55：证券公司、托管机构应当至少每 <u>3</u> 个月向客户提供一次准确、完整的资产管理报告、资产托管报告，对报告期内客户资产的配置状况、价值变动情况等作出详细说明。

——*易混淆点*：5；7

采分点 56：证券公司在开展资产管理业务中禁止的行为包括：<u>挪用客户资产</u>；<u>利用</u>

客户委托资产进行内幕交易、操纵证券价格；未经客户允许，将定向资产管理客户委托资产用于融资或者担保，将集合资产管理计划资产用于可能承担无限责任的投资。

——易混淆点：定向资产管理业务先于自营业务进行交易；保证委托资产来源及用途的合法性；按合同约定承担投资风险

采分点 57：证券公司资产管理业务运作中面临的主要风险是市场风险。（2007年考试涉及）

——易混淆点：法律风险；经营风险；管理风险

采分点 58：集合资产管理合同可以约定，当客户在单个开放日申请退出的金额超过集合资产管理计划资产一定比例时，证券公司可以按比例办理退出申请，并暂停接受超过部分退出申请或暂缓支付，但暂停或暂缓期限不得超过20个工作日。

——易混淆点：15；30

采分点 59：证券公司开展定向资产管理业务，应当于每季度结束之日起5日内，将签订定向资产管理合同报注册地中国证监会派出机构备案。（2010年考试涉及）

——易混淆点：3；7

采分点 60：证券公司应当按季编制资产管理业务的报告，报中国证监会及注册地中国证监会派出机构备案。

——易混淆点：月；年；周

采分点 61：证券公司应当在每个年度结束之日起60日内，完成资产管理业务合规检查年度报告、内部稽核年度报告和定向资产管理业务年度报告，并报注册地中国证监会派出机构备案。（2007年考试真题）

——易混淆点：30；90

采分点 62：证券公司自资产管理合同终止之日起，保存期不得少于20年。

——易混淆点：15；30

采分点 63：资产托管机构从事资产管理业务如果违反规定，可能受到除记过外的处罚。

——易混淆点：罚款；单处或者并处警告；责令改正

采分点 64：证券公司从事证券资产管理业务时，使用客户资产进行不必要的证券交易的，责令改正，处以1万元以上10万元以下的罚款。

——易混淆点：1万元以上3万元以下；3万元以上5万元以下；10万元以上15万元以下

采分点 65：证券公司未经批准，用多个客户的资产进行集合投资，或者将客户资产专项投资于特定目标产品的，责令改正，没收违法所得，并处以违法所得1倍以上5倍以下的罚款；没有违法所得或者违法所得不足以30万元的，处以30万元以上60万元以下罚款。

——易混淆点：1倍以上3倍以下；2倍以上3倍以下；3倍以上5倍以下

采分点66：证券公司在证券自营账户与证券资产管理账户之间或者不同的证券资产管理账户之间进行交易，且无充分证据证明已依法实现有效隔离的，依照《证券法》的规定，责令改正，没收违法所得，并处以 30 万元以上 60 万元以下的罚款。

——易混淆点：10万元以上30万元以下；30万元以上50万元以下；10万元以上100万元以下

采分点67：证券公司从事证券资产管理业务，接受一个客户的单笔委托资产价值低于规定的最低限额；投资范围或者投资比例违反规定的，对直接负责的主管人员和其他直接责任人员，给予警告，并处以 3 万元以上 10 万元以下的罚款；情节严重的，撤销任职资格或者证券业从业资格。

——易混淆点：1万元以上3万元以下；3万元以上5万元以下；10万元以上15万元以下

采分点68：证券公司以证券资产管理客户的资产向他人提供融资或者担保的，对直接负责的主管人员和其他直接责任人员给予警告，撤销任职资格或者证券从业资格，并处以 3 万元以上 30 万元以下的罚款。

——易混淆点：3万元以上10万元以下；10万元以上30万元以下；30万元以上60万元以下

采分点69：证券公司、资产托管机构、证券登记结算机构违反规定动用客户的委托资产的，责令改正，给予警告，没收违法所得，并处以违法所得1倍以上5倍以下的罚款；没有违法所得或者违法所得不足10万元的，处以 10 万元以上 60 万元以下的罚款。

——易混淆点：3万元以上30万元以下；3万元以上60万元以下；10万元以上30万元以下

第八章　融资融券业务

采分点1：融资融券业务是指在证券交易所或者国务院批准的其他证券交易场所进行的证券交易中，证券公司向客户出借资金供其买入证券或者出借证券供其卖出，并由客户交存相应担保物的经营活动。
　　——易混淆点：商业银行；登记结算公司；保险公司
采分点2：证券公司开展融资融券业务试点，必须经中国证监会批准。
　　——易混淆点：中国证券业协会；国务院；中国登记结算公司
采分点3：证券公司申请融资融券业务试点，经营证券经纪业务应当满3年，且已被中国证券业协会评审为创新试点类证券公司。（2009年考试涉及）
　　——易混淆点：2；5
采分点4：证券公司申请融资融券业务试点，必须满足最近2年各项风险控制指标持续符合规定。（2010年考试涉及）
　　——易混淆点：3；5
采分点5：证券公司申请融资融券业务试点，必须满足最近6个月净资本在12亿元以上。（2011、2010年考试涉及）
　　——易混淆点：1年；3年；3个月
采分点6：证券公司在交易所从事融资融券交易，应按照有关规定开立融券专用证券账户、客户信用交易担保证券账户、融资专用资金账户及客户信用交易担保资金账户，并在开户后3个交易日内报交易所备案。
　　——易混淆点：5；7
采分点7：证监会派出机构应当自收到融资融券申请书之日起10个工作日内，向证监会出具是否同意申请人开展融资融券业务试点的书面意见。
　　——易混淆点：7；15
采分点8：融资融券业务的决策与授权体系原则上按照"董事会—业务决策机构—业务执行部门—分支机构"的架构设立和运行。
　　——易混淆点：业务决策机构—董事会—业务执行部门—分支机构；业务决策机构—业务执行部门—董事会—分支机构；业务决策机构—业务执行部门—分支机构—董事会
采分点9：客户信用证券账户为证券公司客户信用交易担保证券账户的二级证券

账户。

——易混淆点：一级；三级；初始

采分点10：证券公司在与客户签订《融资融券合同》后，其营业部应当为客户开立<u>信用资金台账</u>。（2010年考试涉及）

——易混淆点：信用交易担保资金账户；信用资金账户；融资专用资金账户

采分点11：《融资融券交易风险揭示书》应提示客户妥善保管<u>信用账户卡、身份证件和交易密码</u>等资料。（2011年考试涉及）

——易混淆点：身份证件和银行账户；交易密码、证券账户卡和身份证件；证券账户卡、身份证件

采分点12：根据《证券公司融资融券业务试点管理办法》，客户在申请开展融资融券业务的证券公司所属营业部从事证券交易不足<u>半年</u>，证券公司不得向其融资、融券。（2010年考试涉及）

——易混淆点：1年；2年；3个月

采分点13：融资专用证券账户用于记录<u>证券公司拟向客户融出的资金及客户归还的资金</u>。

——易混淆点：证券公司持有的拟向客户融出的证券和客户归还的证券；客户委托证券公司持有、担保证券公司因向客户融资融券所生债权的证券；存放客户交存的、担保证券公司因向客户融资融券所生债权的资金

采分点14：客户融资融券交易的资金结算用<u>信用交易资金交收账户</u>。（2011、2009年考试涉及）

——易混淆点：客户信用交易担保证券账户；融券专用证券账户；融资专用资金账户

采分点15：客户用于1家证券交易所上市证券交易的信用证券账户只能有<u>1个</u>。

——易混淆点：可以有多个；一般有2个；至少有1个

采分点16：证券公司对客户融资融券的保证金比例不得低于<u>50%</u>，期限不超过6个月。

——易混淆点：20%；30%

采分点17：证券公司接受客户融资融券交易委托，应当按照交易所规定的格式申报：融资买入、融券卖出的申报数量应当为<u>100</u>股（份）或其整数倍。

——易混淆点：10；1000

采分点18：证券公司接受客户融资融券交易委托，融券卖出的申报价格不得低于该证券的<u>收盘价</u>。

——易混淆点：前一日平均收盘价；净值

采分点19：证券公司接受客户融资融券交易委托，客户融券期间，其本人或关联人卖出与所融入证券相同的证券的，客户应当自该事实发生之日起<u>3</u>个交易日内向证券公

司申报。（2011年考试涉及）

——易混淆点：5；7

采分点20：证券交易所融资买入或融券卖出的标的证券为股票的，应当符合的条件之一是在交易所上市交易满3个月。（2011年考试涉及）

——易混淆点：2；5

采分点21：证券交易所融资买入或融券卖出的标的证券为股票的，应当符合的条件之一是：融资买入标的股票的流通股本不少于1亿股或流通市值不低于5亿元，融券卖出标的股票的流通股本不少于2亿股或流通市值不低于8亿元。

——易混淆点：2；8

采分点22：证券交易所融资买入或融券卖出的标的证券为股票的，应当符合的条件之一是：股东人数不少于4000人。

——易混淆点：3000；5000

采分点23：证券金融公司应当妥善保存履行证监会转融通办法规定职责所形成的各类文件、资料，保存期限不少于20年。

——易混淆点：10；15

采分点24：目前，上海证券交易所标的证券范围为参照上证180指数成分股并满足条件的180只股票和4只交易所交易型开放式指数基金。

——易混淆点：50；100

采分点25：深圳证券交易所标的证券范围与深圳成指成分股范围相同，包括40只股票。

——易混淆点：50；60

采分点26：证券公司向客户融资融券，应当向客户收取一定比例的保证金；充抵保证金的有价证券。在计算保证金金额时，应当以证券市值按下列折算率进行折算：上证180指数成分股股票及深证100指数成分股股票折算率最高不超过70%，其他股票折算率最高不超过65%。

——易混淆点：90%；80%

采分点27：证券公司向客户融资融券，应当向客户收取一定比例的保证金，充抵保证金的有价证券。在计算保证金金额时，应当以证券市值按下列折算率进行折算：交易所交易型开放式指数基金折算率最高不超过90%。

——易混淆点：95%；80%

采分点28：证券公司向客户融资融券，应收取一定比例的保证金。在计算保证金金额时，应当以证券市值按下列折算率进行折算，国债折算率最高不超过95%。（2011年考试涉及）

——易混淆点：80%；90%

采分点 29：证券公司向客户融资融券，应收取保证金。在计算保证金金额时，应注意其他上市证券投资基金和债券折算率最高不超过 80%。

——易混淆点：90%；95%

采分点 30：客户融资买入证券时，融资保证金比例不得低于 50%。

——易混淆点：20%；35%

采分点 31：客户融资买入证券时，融资保证金比例是指客户融资买入时交付的保证金与融资交易金额的比例，计算公式为：融资保证金比例＝保证金÷（融资买入证券数量×买入价格）×100%。

——易混淆点：融资保证金比例＝保证金÷（融资卖出证券数量×卖出价格）×100%；融资保证金比例＝保证金÷（融资买入证券数量×证券市价）×100%；融资保证金比例＝保证金÷（融资买入证券数量×收盘价）×100%

采分点 32：客户融券卖出时，融券保证金比例是指客户融券卖出时交付的保证金与融券交易金额的比例，计算公式为：融券保证金比例＝保证金÷（融券卖出证券数量×卖出价格）×100%。

——易混淆点：融券保证金比例＝保证金÷（融券买入证券数量×买入价格）×100%；融券保证金比例＝保证金÷（融券卖出证券数量×证券市场）×100%；融券保证金比例＝保证金÷（融资买入证券数量×收盘价）×100%

采分点 33：证券公司应当对客户提交的担保物进行整体监控，并计算其维持担保比例；维持担保比例是指客户担保物价值与其融资融券债务之间的比例，计算公式为：维持担保比例＝（现金＋信用证券账户内证券市值）÷（融资买入金额＋融券卖出证券数量×市价＋利息及费用）。

——易混淆点：维持担保比例＝（现金＋信用证券账户内证券市值）÷（融资买入金额＋融券卖出证券数量×买入价格＋利息及费用）；维持担保比例＝（现金＋信用证券账户内证券市值）÷（融资买入金额＋融券卖出证券数量×市价）；维持担保比例＝（现金＋信用证券账户内证券市值）÷（融资买入金额＋融券买入证券数量×市价＋利息及费用）

采分点 34：当融资融券业务客户维持担保比例低于 130% 时，证券公司应当通知客户在约定的期限内追加担保物。

——易混淆点：100%；150%

采分点 35：融资融券业务客户维持担保比例超过 300% 时，客户可以提取保证金可用余额中的现金或充抵保证金的有价证券。

——易混淆点：200%；400%

采分点 36：证券公司发行人派发现金红利或利息时，登记结算公司按照证券公司客户信用交易担保证券账户的实际余额派发现金红利或利息。（2011、2009 年考试涉及）

——**易混淆点**：客户信用交易担保资金账户；信用交易证券交收账户；信用交易专用证券交收账户

采分点 37：证券发行采取市值配售发行方式的，客户信用证券账户的明细数据纳入其对应<u>市值</u>的计算。

——**易混淆点**：发行价格；净值；面值

采分点 38：证券公司应当于每个交易日 <u>22:00</u> 前向交易所报送当日各标的证券融资买入额、融资还款额、融资余额，以及融券卖出量、融券偿还量和融券余量等数据。

——**易混淆点**：12:00；15:00；18:00

采分点 39：证券公司应当在每月结束后 <u>7</u> 个工作日内，向中国证监会、注册地证监会派出机构和证券交易所书面报告当月的相关情况。

——**易混淆点**：15；20

采分点 40：证券公司每月结束后向证监会、注册地证监会派出机构和证券交易所书面报告当月全体客户和前 <u>10</u> 名客户的融资、融券余额。

——**易混淆点**：5；15

采分点 41：证券公司融资融券业务中的<u>客户信用风险</u>，主要是指由于客户违约，不能偿还到期债务而导致证券公司损失的可能性。

——**易混淆点**：市场风险；业务规模及集中度风险；业务管理风险

采分点 42：证券公司融资融券业务中，单只标的证券和融资余额达到该证券上市可流通市值的 <u>25%</u> 时，交易所可以在次一交易日暂停其融资买入，并向市场公布。（2011年考试涉及）

——**易混淆点**：15%；20%

采分点 43：证券公司融资融券业务中，单只标的证券的融资余额降低至 <u>20%</u> 以下时，交易所可以在次一交易日恢复其融资买入，并向市场公布。

——**易混淆点**：15%；30%

采分点 44：证券公司在融资融券业务中，业务集中度应严格控制在监管部门的有关规定范围内，其中，接受单只担保股票的市值不得超过该只股票总市值的 <u>20%</u>。

——**易混淆点**：10%；15%

采分点 45：证券公司在融资融券业务中，对单一客户融资业务规模不得超过净资本的 <u>5%</u>。（2010年考试涉及）

——**易混淆点**：15%；20%

采分点 46：融资融券业务中，<u>证券登记结算机构</u>应当为客户提供其信用证券账户内数据的查询服务。

——**易混淆点**：证券公司；证券交易所；中国证监会

采分点 47：证券公司应当按照证券交易所的规定，在每日<u>收市后</u>向其报告当日客户融资融券交易的有关信息。

——易混淆点：开盘后；11:30前；13:30前

采分点48：证券交易所应当对证券公司报送的信息进行汇总、统计，并在<u>次一交易日开市前</u>予以公告。

——易混淆点：当日；第三个交易日；第五个交易日

采分点49：按照辖区监管责任制的要求，<u>证监会派出机构</u>依法对证券公司及其分支机构的融资融券业务活动中涉及的客户选择、合同签订、授信额度的确定、担保物的收取和管理、补交担保物的通知以及处分担保物等事项，进行非现场检查和现场检查。（2010年考试涉及）

——易混淆点：证券交易所；负责客户信用资金存管的商业银行；证券登记结算机构

采分点50：证券公司或其分支机构未经批准擅自经营融资融券业务的，依照《证券法》的规定处罚：没收违法所得，暂停或者撤销相关业务许可，并处以非法融资融券等值以下的罚款；对直接负责的主管人员和其他直接责任人员给予警告，撤销任职资格或者证券业从业资格，并处以<u>3万元以上30万元以下</u>的罚款。

——易混淆点：3万元以上10万元以下；10万元以上30万元以下；3万元以上20万元以下

采分点51：证券公司未按照规定程序了解客户的身份、财产与收入状况、证券投资经验和风险偏好的，按照《证券公司监督管理条例》规定，责令改正，给予警告，没收违法所得，并处以违法所得<u>1倍以上5倍以下</u>的罚款。

——易混淆点：1倍以上3倍以下；2倍以上3倍以下；2倍以上5倍以下

采分点52：证券公司推荐的产品或者服务与所了解的客户情况不相适应的，可以对直接负责的主管人员和其他直接责任人员单处或者并处警告、<u>3万元以上10万元以下</u>的罚款；情节严重的，撤销任职资格或者证券从业资格。

——易混淆点：2万元以上5万元以下；3万元以上5万元以下；5万元以上10万元以下

采分点53：证券公司未按照规定为客户开立账户的，责令改正；情节严重的，处以<u>20万元以上50万元以下</u>的罚款。

——易混淆点：10万元以上20万元以下；15万元以上30万元以下；20万元以上40万元以下

采分点54：证券公司、资产托管机构、证券登记结算机构违反规定动用客户担保账户内的资金、证券的，责令改正，给予警告，没收违法所得，并处以违法所得<u>1倍以上5倍以下</u>的罚款。

——易混淆点：1倍以上3倍以下；2倍以上5倍以下；2倍以上10倍以下

采分点 55：资产托管机构、证券登记结算机构对违反规定动用客户担保账户内的资金、证券的申请、指令予以同意、执行的，责令改正，给予警告，没有违法所得或者违法所得不足 10 万元的，处以 <u>10 万元以上 60 万元以下</u>的罚款；情节严重的，撤销相关业务许可。

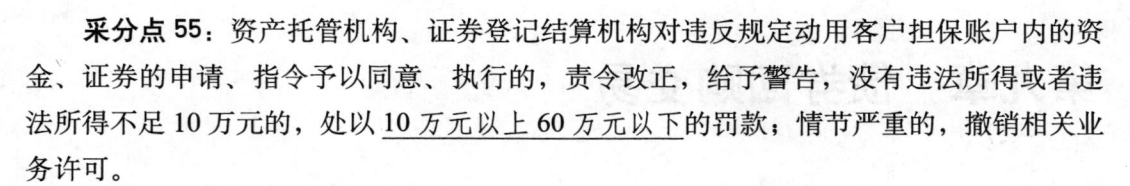

——**易混淆点**：3 万元以上 10 万元以下；10 万元以上 30 万元以下；30 万元以上 60 万元以下

采分点 56：资产托管机构、证券登记结算机构发现客户担保账户内的资金、证券被违法动用而未向国务院证券监督管理机构报告的，对直接负责的主管人员和其他直接责任人员给予警告，撤销任职资格或者证券从业资格，并处以 <u>3 万元以上 30 万元以下</u>的罚款。

——**易混淆点**：3 万元以上 10 万元以下；10 万元以上 30 万元以下；15 万元以上 30 万元以下

第九章 债券回购交易

采分点 1：沪、深证券交易所以国债为主要品种的质押式回购交易的开办时间分别是 1993 年 12 月和 1994 年 10 月。（2009 年考试涉及）

——*易混淆点*：1993 年 12 月和 1994 年 11 月；1993 年 10 月和 1994 年 12 月；1994 年 10 月和 1993 年 12 月

采分点 2：上海证券交易所和深圳证券交易所分别于 2002 年 12 月 30 日和 2003 年 1 月 3 日推出了企业债券回购交易。

——*易混淆点*：2002 年 1 月 1 日和 2003 年 1 月 3 日；2002 年 12 月 30 日和 2003 年 1 月 1 日；2003 年 1 月 3 日和 2002 年 12 月 30 日

采分点 3：公司债券于 2007 年推出后，证券交易所又进一步允许公司债（包括普通公司债和分离交易的可转换公司债券中的公司债）进行质押式回购。

——*易混淆点*：2002 年；2003 年；2005 年

采分点 4：全国银行间同业拆借中心也开办了国债、政策性金融债券等债券的回购业务。（2010 年考试涉及）

——*易混淆点*：融资券

采分点 5：证券交易所质押式回购实行质押库制度。

——*易混淆点*：抵押库制度；扣押制度；第三方看管

采分点 6：沪深证券交易所债券质押式回购交易的质押债券主要是国债和企业债。（2010 年考试涉及）

——*易混淆点*：国债和融资券；国债和金融债；企业债和金融债

采分点 7：证券交易所质押式回购的申报要求之一是以债券回购交易资金的年收益率进行报价。

——*易混淆点*：月收益率；季度收益率；加权平均收益率

采分点 8：在上海证券交易所进行债券回购交易集中竞价时计价单位为每百元资金到期年收益。（2011 年考试涉及）

——*易混淆点*：每百元资金到期收益；每千元资金到期年收益；每万元资金到期年收益

采分点 9：在上海证券交易所进行债券回购交易集中竞价时，申报数量为 100 手或其整数倍，单笔申报最大数量应当不超过 1 万手。

——易混淆点：10 万张；1 万张；5 万手

采分点 10：在上海证券交易所进行债券回购交易集中竞价时，申报价格最小变动单位为 0.005 元或其整数倍。

——易混淆点：0.001；0.05

采分点 11：深圳证券交易所规定，债券回购交易的申报单为张，100 元标准券为 1 张；最小报价变动为 0.01 元或其他整数倍。

——易混淆点：0.1；0.001

采分点 12：深圳证券交易所规定，债券回购交易时，申报数量为 10 张及其整数倍，单笔申报最大数量应当不超过 10 万张。

——易混淆点：5；15

采分点 13：《全国银行间债券市场债券交易管理办法》规定，全国银行间债券市场回购的债券是指经中国人民银行批准、可在全国银行间债券市场交易的政府债券、中央银行债券和金融债券等记账式债券。

——易混淆点：中国证券监督管理委员会；中国证券业协会；中国银行业监督管理委员会

采分点 14：全国银行间市场债券质押式回购参与者包括：在中国境内具有法人资格的商业银行及其授权分支机构；在中国境内具有法人资格的非银行金融机构和非金融机构；经中国人民银行批准经营人民币业务的外国银行分行。（2010 年考试涉及）

——易混淆点：经中国人民银行批准设立的外国银行办事处

采分点 15：2002 年发布的《全国银行间债券市场债券交易规则》规定，全国银行间债券市场回购期限最短为 1 天，最长为 1 年。（2010 年考试涉及）

——易混淆点：最短为 7 天，最长为 1 年；最短为 1 天，最长为 4 个月；最短为 7 天，最长为 4 个月

采分点 16：全国银行间债券市场回购交易数量最小为债券面额 10 万元，交易单位为债券面额 1 万元。

——易混淆点：5；15

采分点 17：全国银行间市场质押式回购询价交易方式中，对话报价是指参与者为达成交易而直接向交易对手方做出的、对手方确认即可成交的报价。

——易混淆点：公开报价；格式化询价；双边报价

采分点 18：全国银行间市场质押式回购询价交易方式中，双边报价是指经批准的参与者在进行现券买卖公开报价时，在中国人民银行核定的债券买卖价差范围内连续报出该券种的买卖实价，并可同时报出该券种的买卖数量、清算速度等交易要素。

——易混淆点：公开报价；对话报价；格式化询价

采分点 19：全国银行间市场质押式回购询价交易方式中，格式化询价是指参与者必须按照交易系统规定的格式内容填报自己的交易意向。

——易混淆点：公开报价；对话报价；双边报价

采分点 20：债券回购成交通知单与参与者签署的债券回购主协议是确认债券回购交易确立的合同文件。

——易混淆点：成交传真件；成交确认单；成交协议书

采分点 21：《全国银行间债券市场交易管理办法》规定，债券回购业务参与者擅自从事借券、租券等融券业务的，由中国人民银行给予警告，并可处3万元人民币以下的罚款，可暂停或取消其债券交易业务资格。

——易混淆点：1；7

采分点 22：债券回购交易中买断式回购使大量的债券不再像质押式回购那样被冻结，保证了市场上可供交易的债券量，缓解了债券供求矛盾，从而提高了债券市场的流动性，有利于合理地确定债券和资金的价格。（2010年考试涉及）

——易混淆点：封闭式回购；抵押式回购；开放式回购和封闭式回购

采分点 23：全国银行间市场买断式回购的期限由交易双方确定，但最长不得超过91天。

——易混淆点：90；97

采分点 24：买断式回购的首期交易净价、到期交易净价和回购债券数量由交易双方确定，但到期交易净价加债券在回购期间的新增应计利息应大于首期交易净价。

——易混淆点：小于；等于；包括

采分点 25：在全国银行间债券市场进行买断式回购，交易双方可以根据交易对手的信用状况协商设定保证金和保证券。（2010年考试涉及）

——易混淆点：注册资本金状况；债券账户内的债券量；结算保证金状况

采分点 26：全国银行间市场规定进行买断式回购，任何一家市场参与者单只券种的待返售债券余额应小于该只债券流通量的20%，任何一家市场参与者待返售债券总余额应小于其在中央结算公司托管的自营债券总额的200%。

——易混淆点：15%；30%

采分点 27：买断式回购发生违约，对违约事实或违约责任存在争议的，交易双手可以协议申请仲裁或者向人民法院提起诉讼，并将最终仲裁或诉讼结果报告同业中心和中央结算公司；同业中心和中央结算公司应在接到报告后5个工作日内将最终结果予以公告。

——易混淆点：3；7

采分点 28：上海证券交易所买断回购交易按照每百元面值债券到期购回价（净价）进行申报。

——易混淆点：到期价（净价）；到期现价（净价）；到期购回价（全价）

采分点29：上海证券交易所买断式回购交易按照<u>证券账户</u>进行申报。

——易混淆点：交易的券种；回购期限；价格

采分点30：上海证券交易所买断式回购每笔申报限量：竞价撮合系统最小 1000 手，最大 <u>50000</u> 手。（2010 年考试涉及）

——易混淆点：5000；10000

采分点31：根据上海证券交易所的规定，在进行买断式回购交易时，<u>融资方和融券方均需缴纳履约金</u>。（2009 年考试涉及）

——易混淆点：融资方无需缴纳履约金；融券方无需缴纳履约金；是否引入履约金由交易双方协商

采分点32：上海证券交易所规定每一机构投资者持有的单一券种买断式回购未到期数量累计不得超过该券种发行量的 <u>20%</u>。

——易混淆点：15%；30%

采分点33：上海证券交易所买断式回购的交易按照"<u>一次成交，两次清算</u>"原则进行。（2009 年考试涉及）

——易混淆点：两次成交，两次清算；两次成交，一次清算；一次成交，一次清算

采分点34：上海证券交易所会员参与国债买断式回购引入<u>交易权限管理</u>制度。

——易混淆点：权限审批；资格认定；权限最小化

采分点35：在融资回购业务应付资金交收违约后的 <u>1</u> 个交易日内，融资方结算参与人支付融资回购业务应付资金及违约金的，中国结算公司接受该结算参与人提出的转回多余质押券的申报。

——易混淆点：2；3

采分点36：债券回购交易中，要防止出现债券市值<u>小于</u>其标准券金额的不合理现象。

——易混淆点：大于；等于；包括

采分点37：对已在证券交易所上市的、可用以进行回购交易的国债、企业债和其他债券，中国结算公司一般在每<u>星期三</u>收市后根据"标准券折算率计算公式"计算下一星期适用的标准券折算率。

——易混淆点：星期一；星期五；星期日

采分点38：全国银行间同业拆借中心为参与者的报价、交易提供中介及信息服务，<u>中央结算公司</u>为参与者提供托管、结算和信息服务。

——易混淆点：中国证券业协会；中国证监会；证券交易所

采分点39：全国银行间市场债券回购中，<u>见券付款</u>指在首次交收日完成债券质押登记后，逆回购方按合同约定将资金划至正回购方指定账户的交收方式。

——易混淆点：券款对付；见款付券

采分点 40：全国银行间市场债券回购中，券款对付指中央结算公司和债券交易的资金清算银行根据回购双方发送的债券和资金结算指令，于交收日确认双方已准备用于交收的足额债券和资金后，同时完成债券质押登记（或解除债券质押关系手续）与资金划账的交收方式。

——易混淆点：见券付款；见款付券

采分点 41：上海证券交易所于 2005 年 12 月推出了买断式回购品种。

——易混淆点：2005 年 1 月；2006 年 1 月；2006 年 12 月

采分点 42：中国结算公司上海分公司在 T＋1 日进行资金交收时，将结算参与人应付净额由其资金交收账户划拨至中国结算公司上海分公司资金集中交收账户，在结算参与人已完成证券交收义务的前提下，将应收净额由资金集中交收账户划入其资金交收账户。

——易混淆点：T；T＋2；T＋3

采分点 43：国债买断式回购到期购回结算的交收时点为 R＋1 日 14:00。

——易混淆点：R 日 14:00；R 日 12:00；R＋1 日 12:00

采分点 44：中国结算公司上海分公司于 R＋1 日 14:00 进行买断式回购到期购回资金交收，在剔除融资方结算参与人已作不履约申报的交易后，按买断式回购的成交顺序自前往后逐笔检查其专用资金交收账户中是否有足额资金。

——易混淆点：R 日 14:00；R 日 12:00；R＋1 日 12:00

采分点 45：对融资方违约的交易，融券方应付国债义务自动解除，中国结算公司上海分公司对原冻结的标的国债予以解冻，解冻国债在 R＋2 日可用。

——易混淆点：R；R＋1；R＋3

第十章 证券登记与交易结算

采分点1：证券登记具有确定或变更证券持有人及其权利的法律效力，是保障投资者合法权益的重要环节，也是规范证券发行和证券交易过户的关键所在。
——易混淆点：证券托管；证券结算；证券清算

采分点2：为办理证券登记业务，中国结算公司设立了电子化证券登记簿记系统；电子化证券登记簿记系统的记录采取整数倍，记录证券数量的最小单位为1股（份、元）。（2002年考试涉及）
——易混淆点：10；100

采分点3：根据规定，证券应当登记在证券持有人本人名下，但符合法律、行政法规和中国证监会规定的，可以登记在名义持有人名下。
——易混淆点：中国登记结算公司；中国证券业协会；证券交易所

采分点4：证券登记按证券种类可以划分为股份登记、基金登记、权证登记、交易型开放式指数基金登记等。
——易混淆点：证券性质；证券发行

采分点5：证券初始登记指已发行的证券在证券交易所上市前，由中国结算公司根据证券发行人的申请维护证券持有人名册，并将证券记录到投资者证券账户中。
——易混淆点：变更登记；退出登记；权证登记

采分点6：股份首次发行登记，由中国结算公司自动完成股份登记的发行方式是网上定价。（2010年、2009年考试涉及）
——易混淆点：股票认购证；与储蓄存款挂钩；"全额预缴、比例配售"

采分点7：股份首次公开发行结束后2个交易日内，上市公司应当向中国结算公司申请办理股份发行登记，对网上和网下发行的结果加以确认。
——易混淆点：3；5

采分点8：根据现行有关规定，中国结算公司根据证券发行人的送股申请，于权益登记日登记送股。（2010年考试涉及）
——易混淆点：发行日；结算日

采分点9：在配股登记日闭市后，中国结算公司将根据持股数量记录投资者的配股权，并将明细数据传输给证券公司。

——**易混淆点**：证券交易所；配股的上市公司；中国证监会

采分点 10：基金募集登记的办法是参照<u>股份首次公开发行登记</u>的相关内容来办理的。

——**易混淆点**：配股登记；送股及公积金转增股本登记；债券发行登记

采分点 11：交易型开放式指数基金募集结束后，<u>基金管理人</u>应到中国结算公司办理交易型开放式指数基金份额上市前的有关登记手续。（2010年考试涉及）

——**易混淆点**：投资者；基金托管人；证券交易所

采分点 12：投资者委托证券公司参与证券交易所集中交易后，中国结算公司需要根据证券交易的交收结果在买方的证券账户上增加证券，在卖方的证券账户上减少证券，并相应在证券持有人名册上进行变更登记的过程属于<u>集中交易过户登记</u>。

——**易混淆点**：非集中交易过户登记；其他变更登记

采分点 13：对于<u>其他变更登记</u>，中国结算公司将相应维护证券账户和证券持有人名册的记录，采取变更余额、对质押和司法冻结等情况加以标记等措施。

——**易混淆点**：集中交易过户登记；非集中交易过户登记

采分点 14：清算一般有三种解释，而证券清算适合的解释是，<u>具体指在每一营业日中每个结算参与人证券和资金的应收、应付数量或金额进行计算的处理过程</u>。（2007年考试涉及）

——**易混淆点**：企业与企业往来中应收或应付差额的轧抵及资金汇划；公司，企业结束经营活动，收回债务，处置分配财产等行为的总和；银行同业往来中应收或应付差额的轧抵

采分点 15：证券清算、交收与财产实际转移之间的唯一正确关系是<u>交收发生财产实际转移</u>。

——**易混淆点**：清算发生财产实际转移；清算、交收均不发生财产实际转移；清算、交收均发生财产实际转移

采分点 16：证券交易从<u>结算的时间安排</u>来看，可以分为流动交收和会计日交收。

——**易混淆点**：交易的方式；结算的方式；结算的时间安排

采分点 17：证券交易所达成的交易需采取净额清算方式；净额清算又分为两种净额清算方式，其中<u>双边净额清算</u>指将结算参与人相对于另一个交收对手方的证券和资金的应收、应付额加以轧抵，得出该结算参与人相对于另一个交收对手方的证券和资金的应收、应付净额。

——**易混淆点**：单边净额清算；三边净额清算；多边净额清算

采分点 18：为保证多边净额清算结果的法律效力，一般需要引入共同对手方的制度安排；共同对手方的引入，使得交易双方无需担心交易对手的<u>信用风险</u>，有利于增强投资信心和活跃市场交易。

——**易混淆点**：市场风险；投资风险；经营风险

采分点 19：证券和资金结算实行分级结算原则，实行分级结算原则主要是出于防范结算风险的考虑。

——易混淆点：交易风险；投资风险；清算风险

采分点 20：证券结算账户，指定收款账户应当是在中国证监会备案的客户交易结算资金专用存款账户和自有资金专用存款账户，且账户名称与结算参与人名称应当一致。(2009 年考试涉及)

——易混淆点：中国证券业协会；中国证券登记结算有限公司；各登记结算机构

采分点 21：中国结算公司按照中国人民银行规定的金融同业活期存款利率向结算参与人计付结算备付金利息。(2009 年考试涉及)

——易混淆点：活期贷款利率；定期存款利率；拆借利率

采分点 22：证券结算账户，结算备付金利息每季度结息一次，结息日为每季度第三个月的 20 日，应计利息记入结算参与人资金交收账户并滚入本金。

——易混淆点：10；15

采分点 23：根据证券结算账户各结算参与人的风险程度，中国结算公司每月为各结算参与人确定最低结算备付金比例，并按照各结算参与人上月证券日均买入金额和最低结算备付金比例，确定其最低结算备付金限额。

——易混淆点：上周；上季度；上年

采分点 24：证券结算账户的最低结算备付金限额计算公式为，最低结算备付金限额＝上月证券买入金额 ÷ 上月交易天数 × 最低结算备付金比例。

——易混淆点：最低结算备付金限额＝上月证券买入金额 × 上月交易天数 × 最低结算备付金比例；最低结算备付金限额＝证券买入金额 × 交易天数 × 最低结算备付金比例；最低结算备付金限额＝证券卖出金额 × 交易天数 × 最低结算备付金比例

采分点 25：证券结算账户，对于最低结算备付金比例，债券品种（包括现券交易和回购交易）按 10% 计收，债券以外的其他证券品种按 20% 计收。

——易混淆点：15%；20%

采分点 26：结算参与人资金交收账户每日（包括节假日）日终余额扣减冻结资金后，不得低于其最低结算备付金限额。证券结算最低结算备付金可用于应急交收，但如日终余额扣减冻结资金后低于其最低结算备付金限额时，结算参与人应于次一营业日补足。

——易混淆点：立即；2 个工作日内；3 日内

采分点 27：中国结算公司沪、深分公司接收数据时，应当核对所接收数据的完整性。

——易混淆点：及时性；真实性；准确性

采分点 28：证券交易的结算流程，中国结算公司沪、深分公司在接收完证券交易数据后一般在当日日终，作为共同对手，以结算参与人为单位，对各结算参与人负责清算的证券交易对应的应收和应付价款进行轧抵处理。

——易混淆点：次一营业日；当日15:57前；第三日

采分点29：证券交易的结算参与人参与结算的前提条件之一是<u>开立结算备付金账户</u>。

——易混淆点：开立证券账户；开立基金账户；开立保证金账户

采分点30：在<u>深圳B股市场</u>，境外投资者可能将证券托管在境外托管机构，而交易委托证券公司进行，由于中国结算公司深圳分公司交收对手是证券公司，投资者卖出证券时，卖出证券需从境外托管机构划付到证券公司，因此对证券公司来说，存在组织证券以备交收的过程。

——易混淆点：深圳A股市场；中小企业板市场；创业板市场

采分点31：A股、基金、债券、权证等品种最终交收时点为<u>T+1日16:00</u>。

——易混淆点：T日15:00；T日16:00；T+1日15:00

采分点32：证券交易结算的参与人向中国结算公司沪、深分公司申请划出资金后，其资金交收账户余额<u>不得低于</u>最低备付要求。

——易混淆点：不得高于；必须高于；可以等

采分点33：作为证券市场运作过程的最后环节，证券登记结算系统的安全和高效运行，对整个证券市场的正常运转至关重要，而<u>管理和防范好结算风险</u>是证券登记结算系统安全和高效运行的关键。

——易混淆点：具备专业知识的证券从业人员；运行良好的登记结算系统；监督管理部门的监督

采分点34：证券结算风险是证券登记结算机构在组织结算过程中所面临的风险，而信用风险包括买方不能履行资金交收义务的风险，或卖方不能履行证券交收义务的风险；信用风险可以进一步细分为两种，其中，<u>本金风险</u>指证券登记结算机构付出证券但收不到对应款项，或者付出款项但收不到对应证券的风险。

——易混淆点：流动性风险；价差风险；操作风险

采分点35：证券结算风险中，重置风险也称<u>价差风险</u>。

——易混淆点：本金风险；流动性风险；操作风险

采分点36：发生资金交收违约风险时，为收回垫付款项，证券登记结算机构需要处置证券，但如果处置时的市场价格低于先前的成交价，变卖所得将不足以弥补此前的垫付款项，这一风险即为<u>价差风险</u>。

——易混淆点：本金风险；流动性风险；操作风险

采分点37：证券登记结算机构的硬件、软件和通讯系统发生故障，或人为操作失误，证券登记结算机构管理效率低下致使结算业务中断、延误和发生偏差而引起的风险称<u>操作风险</u>。

——易混淆点：本金风险；流动性风险；价差风险

采分点38：结算银行破产、倒闭时，证券登记结算机构存放在结算银行的存款将面临无法足额收回的风险称结算银行风险。

——易混淆点：法律风险；流动性风险；操作风险

采分点 39：中国证券监督管理委员会于 2006 年 4 月 7 日发布，2009 年 11 月 20 日修订的《证券登记结算管理办法》针对交收风险、法律风险、操作风险、技术风险，明确了有关证券登记结算机构风险防范和控制措施，形成了一套严密的结算风险管理体系。

——易混淆点：《证券公司管理暂行办法》；《证券登记规则》；《证券持有人名册服务业务指引》

采分点 40：目前，中国结算公司已经于 2007 年 2 月发布了《结算参与人管理规则》，对《证券登记结算管理办法》关于结算参与人信用风险的事前防范的规定进行细化。

——易混淆点：《证券公司管理暂行办法》；《证券登记规则》；《交收担保品管理办法》

采分点 41：针对本金风险，《证券登记结算管理办法》规定证券登记结算机构需引入货银对付机制。

——易混淆点：价差风险；流动性风险；法律风险

采分点 42：针对操作风险，要求证券登记结算机构对结算数据和技术系统进行备份，制定业务紧急应变程序和操作流程。

——易混淆点：技术风险；结算银行风险；法律风险

采分点 43：根据财政部和中国证监会发布的《证券结算风险基金管理办法》，证券结算风险基金按证券登记结算机构收入、收益的 20%，以及结算参与人证券交易金额的一定比例收取。

——易混淆点：25%；30%

采分点 44：根据财政部和中国证监会发布的《证券结算风险基金管理办法》，证券结算风险基金总额上限为 30 亿元。

——易混淆点：20；50

第二篇
模拟测试

《证券交易》模拟试卷（一）

一、单项选择题（本大题共60小题，每小题0.5分，共30分。以下各小题所给出的4个选项中，只有一项最符合题目要求。）

1. 委托买卖证券时，证券交易对象也就是委托合同中的标的物。按照（　）划分，证券交易种类主要有股票交易、债券交易、基金交易以及其他金融衍生工具的交易。
   A．交易对象的品种　　　　　　B．交易场所
   C．交易规模　　　　　　　　　D．交易性质

2. 我国于（　）4月底开始启动股权分置改革试点工作。
   A．1990年　　　　　　　　　　B．2000年
   C．2005年　　　　　　　　　　D．2007年

3. 1992年年初，人民币特种股票即B股最先在（　）证券交易所上市。
   A．深圳　　　　　　　　　　　B．香港
   C．上海　　　　　　　　　　　D．纽约

4. 证券公司经营证券承销与保荐、证券自营、证券资产管理的，其注册资本不得低于人民币（　）亿元。
   A．2　　　　　　　　　　　　 B．5
   C．1　　　　　　　　　　　　 D．3

5. 证券交易的（　）原则要求证券交易参与各方应依法及时、真实、准确、完整地向社会发布自己的有关信息。
   A．公开　　　　　　　　　　　B．公正
   C．公平　　　　　　　　　　　D．安全

6. 证券交易中，金融期权交易是指以（　）为对象进行的流通转让活动。
   A．金融期货　　　　　　　　　B．金融期货合约
   C．金融远期合约　　　　　　　D．金融期权合约

7. 在通常情况下，可转换债券转换成（　），因此它具有债权和期权的双重特性。
   A．认股权证　　　　　　　　　B．基金凭证
   C．普通股票　　　　　　　　　D．优先股

8. 关于交易席位的使用，正确的有（　）。

97

A．经证券交易所会员部审核批准后可以转让　　B．将席位承包给他人使用

C．退回专用席位　　D．与他人共用席位

9．证券会员参与交易及会员权限的管理通过（　　）来实现。

A．会员单元　　B．参与者交易单元

C．会员席位　　D．证券账户

10．证券交易参与人应当通过在证券交易所申请开设的（　　）进行证券交易。

A．交易席位　　B．普通席位

C．交易业务单位　　D．交易单元

11．证券经纪商是证券市场的中坚力量，其作用表现在（　　）。

A．防止股价波动　　B．提高证券市场效率

C．充当证券买卖的媒介　　D．提供证券资产管理

12．目前按照《证券法》的规定，证券公司客户的交易结算资金应当存放在商业银行，以每个客户的名义（　　）管理。

A．银证转账　　B．多个账户

C．分类账户　　D．单独立户

13．以下关于证券经纪商的说法，不正确的是（　　）。

A．指接受客户委托、代客户买卖证券并以此收取佣金的中间人

B．承担交易中的价格风险

C．尽可能以最有利的价格使委托指令得以执行

D．与客户是委托代理关系

14．经纪关系的建立只是确立了客户与证券经纪商之间的（　　）关系。

A．代理　　B．委托

C．从属　　D．制约

15．买卖债券时，以不含有应计利息的价格申报并成交的交易，这种方式被称为（　　）。

A．全价交易　　B．市场交易

C．差价交易　　D．净价交易

16．根据净价的基本原理，应计利息额的计算公式应为（　　）。

A．应计利息额＝债券面值×票面利率÷365（天）×已计息天数

B．应计利息额＝债值×票面利率÷365（天）×已计息天数

C．应计利息额＝债券面值×贴现利率÷365（天）×已计息天数

D．应计利息额＝债券面值×票面利率÷365（天）×未计息天数

17．涨跌幅价格的计算公式为（　　）。

A．涨跌幅价格＝今开盘价×（1±涨跌幅比例）

B．涨跌幅价格＝前收盘价×（1±涨跌幅比例）

98

C．涨跌幅价格＝前平均价 ×（1± 涨跌幅比例）

D．涨跌幅价格＝前最高价 ×（1± 涨跌幅比例）

18．某债券面值为100元，票面利率为5%，起息日是8月5日，交易日是12月18日，则已计息天数是136天。交易日挂牌显示的应计利息额为（　　）元。

A．1.86　　　　　　　　　　B．10.86

C．1.85　　　　　　　　　　D．1.87

19．证券公司将客户的资金账户、证券账户提供给他人使用的，没有违法所得或者违法所得不足3万元的，处以（　　）的罚款。对直接负责的主管人员和其他直接责任人员给予警告，并处以3万元以上10万元以下的罚款。

A．3万元以上30万元以下　　B．5万元以上30万元以下

C．3万元以上10万元以下　　D．1万元以上10万元以下

20．证券公司诱使客户进行不必要的证券交易，或者从事证券资产管理业务时，使用客户资产进行不必要的证券交易的，责令改正，处以（　　）的罚款。给客户造成损失的，依法承担赔偿责任。

A．10万元以上30万元以下　　B．3万元以上30万元以下

C．1万元以上10万元以下　　D．5万元以上10万元以下

21．《资金申购上网定价公开发行股票实施办法》和《沪市股票上网发行资金申购实施办法》从规定的内容看，主要是采用了（　　）制度。

A．客户交易结算资金第三方存管　　B．新股发行现金申购

C．会员分级结算　　　　　　　　　D．客户交易结算资金独立存管

22．新股网上竞价发行中，投资者作为（　　）在指定时间通过证券交易所会员交易柜台，以不低于发行底价的价格及限购数量，进行竞价认购。

A．代理方　　　　　　　　　　B．卖方

C．委托方　　　　　　　　　　D．买方

23．我国于（　　）起，首次公开发行股票的询价制度。

A．2004年12月7日　　　　　B．2005年1月1日

C．2006年5月19日　　　　　D．2006年5月20日

24．发行人和主承销商应在网上发行申购日（　　）个交易日之前刊登网上发行公告，可以将网上发行公告与网下发行公告合并刊登。

A．4　　　　　　　　　　　　B．3

C．2　　　　　　　　　　　　D．1

25．网下发行结束后，发行人向中国结算公司提交相关材料申请办理股权登记，中国结算公司在其材料齐备的前提下（　　）个交易日内完成登记。

A．4　　　　　　　　　　　　B．3

C. 2　　　　　　　　　　　　D. 1

26．上市公司召开股东大会并向股东提供（　　）方式的，股东大会股权登记日登记在册的所有股东，均有权通过股东大会网络投票方式行使表决权。

　　A．网络投票　　　　　　　　B．现场投票
　　C．累积投票　　　　　　　　D．其他投票

27．中国证监会对香港子公司的境内证券投资业务资格进行审核，自收到完整的申请文件之日起（　　）日内作出批准或者不予批准的决定。

　　A．20　　　　　　　　　　　B．30
　　C．45　　　　　　　　　　　D．60

28．上海证券交易所规定，权证行权的申报数量为（　　）的整数倍。

　　A．1000份　　　　　　　　　B．100份
　　C．10份　　　　　　　　　　D．1份

29．关于深圳证券交易所上市开放式基金申购、赎回费率，下列说法正确的是（　　）。

　　A．基金管理人既不可按申购金额分段设置申购费率，也不可按份额持有时间分段设置赎回费率

　　B．基金管理人可按申购金额分段设置申购费率，场内赎回为固定赎回费率，不可按份额持有时间分段设置赎回费率

　　C．基金管理人既可按申购金额分段设置申购费率，场内赎回为固定赎回费率，也可按份额持有时间分段设置赎回费率

　　D．基金管理人不可按申购金额分段设置申购费率，场内赎回为固定赎回费率。可按份额持有时间分段设置赎回费率

30．采用证券给付结算方式行权且权证在行权期满时为价内权证的，代为办理权证行权的证券经纪商应在权证期满前的（　　）个交易日提醒未行权的权证持有人权证即将期满，或按事先约定代为行权。

　　A．5　　　　　　　　　　　　B．4
　　C．3　　　　　　　　　　　　D．2

31．在收购人披露上市公司要约收购情况报告至维持被收购公司上市地位的具体方案实施完毕之前，因要约收购导致被收购公司的股权分布不符合《公司法》规定的上市条件，且收购人持股比例未超过被收购公司总股本（　　）的，证券交易所对其股票交易实行退市风险警示。

　　A．90%　　　　　　　　　　　B．50%
　　C．80%　　　　　　　　　　　D．95%

32．中小企业板上市公司受到深圳证券交易所公开谴责后，在（　　）内再次受到深圳证券交易所公开谴责的，深圳证券交易所对其股票交易实行退市风险警示。

A．24个月 B．12个月
C．6个月 D．18个月

33．上海证券交易所证券交易的收盘价为当日该证券（　　）。

A．最后一笔交易成交价

B．最后3分钟集合竞价产生的价格

C．最后一笔交易前3分钟所有交易的成交量加权平均价（含最后一笔交易）

D．最后一笔交易前1分钟所有交易的成交量加权平均价（含最后一笔交易）

34．（　　）指特定时点按照虚拟开盘参考价格虚拟成交并予以即时揭示的申报数量。

A．虚拟匹配量 B．虚拟匹配剩余量
C．虚拟未匹配量 D．虚拟开盘参考价格

35．柜台自营买卖是指证券公司在（　　）以自己的名义与客户之间进行的证券自营买卖。

A．银行柜台 B．其营业柜台
C．证券交易场所 D．证券交易系统

36．以下属于明文列示的证券公司操纵市场行为的有（　　）。

A．委托其他证券公司代为买卖证券

B．将自营账户借给他人使用

C．内幕人员利用内幕信息买卖证券或根据内幕信息建议他人买卖证券

D．在自己实际控制的账户之间进行证券交易，影响证券交易价格或者证券交易量

37．证券公司将其所管理的客户资产投资于一家公司发行的证券，不得超过该证券发行总量的（　　）。

A．20% B．15%
C．25% D．10%

38．证券公司应当自专用证券账户开立之日起（　　）个交易日内，将专用证券账户报证券交易所备案。

A．15 B．10
C．5 D．3

39．集合资产管理计划存续期届满展期、解散或终止的，应在中国证监会批复同意后（　　）个工作日内通过会籍办理系统向上海证券交易所报备。

A．5 B．15
C．10 D．3

40．在集合资产管理计划中，（　　）保证委托资产来源及用途的合法性。

A．证券公司 B．证券交易所
C．证监会派出机构 D．客户

41．证券公司开展定向资产管理业务，应当于每季度结束之日起（　　）日内，将签订定向资产管理合同报注册地中国证监会派出机构备案。

A．5   B．15
C．3   D．20

42．证券公司从事证券资产管理业务时，使用客户资产进行不必要的证券交易的，责令改正，处以（　　）的罚款。给客户造成损失的，依法承担赔偿责任。

A．1万元以上5万元以下   B．5万元以上10万元以下
C．2万元以上10万元以下   D．1万元以上10万元以下

43．证券公司未经批准，用多个客户的资产进行集合投资，或者将客户资产专项投资于特定目标产品的，依照《证券法》的规定，对直接负责的主管人员和其他直接责任人员给予警告，撤销任职资格或者证券从业资格，并处以（　　）的罚款。

A．3万元以上10万元以下   B．3万元以上5万元以下
C．5万元以上10万元以下   D．10万元以上30万元以下

44．融券卖出的申报价格不得低于该证券的（　　）。

A．最新成交价   B．净值
C．前一日平均收盘价   D．收盘价格

45．沪、深证券交易所以国债为主要品种的质押式回购交易的开办时间分别是（　　）。

A．1993年12月和1994年11月   B．1993年12月和1994年10月
C．1994年10月和1993年12月   D．1994年12月和1993年10月

46．深圳证券交易所规定，债券回购交易申报数量为10张及其整数倍，单笔申报最大数量应当不超过（　　）。

A．5万张   B．10万张
C．15万张   D．50万张

47．（　　）是指参与者为达成交易而直接向交易对手方做出的、对手方确认即可成交的报价。

A．对话报价   B．公开报价
C．双边报价   D．格式化询价

48．（　　）是指参与者必须按照交易系统规定的格式内容填报自己的交易意向。

A．格式化询价   B．双边报价
C．公开报价   D．对话报价

49．债券回购（　　）与参与者签署的债券回购主协议是确认债券回购交易确立的合同文件。

A．成交确认单   B．成交协议书
C．成交通知单   D．成交传真件

50．债券回购业务参与者违规操作对交易系统和债券簿记系统造成破坏的，由中国人民银行给予警告，并可处（　）人民币以下的罚款。

　　A．3万元　　　　　　　　　B．5万元
　　C．7万元　　　　　　　　　D．10万元

51．全国银行间债券市场债券回购业务是指以商业银行等金融机构为主的机构投资者之间以（　）进行的债券交易行为。

　　A．竞价方式　　　　　　　　B．招投标方式
　　C．定价方式　　　　　　　　D．询价方式

52．参与全国银行间市场质押式回购交易的双方应在（　）办理债券的质押登记。

　　A．全国银行间同业拆借中心　　B．证券交易所
　　C．证券登记结算公司　　　　　D．中央结算公司

53．债券买断式回购交易也称（　）。

　　A．开放式回购　　　　　　　B．一次性回购
　　C．双方回购　　　　　　　　D．封闭式回购

54．全国银行间市场买断式回购中，（　）负责买断式回购交易的日常监测工作。

　　A．中国人民银行　　　　　　B．同业中心
　　C．中国银行业监督委员会　　D．中央结算公司

55．上海证券交易所规定，每一机构投资者持有的单一券种买断式回购未到期数量累计不得超过该券种发行量的（　）。

　　A．20%　　　　　　　　　　B．15%
　　C．25%　　　　　　　　　　D．10%

56．清算是交收的基础和（　）。

　　A．后续　　　　　　　　　　B．保证
　　C．完成　　　　　　　　　　D．内容

57．指定收款账户应当是在（　）备案的客户交易结算资金专用存款账户和自有资金专用存款账户，且账户名称与结算参与人名称应当一致。

　　A．中国结算公司　　　　　　B．各登记结算机构
　　C．中国证券业协会　　　　　D．中国证监会

58．结算备付金利息每季度结息一次，结息日为每季度第三个月的（　）日，应计利息记入结算参与人资金交收账户并滚入本金。

　　A．20日　　　　　　　　　　B．10日
　　C．15日　　　　　　　　　　D．5日

59．最低结算备付金可用于应急交收，但如日终余额扣减冻结资金后低于其最低结算备付金限额时，结算参与人应（　）补足。

A．当日 B．次一营业日
C．3个工作日内 D．5日内

60．标准券的折算率是指（ ）的比率。

A．债券可折成的标准券金额与其面值

B．债券市场价格折算成债券回购业务标准券

C．债券的票面利率折算成债券市场价格

D．债券市值折算成债券面值

二、多项选择题（本大题共40小题，每小题1分，共40分。以下各小题所给出的4个选项中，至少有两项符合题目要求。）

1．下列选项中，符合全国银行间债券市场买断式回购风险控制规定的有（ ）。

A．买断式交易双方都面临承担对手方不履约的风险

B．在设定保证券时，回购期间保证券应在交易双方中的提供方托管账户冻结

C．任何一家市场参与者单只券种的待返售债券余额应小于该只债券流通量的20%

D．任何一家市场参与者待返售债券总余额应小于其在中央结算公司托管的自营债券总额的300%

2．关于证券经纪业务，以下表述正确的有（ ）。

A．在证券经纪业务中，委托人的指令具有权威性

B．委托人的资料关系到其资产安全和投资决策的实施，证券经纪商有义务为客户保密，但法律另有约定的除外

C．经纪商无故违反委托人指示并使其遭受损失的，应承担赔偿责任

D．证券经纪商泄露客户资料而造成客户损失，证券经纪商只承担连带赔偿责任

3．客户作为委托合同的委托人，在享受权利时也必须承担的义务有（ ）。

A．履行交割清算义务 B．了解交易风险，明确买卖方式
C．按规定缴存交易结算资金 D．采用正确的委托手段

4．限价委托是指客户要求证券经纪商在执行委托指令时，必须按（ ）。

A．限定价格卖出证券 B．比限定价格更有利的价格卖出证券
C．低于限价卖出证券 D．限价买入证券

5．在申报价格最小变动单位方面，以下符合《上海证券交易所交易规则》规定的有（ ）。

A．A股、债券交易和债券买断式回购交易的申报价格最小变动单位为0.01元人民币

B．基金、权证交易为0.001元人民币

C．B股交易为0.001美元

D．债券质押式回购交易为0.005元人民币

6．关于买卖深圳证券交易所无价格涨跌幅限制的证券，以下说法正确的有（　　）。

A．债券质押式回购非上市首日开盘集合竞价的有效竞价范围为前收盘价的上下30%，连续竞价、收盘集合竞价的有效竞价范围为最近成交价的上下10%

B．债券上市首日开盘集合竞价的有效竞价范围为发行价的上下30%，连续竞价、收盘集合竞价的有效竞价范围为最近成交价的上下10%

C．债券非上市首日开盘集合竞价的有效竞价范围为前收盘价的上下10%，连续竞价、收盘集合竞价的有效竞价范围为最近成交价的上下10%

D．股票上市首日开盘集合竞价的有效竞价范围为发行价的900%以内，连续竞价、收盘集合竞价范围为最近成交价的上下10%

7．下列关于连续竞价的说法正确的是（　　）。

A．能成交者予以成交，不能成交者等待机会成交

B．在无撤单的情况下，委托当日有效

C．开盘集合竞价期间未成交的买卖申报，自动进入连续竞价

D．深圳证券交易所还规定，连续竞价期间未成交的买卖申报，自动进入收盘集合竞价

8．违反《证券公司监督管理条例》的规定，有下列（　　）情形之一的，责令改正，给予警告，没收违法所得，并处以违法所得1倍以上5倍以下的罚款；没有违法所得或者违法所得不足10万元的，处以10万元以上60万元以下的罚款；情节严重的，撤销相关业务许可。

A．违反规定委托其他单位或者个人进行客户招揽、客户服务或者产品销售活动

B．证券公司、资产托管机构、证券登记结算机构违反规定动用客户的交易结算资金和证券

C．资产托管机构、证券登记结算机构对违反规定动用客户的资金和证券的申请、指令予以同意、执行

D．向客户提供投资建议，对证券价格的涨跌或者市场走势做出确定性的判断

9．在以下（　　）情况下，投资者应办理跨系统转托管手续。

A．将登记在证券登记系统中的基金份额转托管到TA系统

B．基金份额由证券营业部转托管到代销机构、基金管理人

C．将登记在TA系统中的基金份额转托管到证券登记结算系统

D．基金份额由代销机构、基金管理人转托管到证券营业部

10．下列关于上海证券交易所开放式基金的申购、赎回的说法中，正确的是（　　）。

A．按照"金额申购、份额赎回"的原则

B．"申购"对应"买入"，"赎回"对应"卖出"

C．"申购"对应"卖出"，"赎回"对应"买入"

D．申购、赎回的成交价格按当日基金份额净值确定

11．股份报价转让与现有代办股份转让系统的股份转让和证券交易所市场股票交易的不同之处在于（　　）。

A．挂牌公司属性不同　　　　　　B．申报方式不同

C．信息披露标准不同　　　　　　D．结算方式不同

12．转让撮合时，以集合竞价确定转让价格，如果有两个以上价位在有效竞价范围内能实现最大成交量的价位，则可以选取的价位有（　　）。

A．高于该价位的买入申报全部成交

B．低于该价位的卖出申报全部成交

C．与该价位相同的买方申报全部成交

D．与该价位相同的卖方申报全部成交

13．建立客户选择与授信制度，明确规定客户选择与授信的程序和权限包括（　　）。

A．制定融资融券业务客户选择标准和开户审查制度

B．建立客户信用评估制度

C．明确客户征信的内容、程序和方式

D．记录和分析客户持仓品种及其交易情况

14．融资融券业务的监管包括（　　）。

A．证券登记结算机构的监管　　　B．客户信用资金指定商业银行的监管

C．客户查询　　　　　　　　　　D．信息公告

15．全国银行间市场质押式回购成交合同的内容包括（　　）。

A．融资方名称　　　　　　　　　B．债券种类

C．回购期限　　　　　　　　　　D．交割方式

16．关于清算与交收的区别，以下说法正确的有（　　）。

A．清算是对应收、应付证券及价款的计算

B．清算发生财产实际转移

C．交收则是根据清算结果办理证券和价款的收付

D．交收并不发生财产实际转移

17．以下说法正确的有（　　）。

A．货银对付又称款券两讫或钱货两清

B．货银对付的主要目的是为了简化操作手续

C．货银对付的主要目的是有效规避结算参与人交收违约带来的风险

D．货银对付就是在交收过程中，当且仅当资金交付时给付证券，证券交付时给付资金

18．根据中国结算公司《结算备付金管理办法》，结算参与人申请开立资金交收账户

时，应当提交（　　）、指定收款账户授权书等材料。

　　A．开立资金交收账户申请表　　B．法定代表人授权委托书

　　C．结算参与人资格证书　　　　D．资金交收账户印鉴卡

19．银行间市场债券回购交易中，中央结算公司应定期向中国人民银行报告债券托管、结算有关情况，及时为参与者提供（　　）服务。

　　A．债券托管　　　　　　　　　B．债券结算

　　C．本息兑付　　　　　　　　　D．账务查询

20．证券结算风险是证券登记结算机构在组织结算过程中所面临的风险，根据成因，大致可以将证券结算风险分为（　　）。

　　A．信用风险　　　　　　　　　B．流动性风险

　　C．操作风险　　　　　　　　　D．法律风险

21．证券交易与证券发行两者有着密切联系，其表现为（　　）。

　　A．证券交易与发行相互促进、相互制约

　　B．证券交易决定了证券发行的规模，是证券发行的前提

　　C．证券发行为证券交易提供了对象

　　D．证券交易使证券的流动性特征显示出来，有利于证券发行的顺利进行

22．《证券法》规定，设立证券公司所应具备的条件有（　　）。

　　A．有符合法律、行政法规规定的公司章程

　　B．最近3年无重大违法违规记录，净资产不低于人民币5亿元

　　C．董事、监事、高级管理人员具备任职资格，从业人员不一定要具备证券业从业资格

　　D．有完善的风险管理与内部控制制度

23．证券交易所市场，在订单匹配原则方面，根据各国证券市场的实践，优先原则主要包括（　　）。

　　A．价格优先原则　　　　　　　B．时间优先原则

　　C．按比例分配原则　　　　　　D．数量优先原则

24．按我国现行的做法，投资者入市应事先到（　　）及其代理点开立证券账户。

　　A．证券交易所

　　B．中国证券登记结算有限责任公司上海和深圳分公司

　　C．证券公司

　　D．商业银行

25．按照证券类别和发行情况，可以对证券初始登记进一步划分为（　　）。

　　A．债券初始登记　　　　　　　B．股份初始登记

　　C．基金募集登记　　　　　　　D．权证发行登记

26．按照引发变更登记需求的不同，可以将证券过户登记划分为证券交易所（　　）。
A．集中交易过户登记　　　　　　B．零散交易过户登记
C．非集中交易过户登记　　　　　D．非零散交易过户登记

27．股票上网发行资金申购程序的基本规定是（　　）。
A．申购单位及上限　　　　　　　B．申购次数
C．申购配号　　　　　　　　　　D．资金交收

28．以下关于A股现金红利派发日程安排的说法，正确的有（　　）。
A．T－3日前派送申请材料
B．T－3日前为中国结算上海分公司核准答复日
C．T－1日前为向证券交易所提交公告申请日
D．T日为公告刊登日

29．在上海证券交易所进行的证券买卖符合以下（　　）条件的，可以采用大宗交易方式。
A．A股单笔买卖申报数量应当不低于50万股，或者交易金额不低于300万元人民币
B．B股单笔买卖申报数量应当不低于50万股，或者交易金额不低于30万美元
C．基金大宗交易的单笔买卖申报数量应当不低于100万份，或者交易金额不低于100万元人民币
D．国债及债券回购大宗交易的单笔买卖申报数量应当不低于1万手，或者交易金额不低于5000万元人民币

30．用户对各交易品种申报的价格应当符合下列（　　）规定，交易方可成立。
A．权益类证券大宗交易中，该证券有价格涨跌幅限制的，由买卖双方在其当日涨跌幅价格限制范围内确定
B．权益类证券大宗交易中，该证券无价格涨跌幅限制的，由买卖双方在前收盘价的上下30%或当日已成交的最高价、最低价之间自行协商确定
C．债券大宗交易价格，由买卖双方在前收盘价的上下20%或当日已成交的最高价、最低价之间自行协商确定
D．专项资产管理计划协议交易价格，由买卖双方自行协议确定

31．上海证券交易所接受大宗交易的时间为（　　）。
A．9:30～11:30　　　　　　　　B．13:00～15:30
C．15:00～15:30　　　　　　　D．15:30～16:00

32．对情节严重的异常交易行为，证券交易所可以视情况采取下列（　　）措施。
A．口头或书面警示
B．上报中国证监会冻结相关证券账户或资金账户
C．要求相关投资者提交书面承诺

D．约见谈话

33．下列选项中，属于证券公司的营业柜台自营买卖特点的有（　）。
　　A．手续比较复杂，费时也多　　B．交易品种较单一
　　C．交易量通常较小　　　　　　D．比较分散

34．下列选项中，不是融资融券业务的决策与授权体系的架构设立和运行原则的是（　）。
　　A．业务决策机构—业务执行部门—董事会—分支机构
　　B．业务决策机构—业务执行部门—分支机构—董事会
　　C．董事会—业务决策机构—业务执行部门—分支机构
　　D．业务执行部门—业务决策机构—分支机构—董事会

35．分支机构在公司总部的集中监控下，按照公司的统一规定和决定，具体负责客户（　）等。
　　A．征信　　　　　　　　　　　B．签约
　　C．开户　　　　　　　　　　　D．回访

36．开展债券回购交易业务的主要场所为（　）。
　　A．上海证券交易所　　　　　　B．深圳证券交易所
　　C．全国银行间同业拆借中心　　D．中国结算公司

37．在全国银行间债券市场进行买断式回购，交易双方可以协商确定（　）。
　　A．到期交易净价　　　　　　　B．回购债券数量
　　C．回购期限　　　　　　　　　D．首期交易净价

38．证券公司不按规定将证券自营账户报证券交易所备案的，可能会受到的处罚包括（　）。
　　A．警告　　　　　　　　　　　B．没收违法所得
　　C．追究刑事责任　　　　　　　D．罚款

39．对送股的股权登记，增加某股东股数的计算依据包括（　）。
　　A．上市公司股东人数　　　　　B．股利分配方案中送股比例
　　C．股东的持股数　　　　　　　D．股东认购新股缴款额

40．（　）可以使回购债券不被冻结从而提高债券的利用效率。
　　A．抵押式回购　　　　　　　　B．开放式回购
　　C．买断式回购　　　　　　　　D．封闭式回购

三、判断题（本大题共60小题，每小题0.5分，共30分。判断以下各小题的对错，正确的填A，错误的填B。）

1．债券也是一种有价证券，是社会各类经济主体为向第三方贷出资金而向债券投资

者出具的、承诺按一定利率定期支付利息并到期偿还本金的债权债务凭证。（　）

2．对于开放式基金来说，如果是非上市的开放式基金，投资者可以进行基金份额的申购和赎回。（　）

3．上市开放式基金除了申购和赎回外，投资者还可以在证券交易所市场上进行买卖。（　）

4．金融期权合约是指合约买方向卖方支付一定费用，在约定日期内（或约定日期）享有按事先确定的价格向合约卖方买卖某种金融工具权利的契约。（　）

5．上海证券交易所和深圳证券交易所的组织形式都属于公司制。（　）

6．证券交易所作为进行证券交易的场所，本身不持有证券，不进行证券买卖，当然更不能决定证券交易的价格。（　）

7．对于记名证券而言，完成了清算和交收，证券交易过程即告结束。（　）

8．从1998年4月1日起，上海证券交易所推行指定交易制度。（　）

9．证券账户和资金账户遗失，不能补办，只能开立新户。（　）

10．集中性市场营销策略比差异性市场营销策略能更好地提升业绩。（　）

11．证券经纪业务是指证券公司通过其设立的证券营业部，接受客户委托，按照客户的要求，代理客户买卖证券的业务。（　）

12．债券应计利息额是自起息日至到期日（不包括到期日当日）的应计利息额。（　）

13．境内法人开立的证券账户可以与资金账户使用不同的机构名称。（　）

14．在我国现阶段，允许证券经纪商将客户股票借给他人作担保物。（　）

15．上海证券交易所规定，连续竞价期间未成交的买卖申报，自动进入收盘集合竞价。（　）

16．深圳证券交易所规定使未成交量最小的申报价格为成交价格，若有两个以上使未成交量最小的申报价格符合相关条件的，其平均价为成交价格。（　）

17．我国基金交易目前不收过户费。（　）

18．目前，证券交易所只有连续竞价的竞价方式。（　）

19．办理证券柜台委托时，委托柜台应严格按照价格优先的原则，依次为客户办理委托业务，不得漏报或插报。（　）

20．《证券账户管理规则》规定，一个自然人、法人可以开立不同类别和用途的证券账户。（　）

21．申请送股（转增股）时，上市公司应确保权益登记日不得与配股、增发、扩募等发行行为的权益登记日重合。（　）

22．新股网上竞价发行的优点只有一个连续性。（　）

23．以网上定价发行方式发行新股时，当有效申购总量大于该次股票发行数量时，

由主承销商负责组织摇号抽签，确定成功申购者。（ ）

24．深圳证券交易所规定，股票申购单位为500股，每一证券账户申购委托不少于500股，超过500股的必须是500股的整数倍，但不得超过主承销商在发行公告中确定的申购上限，且不超过999 999 500股。（ ）

25．根据深圳证券交易所的配股操作流程，如超额申报认购配股，则超额部分不予确认。（ ）

26．在可转债"债转股"的操作中，即日买进的可转债当日可申请转股。（ ）

27．投资者认购基金申报时采用"金额认购"方式，以认购金额填报数量申请，买卖方向只能为"买"。（ ）

28．投资者通过深圳证券交易所认购取得（以及日后交易取得）的上市开放基金份额以投资者的深圳证券账户记载，登记在中国结算深圳分公司证券登记结算系统（以下简称"证券登记系统"）中，托管在证券营业部。（ ）

29．开放式基金账户中的基金份额可通过基金管理人或代销机构申报赎回，但不可以卖出。（ ）

30．证券交易所在每日开盘前公布每只权证可流通数量、持有权证数量达到或超过可流通数量5%的持有人名单。（ ）

31．当日"债转股"的有效申报手数是当日"债转股"按账户合并后的申请手数与可转债交易过户后的持有手数比较，取较小的一个数量。（ ）

32．期货交易是指交易双方在集中性的市场以公开竞价方式所进行的期货合约的交易。（ ）

33．大宗交易暂不纳入证券交易所即时行情和指数的计算，成交量在大宗交易结束后计入当日该证券成交总量。（ ）

34．自营业务与经纪业务相比较，根本区别是自营业务是证券公司代理客户买卖证券，经纪业务是证券公司为营利而自己买卖证券。（ ）

35．目前银行间市场的交易品种主要是债券，采取询价交易方式进行。（ ）

36．《证券公司风险控制指标管理办法》规定，自营固定收益类证券的合计额不得超过净资本的100%。（ ）

37．市场风险主要是指因不可预见和控制的因素导致市场波动，造成证券公司自营亏损的风险。（ ）

38．证券公司从事证券自营业务时，严禁进行以获取利益或减少损失为目的的交易活动。（ ）

39．只要不使用内幕信息交易，证券公司的从业人员是不可以炒买炒卖股票的。（ ）

40．申请从事客户资产管理业务的证券公司的条件之一是最近两年未受到过行政处罚或者刑事处罚。（ ）

41．证券公司可以接受本公司董事、监事、从业人员及其配偶成为定向资产管理业务客户。（　）

42．集合资产管理计划的会计核算由财务部门专人负责，集合资产管理计划的清算由结算部门负责。（　）

43．集合资产管理计划资产中的债券，不得用于回购。（　）

44．集合资产管理计划投资于会员自身、托管机构及与该会员、托管机构有关联方关系的公司发行的证券，应于有关事实发生之日起 3 个工作日内以书面形式将有关情况报告深圳证券交易所。（　）

45．集合资产管理计划中形成的相应文件，自资产管理合同终止之日起，保存期不得少于 10 年。（　）

46．证券公司向客户融资，只能使用融资专用资金账户内的资金；向客户融券，只能使用融券专用证券账户内的证券。（　）

47．买券还券是指客户通过其信用证券账户申报买券，结算时买入证券直接划转至证券公司融券专用证券账户的一种还券方式。（　）

48．证券公司应当健全业务隔离制度，确保融资融券业务与证券资产管理、证券自营、投资银行等业务在机构、人员、信息、账户等方面相互促进，一起运行。（　）

49．信用交易证券交收账户用于记录客户委托证券公司持有、担保证券公司因向客户融资融券所生债权的证券。（　）

50．标的股票交易被实施特别处理的，交易所自该股票被实施特别处理当日起将其调整出标的证券范围。（　）

51．债券质押式回购交易是指融资方在将债券质押给融券方融入资金的同时，双方约定在将来某一指定日期，由融资方按约定回购利率计算的资金额向融券方返回资金，融券方向融资方返回原出质债券的融资行为。（　）

52．债券回购交易的融券方，应在回购期内保持质押券对应标准券足额。（　）

53．全国银行间债券市场债券回购业务是指以商业银行等金融机构为主的机构投资者之间以询价方式进行的债券交易行为。（　）

54．净额清算方式的主要优点可以简化操作手续，减少资金在交收环节的占用。（　）

55．证券交易交收的实质是依据清算结果实现证券与价款的收付，从而结束整个交易过程。（　）

56．最低结算备付金可用于应急交收，但如日终余额扣减冻结资金后低于其最低结算备付金限额时，结算参与人应于次营业日补足。（　）

57．对经纪融资回购业务，融资方结算参与人应根据客户的委托，并以融资方结算参与人自己的名义，将该客户账户中的债券作为质押券向中国结算公司提交。（　）

58．初始结算由中国结算上海分公司组织融资方结算参与人和融券方结算参与人双

方采用逐笔方式交收。（ ）

59．证券结算的操作风险是指因为法律法规不透明、不明确或法规适用不当，导致证券登记结算机构遭受损失的风险。（ ）

60．针对法律风险，《证券登记结算管理办法》规定了证券交易、托管与结算协议中与证券登记结算业务有关的必备条款。中国结算公司已经根据这些规定采取了相应措施。（ ）

《证券交易》模拟试卷（一）参考答案与解析

一、单项选择题

1.【答案】A

【解析】证券交易种类通常是根据交易对象来划分的。证券交易的对象就是证券买卖的标的物。在委托买卖证券的情况下，证券交易对象也就是委托合同中的标的物。按照交易对象的品种划分，证券交易种类有股票交易、债券交易、基金交易以及其他金融衍生工具的交易等。因此，本题的正确答案为A。

2.【答案】C

【解析】进入21世纪以后，随着我国加入WTO，证券交易市场对外开放也稳步向前迈进。2005年4月底，我国开始启动股权分置改革试点工作（选项C符合题意），这是一项完善证券市场基础制度和运行机制的改革，它不仅在于解决历史问题，更在于为资本市场其他各项改革和制度创新创造条件。因此，本题的正确答案为C。

3.【答案】C

【解析】从1988年4月起，我国先后在61个大中城市开放了国库券转让市场。1990年12月19日和1991年7月3日，上海证券交易所和深圳证券交易所先后正式开业。1992年初，人民币特种股票（B股）在上海证券交易所上市（故C项正确）。同一时期，证券投资基金的交易转让也逐步开展。因此，本题的正确答案为C。

4.【答案】B

【解析】经国务院证券监督管理机构批准，证券公司可以经营下列部分或者全部业务：(1)证券经纪；(2)证券投资咨询；(3)与证券交易、证券投资活动有关的财务顾问；(4)证券承销与保荐；(5)证券自营；(6)证券资产管理；(7)其他证券业务。其中，证券公司经营证券承销与保荐、证券自营、证券资产管理的其注册资本最低限额为人民币5亿元。所以，A、C、D选项不符合题意，因此，本题的正确答案为B。

5.【答案】A

【解析】为了保障证券交易功能的发挥，以利于证券交易的正常运行，证券交易必须遵循"公开、公平、公正"三个原则。公开原则又称信息公开原则，指证券交易是一种面向社会的、公开的交易活动。其核心要求是实现市场信息的公开化。根据这一原则的要求，证券交易参与各方应依法及时、真实、准确、完整地向社会发布有关信息，所以，

B、C、D不符合题意。因此，本题的正确答案为A。

6.【答案】D

【解析】证券交易中，金融期权交易是指以金融期权合约为对象进行的流通转让活动，所以A、B、C项不符合题意。因此，本题的正确答案为D。

7.【答案】C

【解析】可转换债券是指其持有者可以在一定时期内按一定比例或价格将之转换成一定数量的另一种证券的债券。可转换债券交易就是以这种债券为对象进行的流通转让活动。在通常情况下，可转换债券转换成普通股票（故C项符合题意），因此它具有债权和期权的双重特性。因此，本题的正确答案为C。

8.【答案】A

【解析】证券交易所为了保证证券交易正常、有序地进行，要对会员取得交易席位实施严格管理。证券交易所会员不得共有席位（故D项说法不正确），席位也不得退回证券交易所（故C项说法不正确）。未经证券交易所同意，会员不得将席位出租、质押，或将席位所属权益以其任何方式转给他人（故B项说法不正确）。经证券交易所会员部审核批准后可以转让（故A项说法正确）。因此，本题的正确答案为A。

9.【答案】A

【解析】证券交易所的会员及证券交易所认可的机构，若要进入证券交易所市场进行证券交易，要向证券交易所申请取得交易权，成为证券交易所的交易参与人。交易参与人应当通过在证券交易所申请开设的交易单元进行证券交易，交易单元是交易权限的技术载体。会员参与交易及会员权限的管理通过交易单元来实现，所以B、C、D项不符合题意。因此，本题的正确答案为A。

10.【答案】D

【解析】证券交易所的会员及证券交易所认可的机构，若要进入证券交易所市场进行证券交易，要向证券交易所申请取得交易权，成为证券交易所的交易参与人。交易参与人应当通过在证券交易所申请开设的交易单元进行证券交易，故D项符合题意，交易单元是交易权限的技术载体。会员参与交易及会员权限的管理通过交易单元来实现。因此，本题的正确答案为D。

11.【答案】C

【解析】证券经纪商是证券市场的中坚力量，其作用主要表现在：第一，充当证券买卖的媒介，故C项符合题意；证券经纪商充当证券买方和卖方的经纪人，发挥着沟通买卖双方并按一定要求迅速、准确地执行指令和代办手续的媒介作用，提高了证券市场的流动性和效率；第二，提供信息服务。证券经纪商和客户建立了买卖委托关系后，客户往往希望证券经纪商能够提供及时、准确的信息服务。这些信息服务包括：上市公司的详细资料、公司和行业的研究报告、经济前景的预测分析和展望研究、有关股票市场变动态势的商情报告等。因此，本题的正确答案为 C。

12.【答案】D

【解析】目前按照《证券法》的规定，证券公司客户的交易结算资金应当存放在商业银行，以每个客户的名义单独立户管理，故 D 项符合题意，中国证监会也明确要求证券公司在 2007 年全面实施"客户交易结算资金第三方存管"。因此，本题的正确答案为 D。

13.【答案】B

【解析】所谓证券经纪商，是指接受客户委托、代客户买卖证券并以此收取佣金的中间人故 A 项说法正确，证券经纪商以代理人的身份从事证券交易，与客户是委托代理关系，故 D 项说法正确。证券经纪商必须遵照客户发出的委托指令进行证券买卖，并尽可能以最有利的价格使委托指令得以执行，故 C 项说法正确，但证券经纪商并不承担交易中的价格风险。证券经纪商向客户提供服务以收取佣金作为报酬。证券经纪商不承担交易中的价格风险，故 B 项说法不正确。因此，本题的正确答案为 B。

14.【答案】A

【解析】经纪关系的建立只是确立了客户与证券经纪商之间的代理关系，故 A 项正确，而并没有形成实质上的委托关系。因此，本题的正确答案为 A。

15.【答案】D

【解析】净价交易是指买卖债券时，以不含有应计利息的价格申报并成交的交易。故 D 项符合题意。在净价交易的情况下，成交价格与债券的应计利息是分解的，价格随行就市，应计利息则根据票面利率按天计算。因此，本题的正确答案为 D。

16.【答案】A

【解析】从 2002 年 3 月 25 日开始，国债交易率先采用净价交易。实行净价交易后，采用净价申报和净价撮合成交，报价系统和行情发布系统同时显示净价价格和应计利息额。根据净价的基本原理，应计利息额的计算公式应为：应计利息额＝债券面值 × 票面利率 ÷365（天）× 已计息天数，故 A 项符合题意。因此，本题的正确答案为 A。

17.【答案】B

【解析】竞价申报时还涉及证券价格的有效申报范围。根据现行制度规定，无论买入或卖出，股票（含 A、B 股）、基金类证券在 1 个交易日内的交易价格相对上一交易日收市价格的涨跌幅度不得超过 10%，其中 ST 股票和 *ST 股票价格涨跌幅度不得超过 5%。涨跌幅价格的计算公式为（计算结果四舍五入至价格最小变动单位）：涨跌幅价格：前收盘价 × (1± 涨跌幅比例)。所以 A、C、D 项不符合题意。因此，本题的正确答案为 B。

18.【答案】A

【解析】从 2002 年 3 月 25 日开始，国债交易率先采用净价交易。实行净价交易后，采用净价申报和净价撮合成交，报价系统和行情发布系统同时显示净价价格和应计利息额。根据净价的基本原理，应计利息额的计算公式应为：应计利息额＝债券面值 × 票面利率÷365（天）×已计息天数＝100×5%÷365×136=1.86（元），所以B、C、D项不符合题意，因此，本题的正确答案为A。

19．【答案】A

【解析】证券公司将客户的资金账户、证券账户提供给他人使用的，依照《证券法》第二百零八条的规定处罚，即"责令改正，没收违法所得，并处以违法所得一倍以上五倍以下的罚款；没有违法所得或者违法所得不足三万元的，处以三万元以上三十万元以下的罚款，故A项符合题意，对直接负责的主管人员和其他直接责任人员给予警告，并处以三万元以上十万元以下的罚款"。因此，本题的正确答案为A。

20．【答案】C

【解析】证券公司诱使客户进行不必要的证券交易，或者从事证券资产管理业务时，使用客户资产进行不必要的证券交易的，依照《证券法》第二百一十条的规定处罚，即"责令改正，处以一万元以上十万元以下的罚款，故C项符合题意，给客户造成损失的，依法承担赔偿责任"。因此，本题的正确答案为C。

21．【答案】B

【解析】2006年5月19日，深圳证券交易所和中国结算公司共同发布《资金申购上网定价公开发行股票实施办法》；2006年5月20日，上海证券交易所和中国结算公司共同发布《沪市股票上网发行资金申购实施办法》。2009年6月，深圳证券交易所、上海证券交易所和中国结算公司对这两个文件又作了进一步修订。从这两个文件规定的内容看，主要是采用了新股发行现金申购制度，所以A、C、D项不符合题意，因此，本题的正确答案为B。

22．【答案】D

【解析】在我国，新股网上竞价发行是指主承销商利用证券交易所的交易系统，以自己作为唯一的卖方，按照发行人确定的底价将公开发行股票的数量输入其在证券交易所的股票发行专户；投资者则作为买方，在指定时间通过证券交易所会员交易柜台，以不低于发行底价的价格及限购数量，进行竞价认购的一种发行方式，所以A、B、C项不符合题意，因此，本题的正确答案为D。

23．【答案】B

【解析】自2005年1月1日起，我国开始实行首次公开发行股票的询价制度，故B项符合题意，根据相关制度规定，首次公开发行股票的公司及其保荐机构应通过向询价对象（指符合中国证监会规定条件的机构投资者）询价的方式确定股票发行价格。因此，本题的正确答案为B。

24．【答案】D

【解析】发行人和主承销商应在网上发行申购日一个交易日之前刊登网上发行公告，故D项符合题意，可以将网上发行公告与网下发行公告合并刊登。因此，本题的正确答案为 D。

25．【答案】C

【解析】网下发行结束后，发行人向中国结算公司提交相关材料申请办理股权登记，中国结算公司在其材料齐备的前提下 2 个交易日内完成登记。故 C 项符合题意。网上与网下股份登记完成后，中国结算公司将新股股东名册交予发行人。因此，本题的正确答案为 C。

26．【答案】A

【解析】上市公司召开股东大会并向股东提供网络投票方式的，股东大会股权登记日登记在册的所有股东，均有权通过股东大会网络投票方式行使表决权，但同一股份只能选择一种表决方式。因此，本题的正确答案为 A。

27．【答案】D

【解析】中国证监会对香港子公司的境内证券投资业务资格进行审核，自收到完整的申请文件之日起 60 日内作出批准或者不予批准的决定。决定批准的，作出书面批复并颁发证券投资业务许可证；决定不批准的，书面通知申请人。因此，本题的正确答案为 D。

28．【答案】B

【解析】权证持有人行权的，应委托证券公司（证券交易所的会员）通过证券交易所交易系统申报。上海证券交易所规定，权证行权的申报数量为 100 份的整数倍，故 B 项符合题意，深圳证券交易所规定，权证行权以份为单位进行申报。因此，本题的正确答案为 B。

29．【答案】B

【解析】投资者通过场内申购、赎回应使用深圳证券账户，通过场外申购、赎回应使用深圳开放式基金账户。上市开放式基金采取"金额申购、份额赎回"原则，即申购以金额申报，赎回以份额申报。场内申购申报单位为 1 元人民币，赎回申报单位为 1 份基金份额。基金管理人可按申购金额分段设置申购费率，场内赎回为固定赎回费率，不可按份额持有时间分段设置赎回费率，故 B 项符合题意，申购、赎回费率由基金管理人在基金招募说明书中约定。因此，本题的正确答案为 B。

30．【答案】A

【解析】权证行权采用证券给付方式结算的，认购权证的持有人行权时，应支付以行权价格及标的证券数量计算的价款，并获得标的证券；认沽权证的持有人行权时，应交付标的证券，并获得以行权价格及标的证券数量计算的价款。采用证券给付结算方式行权且权证在行权期满时为价内权证的，代为办理权证行权的证券经纪商应在权证期满前的 5 个交易日提醒未行权的权证持有人权证即将期满，或按事先约定代为行权，所以 B、C、D 项不符合题意。也就是说，投资者可选择自行申报行权，或于权证到期前委托证券经纪商代为办理行权。因此，本题的正确答案为 A。

31．【答案】A

【解析】上市公司出现以下情形之一的，证券交易所对其股票交易实行退市风险警示：(1) 最近2年连续亏损（以最近2年年度报告披露的当年经审计净利润为依据）；(2) 因财务会计报告存在重大会计差错或虚假记载，公司主动改正或被中国证监会责令改正，对以前年度财务会计报告进行追溯调整，导致最近2年连续亏损；(3) 因财务会计报告存在重大会计差错或虚假记载，被中国证监会责令改正，在规定期限内未改正，且公司股票已停牌2个月；(4) 在法定期限内未披露年度报告或者半年度报告，公司股票已停牌2个月；(5) 处于股票恢复上市交易日至其恢复上市后首个年度报告披露日期间；(6) 在收购人披露上市公司要约收购情况报告至维持被收购公司上市地位的具体方案实施完毕之前，因要约收购导致被收购公司的股权分布不符合《公司法》规定的上市条件，且收购人持股比例未超过被收购公司总股本90%，故A项符合题意；(7) 法院受理公司破产案件，可能依法宣告公司破产；(8) 证券交易所认定的其他存在退市风险的情形。因此，本题的正确答案为A。

32．【答案】A

【解析】中小企业板上市公司出现下列情形之一的，深圳证券交易所对其股票交易实行退市风险警示：(1) 最近一个会计年度的审计结果显示其股东权益为负值；(2) 最近一个会计年度被注册会计师出具否定意见的审计报告，或者被出具了无法表示意见的审计报告而且深圳证券交易所认为情形严重的；(3) 最近一个会计年度的审计结果显示公司对外担保余额（合并报表范围内的公司除外）超过1亿元且占净资产值的100%以上（主营业务为担保的公司除外）；(4) 最近一个会计年度的审计结果显示公司违法违规为其控股股东及其他关联方提供的资金余额超过2000万元或者占净资产值的50%以上；(5) 公司受到深圳证券交易所公开谴责后，在24个月内再次受到深圳证券交易所公开谴责，故A项符合题意；(6) 连续20个交易日，公司股票每日收盘价均低于每股面值；(7) 连续120个交易日内，公司股票通过深圳证券交易所交易系统实现的累计成交量低于300万股。因此，本题的正确答案为A。

33．【答案】D

【解析】根据我国现行的交易规则，证券交易所证券交易的开盘价为当日该证券的第一笔成交价。证券的开盘价通过集合竞价方式产生。不能产生开盘价的，以连续竞价方式产生。按集合竞价产生开盘价后，未成交的买卖申报仍然有效，并按原申报顺序自动进入连续竞价。在收盘价的确定方面，上海证券交易所和深圳证券交易所有所不同。上海证券交易所证券交易的收盘价为当日该证券最后一笔交易前1分钟所有交易的成交量加权平均价（含最后一笔交易）（故D项符合题意）。当日无成交的，以前收盘价为当日收盘价。因此，本题的正确答案为D。

34．【答案】A

【解析】上海证券交易所规定，开盘集合竞价期间，即时行情内容包括：证券代码、证券简称、前收盘价格、虚拟开盘参考价格、虚拟匹配量和虚拟未匹配量。其中，虚拟开盘参考价格指特定时点的所有有效申报按照集合竞价规则虚拟成交并予以即时揭示的价格，虚拟匹配量指特定时点按照虚拟开盘参考价格虚拟成交并予以即时揭示的申报数量（故A项符合题意），虚拟未匹配量指特定时点不能按照虚拟开盘参考价格虚拟成交并予以即时揭示的买方或卖方剩余申报数量。因此，本题的正确答案为A。

35．【答案】B

【解析】柜台自营买卖，是指证券公司在其营业柜台以自己的名义与客户之间进行的证券自营买卖（故B项符合题意）。这种自营买卖比较分散，交易品种较单一，一般仅为非上市的债券，通常交易量较小，交易手续简单、清晰，费时也少。因此，本题的正确答案为B。

36．【答案】D

【解析】《证券法》明确列示操纵证券市场的手段包括：(1) 单独或者通过合谋，集中资金优势、持股优势或者利用信息优势联合或者连续买卖，操纵证券交易价格或者证券交易量；(2) 与他人串通，以事先约定的时间、价格和方式相互进行证券交易，影响证券交易价格或者证券交易量；(3) 在自己实际控制的账户之间进行证券交易，影响证券交易价格或者证券交易量（故D项符合题意）；(4) 以其他手段操纵证券市场。因此，本题的正确答案为D。

37．【答案】D

【解析】证券公司办理资产管理业务的一般规定：证券公司将其所管理的客户资产投资于一家公司发行的证券，不得超过该证券发行总量的10%（故D项符合题意）。一个集合资产管理计划投资于一家公司发行的证券不得超过该计划资产净值的10%。因此，本题的正确答案为D。

38．【答案】D

【解析】证券公司应当自专用证券账户开立之日起3个交易日内（故D项符合题意），将专用证券账户报证券交易所备案。未报备前，不得使用该账户进行交易。因此，本题的正确答案为D。

39．【答案】A

【解析】集合资产管理计划存续期届满展期、解散或终止的，应在中国证监会批复同意后5个工作日内通过会籍办理系统向上海证券交易所报备，所以B、C、D项不符合题意。因此，本题的正确答案为A。

40．【答案】D

【解析】在集合资产管理计划中，客户主要承担如下义务：(1) 按合同约定承担投资风险；(2) 保证委托资产来源及用途的合法性（故D项符合题意）；(3) 不得非法汇集他人资金参与集合资产管理计划；(4) 不得转让有关集合资产管理合同或所持集合资产管理计划的份额；(5) 按照合同的约定支付管理费、托管费及其他费用。因此，本题的正确答案为 D。

41.【答案】A

【解析】证券公司开展定向资产管理业务，应当于每季度结束之日起 5 日内（故 A 项符合题意），将签订定向资产管理合同报注册地中国证监会派出机构备案。因此，本题的正确答案为 A。

42.【答案】D

【解析】《证券公司监督管理条例》的有关规定：证券公司从事证券资产管理业务时，使用客户资产进行不必要的证券交易的，依照《证券法》第二百一十条的规定处罚，即责令改正，处以 1 万元以上 10 万元以下的罚款（所以 A、B、C 项不符合题意）。给客户造成损失的，依法承担赔偿责任。因此，本题的正确答案为 D。

43.【答案】A

【解析】《证券公司监督管理条例》的有关规定：证券公司未经批准，用多个客户的资产进行集合投资，或者将客户资产专项投资于特定目标产品的，依照《证券法》第二百一十九条的规定处罚，即责令改正，没收违法所得，并处以违法所得 1 倍以上 5 倍以下的罚款；没有违法所得或者违法所得不足 30 万元的，处以 30 万元以上 60 万元以下罚款。对直接负责的主管人员和其他直接责任人员给予警告，撤销任职资格或者证券从业资格，并处以 3 万元以上 10 万元以下的罚款。所以，B、C、D 项不符合题意。因此，本题的正确答案为 A。

44.【答案】A

【解析】融资融券交易的一般规则：(1) 证券公司接受客户融资融券交易委托，应当按照交易所规定的格式申报。申报指令应包括客户的信用证券账户号码、席位代码、标的证券代码、买卖方向、价格、数量、融资融券标识等内容；(2) 融资买入、融券卖出的申报数量应当为 100 股（份）或其整数倍；(3) 融券卖出的申报价格不得低于该证券的最新成交价(故 A 项符合题意)；当天没有产生成交的，申报价格不得低于其前收盘价。低于上述价格的申报为无效申报。因此，本题的正确答案为 A。

45.【答案】B

【解析】上海证券交易所于 1993 年 12 月、深圳证券交易所于 1994 年 10 月分别开办了以国债为主要品种的质押式回购交易（故 B 项符合题意），其目的主要是发展我国的国债市场，活跃国债交易，发挥国债这一金边债券的信用功能，为社会提供一种新的融资方式。因此，本题的正确答案为 B。

46.【答案】B

【解析】深圳证券交易所规定，债券回购交易的申报单位为张，100 元标准券为 1 张；

121

最小报价变动为 0.01 元或其整数倍；申报数量为 10 张及其整数倍，单笔申报最大数量应当不超过 10 万张，所以 A、C、D 项不符合题意。因此，本题的正确答案为 B。

47.【答案】A

【解析】参与者的自主报价分为两类：公开报价和对话报价。公开报价是指参与者为表明自身交易意向而面向市场做出的、不可直接确认成交的报价（所以 C 项不符合题意）。对话报价是指参与者为达成交易而直接向交易对手方做出的、对手方确认即可成交的报价（故 A 项符合）。因此，本题的正确答案为 A。

48.【答案】A

【解析】格式化询价是指参与者必须按照交易系统规定的格式内容填报自己的交易意向，故 A 项符合题意。未按规定做的报价为无效报价。因此，本题的正确答案为 A。

49.【答案】C

【解析】债券交易成交确认后，成交双方需根据交易系统的成交回报各自打印成交通知单。债券回购成交通知单与参与者签署的债券回购主协议是确认债券回购交易确立的合同文件（故 C 项符合题意）。若参与者对成交通知单的内容有疑问或歧义，则以交易系统的成交记录为准。因此，本题的正确答案为 C。

50.【答案】A

【解析】《全国银行间债券市场交易管理办法》第三十四条规定，债券回购业务参与者有下列行为之一的，由中国人民银行给予警告，并可处 3 万元人民币以下的罚款（故 A 项符合题意），可暂停或取消其债券交易业务资格；对直接负责的主管人员和直接责任人员，由其主管部门给予纪律处分。因此，本题的正确答案为 A。

51.【答案】D

【解析】全国银行间债券市场债券回购业务是指以商业银行等金融机构为主的机构投资者之间以询价方式进行的债券交易行为，所以 A、B、C 项不符合题意。因此，本题的正确答案为 D。

52.【答案】D

【解析】回购成交合同是回购双方就回购交易所达成的协议。回购成交合同应采用书面形式，具体包括全国银行间同业拆借中心交易系统生成的成交单、电报、电传、传真、合同书和信件等。回购成交合同的内容由回购双方约定，一般包括成交日期、交易员姓名、融资方名称、融券方名称、债券种类（券种代码与简称）、回购期限、回购利率、债券面值总额、首次资金清算额、到期资金清算额、首次交割日、到期交割日、债券托管账户和人民币资金账户、交割方式、业务公章、法定代表人（或授权人）签字等。以交易系统生成的成交单、电报和电传作为回购成交合同，业务公章和法定代表人（或授权人）签字可不作为必备条款。回购双方需在中央结算公司办理债券的质押登记（故 D 项符合题意）。质押登记是指中央结算公司按照回购双方通过中央债券簿记系统发送并相匹配的回购结算指令，在融资方债券托管账户将回购成交合同指定的债券进行冻结的行为。以债券为质押进行回购交易，应办理质押登记。回购合同在办理质押登记后生效。合同一经成立，交易双方应全面履行合同规定的义务，不得擅自变更或解除合同。因此，本题的正确答案为D。

53．【答案】A

【解析】所谓债券买断式回购交易（亦称"开放式回购"，简称"买断式回购"）（故A项符合题意），是指债券持有人（正回购方）将一笔债券卖给债券购买方（逆回购方）的同时，交易双方约定在未来某一日期，再由卖方（正回购方）以约定价格从买方（逆回购方）购回相等数量同种债券的交易行为。因此，本题的正确答案为A。

54．【答案】B

【解析】同业中心负责买断式回购交易的日常监测工作（故B项符合题意），中央结算公司负责买断式回购结算的日常监测工作。发现异常交易、结算情况应及时向中国人民银行报告。同业中心和中央结算公司负责依据中国人民银行有关买断式回购的规定制定相应的买断式回购业务的交易、结算规则。中国人民银行各分支机构负责对辖区内市场参与者的买断式回购进行日常监督。因此，本题的正确答案为B。

55．【答案】A

【解析】上海证券交易所也规定每一机构投资者持有的单一券种买断式回购未到期数量累计不得超过该券种发行量的20%（故A项符合题意）；累计达到20%的投资者，在相应仓位减少前不得继续进行该券种的买断式回购业务。这一规定同样有助于防范正回购方届时被迫高价买券或违约的风险，有利于维护债券市场的正常秩序。因此，本题的正确答案为A。

56．【答案】B

【解析】从时间发生及运用的次序来看，清算是交收的基础和保证（故B项符合题意），交收是清算的后续与完成。清算结果正确才能确保交收顺利进行；而只有通过交收，才能最终完成证券或资金收付，结束整个交易过程。因此，本题的正确答案为B。

57．【答案】D

【解析】结算参与人同时应在中国结算公司预留指定收款账户，用于接收其从资金交收账户汇划的资金。指定收款账户应当是在中国证监会备案的客户交易结算资金专用存款账户和自有资金专用存款账户，所以A、B、C项不符合题意，且账户名称与结算参与人名称应当一致。因此，本题的正确答案为D。

58．【答案】A

【解析】结算备付金指资金交收账户中存放的用于资金交收的资金，因此资金交收账户也称为结算备付金账户。中国结算公司按照中国人民银行规定的金融同业活期存款利率向结算参与人计付结算备付金利息。结算备付金利息每季度结息一次，结息日为每季度第三个月的20日（故A项符合题意），应计利息记入结算参与人资金交收账户并滚入本金。遇中国人民银行调整存款利率的，中国结算公司统一按结息日的利率计算利息，不分段计算。因此，本题的正确答案为A。

59．【答案】B

【解析】最低结算备付金可用于应急交收，但如日终余额扣减冻结资金后低于其最低结算备付金限额时，结算参与人应于次一营业日补足（故B项符合题意）。在保证当日资金收支的前提下，资金交收账户余额扣减冻结资金后，如超过最低结算备付金限额，结算参与人可以申请将超出部分资金划入其指定收款账户。因此，本题的正确答案为B。

60．【答案】A

【解析】标准券折算率是指一单位债券可折成的标准券金额与其面值的比率，所以B、C、D项不符合题意。因此，本题的正确答案为A。

二、多项选择题

1．【答案】ABC

【解析】全国银行间市场对买断式回购采取的风险控制措施有：（1）保证金或保证券制度。买断式交易双方都面临承担对手方不履约的风险。如正回购方（融资方）到期不返还款项，则逆回购方需要变卖此前从正回购方收到的债券，但变卖款可能不足额；如逆回购方到期不还债券，则正回购方需动用款项补购债券，但款项金额可能不足。对于此类违约风险，全国银行间市场规定交易双方可以协商设定保证金或保证券。设定保证券时，回购期间保证券应在交易双方中的提供方托管账户冻结。保证金或保证券在一定程度上可以弥补交易对手违约所带来的损失。（2）仓位限制。全国银行间市场规定进行买断式回购，任何一家市场参与者单只券种的待返售债券余额应小于该只债券流通量的20%，任何一家市场参与者待返售债券总余额应小于其在中央结算公司托管的自营债券总额的200%。同业中心和中央结算公司每日向市场披露上一交易日单只券种买断式回购待返售债券总余额占该券种流通量的比例等买断式回购业务信息。这些规定有利于防范承担返售债券义务的正回购方被迫高价买券或违约的风险，有利于维护债券市场的正常秩序。因此，本题的正确答案为ABC。

2．【答案】ABC

【解析】在证券经纪业务中，客户是委托人，证券经纪商是受托人。证券经纪商要严格按照委托人的要求办理委托事务，这是证券经纪商对委托人的首要义务。委托人的指令具有权威性（故A项说法正确），证券经纪商必须严格地按照委托人指定的证券、数量、价格和有效时间买卖证券，不能自作主张，擅自改变委托人的意愿。如果证券经纪商无故违反委托人的指示，在处理委托事务时使委托人遭受损失，证券经纪商应承担赔偿责任（故C项说法正确）。在证券经纪业务中，委托人的资料关系到其资产安全和投资决策的实施，证券经纪商有义务为客户保密，但法律另有约定的除外（故 B 项说法正确）。如因证券经纪商泄露客户资料而造成客户损失，证券经纪商应承担赔偿责任（故 D 项说法不正确）。因此，本题的正确答案为 ABC。

3.【答案】ABCD

【解析】客户作为委托合同的委托人，在享受权利时也必须承担下列相应的义务：(1) 认真阅读证券经纪商提供的《风险揭示书》和《证券交易委托代理协议》，了解从事证券投资存在的风险，按要求签署有关协议和文件，并严格遵守协议约定；(2) 按要求如实提供有关证件，填写开户书，并接受证券经纪商的审核。如果开户登记的事项发生变化，委托人应立即通知受托的证券经纪商予以更正；(3) 了解交易风险，明确买卖方式（B 项符合题意），在提出买卖委托之前，委托人应对自己准备买入或卖出的证券价格变化情况有较充分的了解，正确选择委托买卖价格、委托方式和委托期限等；(4) 按规定缴存交易结算资金（C 项符合题意）；如果发生违规的委托人账户透支情况，委托人不仅有责任立即补足交易资金，而且必须接受罚款的处罚；(5) 采用正确的委托手段（D 项符合题意）；委托人采用柜台委托时，应当如实填写委托单；采用自助委托时，应当按证券交易所及证券经纪商规定的程序操作；(6) 接受交易结果。委托指令一旦发出，在有效期限内，不管市场行情有何变化，只要受托人是按委托内容代理买卖的，委托人必须接受交易结果，不得反悔。委托人变更或撤销委托，应尽快传达受托人。受托人接到通知后，变更委托的，按变更后的委托内容代理买卖；撤销委托的，应停止执行原委托。但是，如果在有效期限内，受托人已经按原委托指令的内容买卖成交了，委托人就必须承认交易结果，办理交割清算；(7) 履行交割清算义务（A 项符合题意）；委托人在受托人按其委托要求成交后，必须如期履行交割手续，否则即为违约。因此，本题的正确答案为 ABCD。

4.【答案】ABD

【解析】限价委托是指客户要求证券经纪商在执行委托指令时，必须按限定的价格或比限定价格更有利的价格买卖证券，即必须以限价或低于限价买进证券（D 项符合题意），以限价或高于限价卖出证券，A、B 项符合题意。因此，本题的正确答案为 ABD。

5.【答案】ABCD

【解析】在申报价格最小变动单位方面，《上海证券交易所交易规则》规定：A 股、债券交易和债券买断式回购交易的申报价格最小变动单位为 0.01 元人民币（故 A 项说法正确），基金、权证交易为 0.001 元人民币（故 B 项说法正确），B 股交易为 0.001 美元(故 C 项说法正确)，债券质押式回购交易为 0.005 元人民币(故 D 项说法正确)。因此，本题的正确答案为 ABCD。

6.【答案】BCD

【解析】深圳证券交易所无涨跌幅限制证券的交易按下列方法确定有效竞价范围：(1)

股票上市首日开盘集合竞价的有效竞价范围为发行价的900%以内，连续竞价、收盘集合竞价的有效竞价范围为最近成交价的上下10%（故D项说法正确）；(2)债券上市首日开盘集合竞价的有效竞价范围为发行价的上下30%，连续竞价、收盘集合竞价的有效竞价范围为最近成交价的上下10%（故B项说法正确）；非上市首日开盘集合竞价的有效竞价范围为前收盘价的上下10%，连续竞价、收盘集合竞价的有效竞价范围为最近成交价的上下10%（故C项说法正确）；(3)债券质押式回购非上市首日开盘集合竞价的有效竞价范围为前收盘价的上下100%，连续竞价、收盘集合竞价的有效竞价范围为最近成交价的上下100%（故A项说法不正确）。因此，本题的正确答案为BCD。

7.【答案】ABCD

【解析】连续竞价是指对买卖申报逐笔连续撮合的竞价方式。连续竞价阶段的特点是，每一笔买卖委托输入电脑自动撮合系统后，当即判断并进行不同的处理：能成交者予以成交；不能成交者等待机会成交（故A项说法正确）；部分成交者则让剩余部分继续等待。按照我国证券交易所的有关规定，在无撤单的情况下，委托当日有效（故B项说法正确）。另外，开盘集合竞价期间未成交的买卖申报，自动进入连续竞价（所以C项说法正确）。深圳证券交易所还规定，连续竞价期间未成交的买卖申报，自动进入收盘集合竞价（故D项说法正确）。因此，本题的正确答案为ABCD。

8.【答案】BC

【解析】违反《证券公司监督管理条例》的规定，有下列情形之一的，责令改正，给予警告，没收违法所得，并处以违法所得1倍以上5倍以下的罚款；没有违法所得或者违法所得不足10万元的，处以10万元以上60万元以下的罚款；情节严重的，撤销相关业务许可。对直接负责的主管人员和其他直接责任人员给予警告，撤销任职资格或者证券从业资格，并处以3万元以上30万元以下的罚款：(1)任何单位和个人强令、指使、协助、接受证券公司以证券经纪客户的资产提供融资或者担保；(2)证券公司、资产托管机构、证券登记结算机构违反规定动用客户的交易结算资金和证券（故B项符合题意）；(3)资产托管机构、证券登记结算机构对违反规定动用客户的资金和证券的申请、指令予以同意、执行（故C项符合题意）；(4)资产托管机构、证券登记结算机构发现客户资金和证券被违法动用而未向国务院证券监督管理机构报告。因此，本题的正确答案为BC。

9.【答案】ABCD

【解析】投资者如需将登记在证券登记系统中的基金份额转托管到TA系统（基金份额由证券营业部转托管到代销机构、基金管理人）（故A、B项说法正确），或将登记在TA系统中的基金份额转托管到证券登记结算系统（基金份额由代销机构、基金管理人转托管到证券营业部）（故C、D项说法正确），应办理跨系统转托管手续。上市开放式基金份额跨系统转托管只限于在深圳证券账户和以其为基础注册的深圳开放式基金账户之间进行。因此，本题的正确答案为 ABCD。

10.【答案】ABD

【解析】上海证券交易所在每个交易日的撮合交易时间内，接受基金份额申购、赎回的申报。上海证券交易所在申购、赎回时间，在行情发布系统中的"最新价"栏目揭示前一交易日每百份基金份额净值。基金管理人可以依据有关法律、法规、行政规章的规定，提前1个工作日，以书面形式向上海证券交易所申请暂停基金份额的申购或赎回。暂停期结束后，可以向交易所重新申请开放基金份额申购或赎回。申购、赎回时采用"金额申购、份额赎回"原则（故 A 项说法正确），即以申购金额填报数量申请，以赎回份额填报数量申请。"申购"对应"买入"，"赎回"对应"卖出"（故 B 项说法正确）。申购、赎回的成交价格按当日基金份额净值确定（故 D 项说法正确）。因此，本题的正确答案为 ABD。

11.【答案】ACD

【解析】股份报价转让与原有代办股份转让系统的股份转让和证券交易所市场的股票交易有所不同：（1）挂牌公司属性不同（故 A 项说法正确）。在代办股份转让系统的挂牌公司是原 STAQ、NKT 系统挂牌公司和退市公司，属于公开发行股份未上市的公司。交易所市场的上市公司，是经证券监督管理部门核准公开发行股份，并经交易所审核同意上市的公司。试点报价转让股份的挂牌公司则是中关村科技园区未公开发行股份的非上市股份有限公司。（2）转让方式不同。代办股份转让系统采用每个转让日集合竞价转让一次的转让方式，交易所市场采用连续竞价的交易方式，两种转让方式都属于集中交易方式。股份报价转让是投资者委托证券公司报价，依据报价寻找买卖对手方，达成转让协议后，再委托证券公司进行股份的成交确认和过户。股份报价转让不提供集中撮合成交服务。（3）信息披露标准不同（故 C 项说法正确）。交易所市场的上市公司信息披露遵循《证券法》和上市规则的规定，代办股份转让系统挂牌公司的信息披露基本参照上市公司的标准。股份报价转让的公司并非是上市公司，其信息披露标准要低于上市公司的标准。（4）结算方式不同（故 D 项说法正确）。代办股份转让系统和交易所市场的结算方式和资金存管方式相同，采用多边净额结算，通过证券登记结算机构和代理证券公司完成股份和资金的交收。股份报价转让采用逐笔全额非担保交收的结算方式。投资者达成转让意向的，买方须保证资金账户中存有足额的资金，卖方须保证股份账户中有足额的可转让股份，方可委托证券公司办理成交确认申请。因此，本题的正确答案为 ACD。

12.【答案】ABCD

【解析】转让撮合时，以集合竞价确定转让价格，其确定原则依次是：（1）在有效竞价范围内能实现最大成交量的价位；（2）如果有两个以上价位满足前项条件，则选取符合下列条件之一的价位：①高于该价位的买入申报与低于该价位的卖出申报全部成交（故

A、B项说法正确）；②与该价位相同的买方或卖方的申报全部成交(故C、D项说法正确)；(3) 如果有两个以上的价位满足前项条件，则选取离上一个转让日成交价最近的价位作为转让价。因此，本题的正确答案为ABCD。

13.【答案】ABCD

【解析】建立客户选择与授信制度，明确规定客户选择与授信的程序和权限：(1)制定融资融券业务客户选择标准和开户审查制度（故A项说法正确），明确客户从事融资融券交易应当具备的条件和开户申请材料的审查要点与程序；(2)建立客户信用评估制度（故B项说法正确），根据客户身份、财产与收入状况、证券投资经验、风险偏好等因素将客户划分为不同类别和层次，确定每一类别和层次客户获得授信的额度、利率或费率；(3)明确客户征信的内容、程序和方式（故C项说法正确），验证客户资料的真实性、准确性，了解客户的资信状况，评估客户的风险承担能力和违约的可能性；(4)记录和分析客户持仓品种及其交易情况（故D项说法正确），根据客户的操作情况与资信变化等因素，适时调整其授信等级和额度。因此，本题的正确答案为ABCD。

14.【答案】ABCD

【解析】融资融券业务的监管包括：(1)交易所的监管；(2)登记结算机构的监管（故A项说法正确）；(3)客户信用资金指定商业银行的监管（故B项说法正确）；(4)客户查询（故C项说法正确）；(5)信息公告（故D项说法正确）；(6)监管机构的监管。因此，本题的正确答案为ABCD。

15.【答案】ABCD

【解析】回购成交合同是回购双方就回购交易所达成的协议。回购成交合同应采用书面形式，具体包括全国银行间同业拆借中心交易系统生成的成交单、电报、电传、传真、合同书和信件等。回购成交合同的内容由回购双方约定，一般包括成交日期、交易员姓名、融资方名称（故A项说法正确）、融券方名称、债券种类（券种代码与简称）（故B项符合题意）、回购期限（故C项符合题意）、回购利率、债券面值总额、首次资金清算额、到期资金清算额、首次交割日、到期交割日、债券托管账户和人民币资金账户、交割方式(所以D项符合题意)、业务公章、法定代表人（或授权人）签字等。以交易系统生成的成交单、电报和电传作为回购成交合同，业务公章和法定代表人（或授权人）签字可不作为必备条款。因此，本题的正确答案为ABCD。

16.【答案】AC

【解析】两者最根本的区别在于：清算是对应收、应付证券及价款的计算（故A项说法正确），其结果是确定应收、应付数量或金额，并不发生财产实际转移（故B项说法不正确）；交收则是根据清算结果办理证券和价款的收付（故C项说法正确），发生财产实际转移（虽然有时不是实物）（故D项说法正确）。因此，本题的正确答案为AC。

17.【答案】ACD

【解析】货银对付（DVP）又称款券两讫或钱货两清（故 A 项说法正确）。货银对付是指证券登记结算机构与结算参与人在交收过程中，当且仅当资金交付时给付证券，证券交付时给付资金（故 D 项说法正确）。通俗地说，就是"一手交钱，一手交货"。根据货银对付原则，一旦结算参与人未能履行对证券登记结算机构的资金交收义务，证券登记结算机构就可以暂不向其交付其买入的证券，反之亦然。货银对付通过实现资金和证券的同时划转，可以有效规避结算参与人交收违约带来的风险（故 C 项说法正确），大大提高证券交易的安全性。目前，货银对付已经成为各国（地区）证券市场普遍遵循的原则。我国证券市场目前已经在权证、ETF 等一些创新品种实行了货银对付制度，但 A 股、基金、债券等老品种的货银对付制度还在推行当中。2005 年修订的《证券法》以及 2006 年证监会发布的《证券登记结算管理办法》已经要求在实行净额结算的品种中贯彻货银对付的原则。因此，本题的正确答案为 ACD。

18．【答案】ABCD

【解析】结算账户的开立根据中国结算公司《结算备付金管理办法》，结算参与人申请开立资金交收账户时，应当提交结算参与人资格证书（故 C 项符合题意）、法定代表人授权委托书（故 B 项符合题意）、开立资金交收账户申请表（故 A 项符合题意）、资金交收账户印鉴卡（故 D 项符合题意）、指定收款账户授权书等材料。结算参与人同时应在中国结算公司预留指定收款账户，用于接收其从资金交收账户汇划的资金。指定收款账户应当是在中国证监会备案的客户交易结算资金专用存款账户和自有资金专用存款账户，且账户名称与结算参与人名称应当一致。因此，本题的正确答案为 ABCD。

19．【答案】ABCD

【解析】中央结算公司应定期向中国人民银行报告债券托管和结算有关情况，及时为参与者提供债券托管（故 A 项符合题意）、债券结算（故 B 项符合题意）、本息兑付和账务查询等服务（故 C、D 项符合题意），应建立严格的内部稽核制度，对债券账务数据的真实性、准确性和完整性负责，并为账户所有人保密。因此，本题的正确答案为 ABCD。

20．【答案】ABCD

【解析】证券结算风险是证券登记结算机构在组织结算过程中所面临的风险，根据成因，大致可以将证券结算风险分为以下几类：信用风险（故 A 项符合题意）；流动性风险（故 B 项符合题意）；操作风险（故 C 项符合题意）；法律风险（故 D 项符合题意）；结算银行风险。因此，本题的正确答案为 ABCD。

21．【答案】ACD

【解析】证券交易是指已发行的证券在证券市场上买卖的活动。证券交易与证券发行有着密切的联系，两者相互促进、相互制约（故 A 项说法正确）。一方面，证券发行为证券交易提供了对象（故 C 项说法正确），决定了证券交易的规模，是证券交易的前提（故 B 项说法不正确）；另一方面，证券交易使证券的流动性特征显示出来，从而有利于证券发行的顺利进行（故D项说法正确）。因此，本题的正确答案为ACD。

22．【答案】AD

【解析】《证券法》规定，设立证券公司应当具备下列条件：(1) 有符合法律、行政法规规定的公司章程（故A项符合题意）；(2) 主要股东具有持续盈利能力，信誉良好，最近3年无重大违法违规记录，净资产不低于人民币2亿元（故B项说法不正确）；(3) 有符合本法规定的注册资本；(4) 董事、监事、高级管理人员具备任职资格，从业人员具有证券业从业资格（故C项说法不正确）；(5) 有完善的风险管理与内部控制制度（故D项说法正确）；(6) 有合格的经营场所和业务设施；(7) 法律、行政法规规定的和经国务院批准的国务院证券监督管理机构规定的其他条件。因此，本题的正确答案为AD。

23．【答案】ABCD

【解析】在订单匹配原则方面，根据各国（地区）证券市场的实践，优先原则主要有：价格优先原则（故A项符合题意）、时间优先原则（故B项符合题意）、按比例分配原则（故C项符合题意）、数量优先原则（故D项符合题意）、客户优先原则、做市商优先原则和经纪商优先原则等。其中，各证券交易所普遍使用价格优先原则作为第一优先原则。我国采用价格优先和时间优先原则。因此，本题的正确答案为ABCD。

24．【答案】BC

【解析】按我国现行的做法，投资者入市应事先到中国结算上海分公司或中国结算深圳分公司及其代理点开立证券账户（故B、C项说法正确）。在具备了证券账户的基础上，投资者就可以与证券经纪商建立特定的经纪关系，成为该经纪商的客户。因此，本题的正确答案为BC。

25．【答案】BCD

【解析】按照证券类别和发行情况，可以对证券初始登记进一步划分为股份初始登记（故B项符合题意）、基金募集登记（C项符合题意）、债券发行登记、权证发行登记和交易型开放式指数基金发行登记（故D项符合题意）。因此，本题的正确答案为BCD。

26．【答案】AC

【解析】按照引发变更登记需求的不同，可以将证券过户登记划分为证券交易所集中交易过户登记（以下简称"集中交易过户登记"）和非集中交易过户登记（以下简称"非交易过户登记"）。因此，本题的正确答案为AC。

27．【答案】ABCD

【解析】股票上网发行资金申购程序的基本规定是：(1) 申购单位及上限；(2) 申购次数；(3) 申购配号；(4) 资金交收。因此，本题的正确答案为ABCD。

28．【答案】BCD

【解析】根据现行有关部门制度规定，A股现金红利派发日程安排如下：(1) 申请材料送交日（T－5日前）（故A项说法不正确）。证券发行人在实施权益分派公告日5个交易日前，要向中国结算上海分公司提交相关申请材料。(2) 中国结算上海分公司核准答复日（T-3 日前）(故 B 项符合题意)，中国结算上海分公司在公告日 3 个交易日前审核申报材料并做出答复；(3) 向证券交易所提交公告申请日（T-1 日前）(故 C 项符合题意)。证券发行人接到中国结算上海分公司核准答复后，应在确定的权益登记日 3 个交易日前，向证券交易所申请信息披露。(4) 公告刊登日（T 日）(故 D 项符合题意)。证券发行人在指定报刊上刊登实施权益分派的公告。(5) 权益登记日（T+3 日）。证券发行人应确保权益登记日不得与配股、增发、扩募等发行行为的权益登记日重合，并确保自向中国结算上海分公司提交申请表之日至权益登记日期间，不得因其他业务改变公司的股本数或权益数。(6) 除息日（T+4 日）。(7) 发放日（T+8 日）。证券发行人要确保在现金红利发放日前的第二个交易日 16:00 前，将发放款项汇至中国结算上海分公司指定的银行账户。中国结算上海分公司收到相应款项后，在现金红利发放日前的第一个交易日闭市后，通过资金结算系统将现金红利款项划付给指定的证券公司。投资者可在发放日领取现金红利。未办理指定交易的 A 股投资者，其持有的现金红利暂由中国结算上海分公司保管，不计息。一旦投资者办理了指定交易，中国结算上海分公司结算系统自动将尚未领取的现金红利划付给指定的证券公司。因此，本题的正确答案为 BCD。

29．【答案】AB

【解析】根据《上海证券交易所交易规则》的规定，在上海证券交易所进行的证券买卖符合以下条件的，可以采用大宗交易方式：(1) A 股单笔买卖申报数量应当不低于 50 万股，或者交易金额不低于 300 万元人民币（故 A 项符合题意）；(2) B 股单笔买卖申报数量应当不低于 50 万股，或者交易金额不低于 30 万美元（故 B 项符合题意）；(3) 基金大宗交易的单笔买卖申报数量应当不低于 300 万份，或者交易金额不低于 300 万元人民币（故 C 项说法不正确）；(4) 国债及债券回购大宗交易的单笔买卖申报数量应当不低于 1 万手，或者交易金额不低于 1000 万元人民币（故 D 项说法不正确）；(5) 其他债券单笔买卖申报数量应当不低于 1000 手，或者交易金额不低于 100 万元人民币。因此，本题的正确答案为 AB。

30．【答案】ABD

【解析】协议平台对申报价格和数量一致的成交申报和定价申报进行成交确认。用户对各交易品种申报的价格应当符合下列规定，交易方可成立：(1) 权益类证券大宗交易中，该证券有价格涨跌幅限制的，由买卖双方在其当日涨跌幅价格限制范围内确定（故 A 项符合题意）；该证券无价格涨跌幅限制的，由买卖双方在前收盘价的上下 30% 或当日已成交的最高价、最低价之间自行协商确定（故 B 项说法正确）；(2) 债券大宗交易价格，由买卖双方在前收盘价的上下 30% 或当日已成交的最高价、最低价之间自行协商确定（故 C 项说法不正确）；(3) 专项资产管理计划协议交易价格，由买卖双方自行协议确定（故 D 项说法正确）。因此，本题的正确答案为 ABD。

31．【答案】AB

【解析】上海证券交易所接受大宗交易的时间为每个交易日 9:30~11:30、13:00~15:30。但如果在交易日 15:00 前处于停牌状态的证券，则不受理其大宗交易的申报。每个交易日 15:00~15:30，交易所交易主机对买卖双方的成交申报进行成交确认。因此，本题的正确答案为 AB。

32．【答案】ABCD

【解析】对情节严重的异常交易行为，证券交易所可以视情况采取下列措施：（1）口头或书面警示（故 A 项符合题意）；（2）约见谈话（故 D 项符合题意）；（3）要求相关投资者提交书面承诺（故 C 项符合题意）；（4）限制相关证券账户交易；（5）报请中国证监会冻结相关证券账户或资金账户（故 B 项符合题意）；（6）上报中国证监会查处。因此，本题的正确答案为 ABCD。

33．【答案】BCD

【解析】柜台自营买卖，是指证券公司在其营业柜台以自己的名义与客户之间进行的证券自营买卖。这种自营买卖比较分散，交易品种较单一，一般仅为非上市的债券，通常交易量较小，交易手续简单、清晰，费时也少。因此，本题的正确答案为 BCD。

34．【答案】ABD

【解析】融资融券业务的决策与授权体系原则上按照"董事会—业务决策机构—业务执行部门—分支机构"的架构设立和运行。因此，本题的正确答案为 ABD。

35．【答案】ABC

【解析】分支机构在公司总部的集中监控下，按照公司的统一规定和决定，具体负责客户征信、签约、开户、保证金收取和交易执行等业务操作。证券公司应当加强对分支机构融资融券业务活动的控制，禁止分支机构未经总部批准向客户融资、融券，禁止分支机构自行决定签约、开户、授信、保证金收取等应当由总部决定的事项。因此，本题的正确答案为 ABC。

36．【答案】ABC

【解析】开展债券回购交易业务的主要场所为沪、深证券交易所及全国银行间同业拆借中心（所以 D 项不符合题意）。因此，本题的正确答案为 ABC。

37．【答案】ABCD

【解析】全国银行间市场买断式回购的期限由交易双方确定，故 C 项符合题意，但最长不得超过 91 天。交易双方不得以任何方式延长回购期限。买断式回购期间，交易双方不得换券、现金交割和提前赎回。全国银行间市场买断式回购以净价交易，全价结算。买断式回购的首期交易净价、到期交易净价和回购债券数量由交易双方确定（故 A、B、C 项符合题意），但到期交易净价加债券在回购期间的新增应计利息应大于首期交易净价。为防范风险，买断式回购首期结算金额与回购债券面额的比例应符合中国人民银行对回购业务的有关规定。因此，本题的正确答案为 ABCD。

38．【答案】ABD

【解析】证券公司未按照规定将证券自营账户报证券交易所备案的，责令改正，给予警告，没收违法所得，并处以违法所得 1 倍以上 5 倍以下的罚款；没有违法所得或者违法所得不足 3 万元的，处以 3 万元以上 30 万元以下的罚款。因此，本题的正确答案为 ABD。

39．【答案】BC

【解析】送股是指股份公司将其拟分配的红利转增为股本；公积金转增股本是指股份公司将公积金的一部分按每股一定比例转增为股本。对送股（公积金转增股本）的股份登记，由中国结算公司根据上市公司提供的股东大会红利分配方案决议确定的送股比例或公积金转增股本比例（故 B 项符合题意），按照股东数据库中股东的持股数（故 C 项符合题意），主动为其增加股数，从而自动完成送股（转增股）的股份登记手续。因此，本题的正确答案为 BC。

40．【答案】BC

【解析】所谓债券买断式回购交易亦称"开放式回购"，是指债券持有人（正回购方）将一笔债券卖给债券购买方（逆回购方）的同时，交易双方约定在未来某一日期，再由卖方（正回购方）以约定价格从买方（逆回购方）购回相等数量同种债券的交易行为。买断式回购可以使大量回购债券不被冻结，突破了质押式回购在流动性管理方面存在的隐患和桎梏，提高了债券的利用效率，可以满足金额市场流动性管理的需要。因此，本题的正确答案为 BC。

三、判断题

1．【答案】B

【解析】债券也是一种有价证券，是社会各类经济主体为筹集资金而向债券投资者出具的、承诺按一定利率定期支付利息并到期偿还本金的债权债务凭证。因此，本题的正确答案为 B。

2．【答案】A

【解析】从基金的基本类型看，一般可以分为封闭式与开放式两种；对于开放式基金来说，有非上市的开放式基金和上市的开放式基金之分。如果是非上市的开放式基金，投资者可以进行基金份额的申购和赎回。其中一种情是只允许通过基金管理人及其代销机构办理；另一种情况是既可以通过基金管理人及其代销机构办理，也可以通过证券交易所系统办理。因此，本题的正确答案为 A。

3．【答案】A

【解析】从基金的基本类型看，一般可以分为封闭式与开放式两种；对于开放式基金来说，有非上市的开放式基金和上市的开放式基金之分。如果是上市开放式基金除了申购和赎回外，投资者还可以在证券交易所市场上进行买卖。开放式基金份额的申购价格和赎回价格，是通过对某一时点上基金份额实际代表的价值即基金资产净值进行估值，在基金资产净值的基础上再加一定的手续费而确定的。因此，本题的正确答案为A。

4.【答案】A

【解析】金融期权交易是指以金融期权合约为对象进行的流通转让活动。金融期权合约是指合约买方向卖方支付一定费用（称为"期权费"或"期权价格"），在约定日期内（或约定日期）享有按事先确定的价格向合约卖方买卖某种金融工具的权利的契约。因此，本题的正确答案为A。

5.【答案】B

【解析】证券交易所的组织形式有会员制和公司制两种。我国上海证券交易所和深圳证券交易所都采用会员制，设会员大会、理事会和专门委员会。理事会是证券交易所的决策机构，理事会下面可以设立其他专门委员会。证券交易所设总经理，负责日常事务。总经理由国务院证券监督管理机构任免。因此，本题的正确答案为B。

6.【答案】A

【解析】在我国，根据《证券法》的规定，证券交易所是为证券集中交易提供场所和设施，组织和监督证券交易，实行自律管理的法人。证券交易所的设立和解散，由国务院决定。证券交易所作为进行证券交易的场所，其本身不持有证券，也不进行证券的买卖，当然更不能决定证券交易的价格。证券交易所应当创造公开、公平、公正的市场环境，保证证券市场的正常运行。因此，本题的正确答案为A。

7.【答案】B

【解析】对于记名证券而言，完成了清算和交收，还有一个登记过户的环节。完成了登记过户，证券交易过程才告结束。因此，本题的正确答案为B。

8.【答案】A

【解析】对于在上海证券交易所交易的证券，其托管制度和指定交易制度联系在一起的，指定交易制度于1998年4月1日起推行。所谓指定交易，是指凡在上海证券交易所市场人进行证券交易的投资者，必须事先指定上海证券交易所市场某一交易参与人，作为其证券交易的唯一受托人，并由该交易参与人通过其特定的交易单元参与交易所市场证券交易的制度。因此，本题的正确答案为A。

9.【答案】B

【解析】如果证券账户和资金账户遗失，可以通过挂失程序重新补办。因此，本题的正确答案为B。

10.【答案】B

【解析】证券公司采用差异性市场营销策略时，营销人员会选择多个潜在的客户群作为目标市场,对每个细分市场设计独立的营销组合,并对不同的细分市场进行差异化的产品销售或服务,从而能够更好地满足客户的需求。因此,差异性市场营销策略比集中性市场营销策略能更好地提升业绩。因此,本题的正确答案为B。

11.【答案】A

【解析】证券经纪业务是指证券公司通过其设立的证券营业部,接受客户委托,按照客户的要求,代理客户买卖证券的业务。在证券经纪业务中,证券公司不赚取买卖差价,只收取一定比例的佣金作为业务收入。因此,本题的正确答案为A。

12.【答案】B

【解析】应计利息额:零息债券是指发行起息日至成交日所含利息金额;附息债券是指本付息期起息日至成交日所含利息金额。因此,本题的正确答案为B。

13.【答案】B

【解析】证券营业部为客户开立资金账户应严格遵守"实名制"原则。客户须持有效身份证明文件或法人合法证件,以客户本人名义开立;资金账户应与客户开立的各类证券账户、在指定商业银行开立的结算账户名称一致、名实相符。因此,本题的正确答案为B。

14.【答案】B

【解析】证券市场遵循"三公"原则,禁止任何内幕交易、操纵市场、欺诈客户、虚假陈述等损害市场和投资者的行为。根据我国《证券法》等相关法律法规和中国证券业协会《证券业从业人员执业行为准则》的规定,证券公司在从事证券经纪业务过程中禁止下列行为:(1)挪用客户所委托买卖的证券或者客户账户上的资金;或将客户的资金和证券借与他人,或者作为担保物或质押物;或违规向客户提供资金或有价证券;(2)侵占、损害客户的合法权益;(3)未经客户的委托,擅自为客户买卖证券,或者假借客户的名义买卖证券;违背客户的委托为其买卖证券;接受客户的全权委托而决定证券买卖、选择证券种类、决定买卖数量或者买卖价格;代理买卖法律规定不得买卖的证券;(4)以任何方式对客户证券买卖的收益或者赔偿证券买卖的损失作出承诺;(5)为牟取佣金收入,诱使客户进行不必要的证券买卖;(6)批准的营业场所之外接受客户委托买卖证券;(7)编造、传播虚假或者误导投资者的信息;散布、泄漏或利用内幕信息;(8)从事或协同他人从事欺诈、内幕交易、操纵证券交易价格等非法活动;(9)贬损同行或以其他不正当竞争手段争揽业务;(10)隐匿、伪造、篡改或者毁损交易记录;(11)泄露客户资料。因此,本题的正确答案为B。

15.【答案】B

【解析】按照我国证券交易所的有关规定,在无撤单的情况下,委托当日有效。另外,开盘集合竞价期间未成交的买卖申报,自动进入连续竞价。深圳证券交易所还规定,连续竞价期间未成交的买卖申报,自动进入收盘集合竞价。因此,本题的正确答案为B。

16.【答案】B

【解析】所谓集合竞价，是指对在规定的一段时间内接受的买卖申报一次性集中撮合的竞价方式。根据我国证券交易所的相关规定，集合竞价确定成交价的原则为：(1) 可实现最大成交量的价格；(2) 高于该价格的买入申报与低于该价格的卖出申报全部成交的价格；(3) 与该价格相同的买方或卖方至少有一方全部成交的价格。如有两个以上申报价格符合上述条件的，深圳证券交易所取距前收盘价最近的价位为成交价；上海证券交易所则规定使未成交量最小的申报价格为成交价格，若仍有两个以上使未成交量最小的申报价格符合上述条件的，其中间价为成交价格。因此，本题的正确答案为B。

17.【答案】A

【解析】过户费是委托买卖的股票、基金成交后，买卖双方为变更证券登记所支付的费用。这笔收入属于中国结算公司的收入，由证券公司在同投资者清算交收时代为扣收。上海证券交易所和深圳证券交易所在过户费的收取上略有不同。在上海证券交易所，A股的过户费为成交面额的1‰，起点为1元；在深圳证券交易所，免收A股的过户费。对于B股，这项费用称为结算费。在上海证券交易所为成交金额的0.5‰；在深圳证券交易所亦为成交金额的0.5‰，但最高不超过500港元。基金交易目前不收过户费。因此，本题的正确答案为A。

18.【答案】B

【解析】目前，我国证券交易所采用两种竞价方式：集合竞价方式和连续竞价方式。因此，本题的正确答案为B。

19.【答案】B

【解析】客户委托买卖时应使用营业部统一制作的证券买卖委托单，按照委托单标明的各项内容，完整、详细、正确地填写，且必须当面签署姓名。委托柜台应严格按照时间优先的原则，依次为客户办理委托业务，不得漏报或插报。因此，本题的正确答案为B。

20.【答案】A

【解析】《证券账户管理规则》规定，一个自然人、法人可以开立不同类别和用途的证券账户。对于同一类别和用途的证券账户，原则上一个自然人、法人只能开立一个。对于国家法律法规和行政规章规定需要资产分户管理的特殊法人机构，包括保险公司、证券公司、信托公司、基金公司、社会保障类公司和合格境外机构投资者等机构，可按规定向中国结算公司申请开立多个证券账户。因此，本题的正确答案为A。

21.【答案】A

【解析】中国结算公司对证券发行人的申请材料审核通过后，根据其申请派发相应股份，于权益登记日登记送股（转增股）。申请送股（转增股）时，上市公司应确保权益登记日不得与配股、增发、扩募等发行行为的权益登记日重合，并确保自向中国结算公司提交申请表之日至新增股份上市日期间，不得因其他业务改变公司的股本数或权益数。

因此，本题的正确答案为A。

22．【答案】B

【解析】网上发行具有以下优点：（1）经济性。网上发行大大减轻了发行组织工作压力，减少了许多不必要的环节，为社会节省了大量的人力、物力和财力资源；（2）高效性。网上发行是借助证券交易所遍布全国各地的交易网络进行的，因此整个发行过程安全、高效；（3）市场性。证券市场是市场经济的产物，应遵从市场规律。网上竞价发行正是将市场原则引入发行环节，通过市场竞争最终决定较为合理的发行价格；（4）连续性。采用网上竞价发行方式，由投资者竞价产生的发行价格反映了市场供求的平衡点，与二级市场上的交易价格无多大的差别，因而竞价发行保证了发行市场与交易市场价格的连续性，实现了发行市场与交易市场的平稳顺利对接。因此，本题的正确答案为B。

23．【答案】A

【解析】发行人应当向负责申购资金验资的会计师事务所支付验资费用。然后根据验资结果确认有效申购总量，并将根据最终的有效申购总量对有效申购按时间先后顺序进行统一的连续配号。每一有效申购单位配一个号，并按以下办法配售新股：（1）当有效申购总量小于或等于该次股票上网发行量时，投资者按其有效申购量认购股票；（2）当有效申购总量大于该次股票发行量时，则通过摇号抽签，确定有效申购中签号码，每一中签号码认购一个申购单位新股。摇号抽签、中签处理（T+2日）。如果有效申购总量大于该次股票发行量，主承销商将于申购日后的第二个交易日（T+2日）组织摇号抽签，公布确定的发行价和中签率，并按规定进行中签处理。因此，本题的正确答案为A。

24．【答案】A

【解析】申购单位及上限。上海证券交易所规定，每一申购单位为1000股，申购数量不少于1000股，超过1000股的必须是1000股的整数倍，但最高不得超过当次社会公众股上网发行总量的1‰，且不得超过9999.9万股。深圳证券交易所规定，申购单位为500股，每一证券账户申购委托不少于500股，超过500股的必须是500股的整数倍，但不得超过主承销商在发行公告中确定的申购上限，且不超过999999500股。因此，本题的正确答案为A。

25．【答案】A

【解析】深圳证券交易所配股操作流程：（1）在股权登记日（R日）收市后，证券营业部接收股份结算信息库中的配股权证数据，即证券营业部根据每个股东股票账户中的持股量，按配股比例给予相应的权证数量；（2）配股认购于R+1日开始，认购期为5个工作日。逾期不认购，视同放弃。上市公司（或保荐机构）在配股缴款期内应至少刊登三次《配股提示性公告》。配股缴款时，如投资者在多个证券营业部开户并持有该公司股票的，应到各个相应的营业部进行配股认购，申报方向为买入。投资者在配股缴款时可以多次申报，可以撤单。如超额申报认购配股，则超额部分不予确认。在每一认购日收市后，中国结算公司对配股认购数据进行确认，确认结果通过股份结算信息库返回证券营业部。公司股票及其衍生品种在R+1日至R+6日期间停牌。配股发行不向投资者收取手续费；（3）配股缴款结束后（R+7日），公司股票及其衍生品种恢复交易。如配股发行成功，结算公司在恢复交易的首日（R+7日）进行除权，并根据配股结果办理资金划拨，将配股认购资金划入主承销商结算备付金账户；如配股发行失败，结算公司在恢复交易的首日（R+7日）不进行除权，并将配股认购本金及利息退还到结算参与人结算备付金账户。因此，本题的正确答案为A。

26．【答案】A

【解析】可转换债券是指其持有者可以在一定时期内按一定比例或价格将之转换成一定数量的另一种证券的债券。可转换债券通常是转换成普通股票，当股票价格上涨时，可转换债券的持有人行使转换权比较有利。这里以上海证券交易所上市的可转换债券"债转股"的做法为例，介绍其操作要点。(1)可转债"债转股"通过证券交易所交易系统进行；(2)可转债"债转股"需要规定一个转换期；(3)可转债持有人可将本人证券账户内的可转债全部或部分申请转为发行公司的股票；(4)可转债的买卖申报优先于转股申报；(5)可转债转换成发行公司股票的股份数（股）的计算公式为：可转债转换股份数（股）=转债手数×1000÷当次初始转股价格；(6)即日买进的可转债当日可申请转股；(7)其他事项。因此，本题的正确答案为A。

27．【答案】A

【解析】基金募集期内，上海证券交易所接收认购申报的时间为每个交易日的撮合交易时间和大宗交易时间。上海证券交易所在行情发布系统中的"最新价"栏目揭示每份基金份额的面值。基金管理人可按认购金额分段设置认购费率，认购费率由基金管理人在"基金招募说明书"中约定。投资者认购申报时采用金额认购方式，以认购金额填报数量申请，买卖方向只能为买。最低认购金额由基金管理公司确定并公告。在最低认购金额基础上，累加认购申报金额为100元或其整数倍，但单笔申报最高不得超过99999900元。因此，本题的正确答案为A。

28．【答案】A

【解析】投资者通过深圳证券交易所认购取得（以及日后交易取得）的上市开放基金份额，以投资者的深圳证券账户记载，登记在中国结算深圳分公司证券登记结算系统（以下简称"证券登记系统"）中，托管在证券营业部。投资者通过基金管理人或代销机构认购取得（以及日后申购取得）的上市开放基金份额以投资者的开放式基金账户记载，登记在TA系统中，托管在基金管理人或代销机构处。因此，本题的正确答案为A。

29．【答案】A

【解析】投资者场内申购的基金份额以投资者的深圳证券账户记载，登记在中国结算深圳分公司证券登记系统中，托管在证券营业部；深圳证券账户中的基金份额可通过证券营业部向深圳证券交易所交易系统申报卖出或赎回。如果投资者是通过场外申购的基金份额,将以投资者的开放式基金账户记载,登记在中国结算公司TA系统中,托管在基金管理人或代销机构处;开放式基金账户中的基金份额可通过基金管理人或代销机构申报赎回,但不可卖出。因此,本题的正确答案为A。

30.【答案】A

【解析】权证上市首日开盘参考价由保荐机构计算;无保荐机构的,由发行人计算,并将计算结果提交证券交易所。证券交易所在每日开盘前公布每只权证可流通数量及持有权证数量达到或超过可流通数量5%的持有人名单。因此,本题的正确答案为A。

31.【答案】A

【解析】可转债的买卖申报优先于转股申报,即"债转股"的有效申报数量以当日交易过户后其证券账户内的可转债持有数为限。也就是当日"债转股"按账户合并后的申请手数与可转债交易过户后的持有手数比较,取较小的一个数量为当日"债转股"有效申报手数。因此,本题的正确答案为A。

32.【答案】A

【解析】期货交易是指交易双方在集中性的市场以公开竞价方式所进行的期货合约的交易。期货交易包括商品期货交易和金融期货交易。根据我国现行相关制度规定,证券公司不能直接代理客户进行期货买卖,但可以从事期货交易的中间介绍业务,可称其为介绍经纪商。因此,本题的正确答案为A。

33.【答案】A

【解析】协议平台上进行的权益类证券大宗交易和双边交易债券的大宗交易,暂不纳入交易所即时行情和指数的计算,成交量在协议平台交易结束后计入当日该证券成交总量。因此,本题的正确答案为A。

34.【答案】B

【解析】自营业务与经纪业务相比较,根本区别是自营业务是证券公司为盈利而自己买卖证券,经纪业务是证券公司代理客户买卖的证券。因此,本题的正确答案为B。

35.【答案】A

【解析】银行间市场的自营买卖,是指具有银行间市场交易资格的证券公司在银行间市场以自己名义进行的证券自营买卖。目前,银行间市场的交易品种主要是债券,采取询价交易方式进行,交易对手之间自主询价谈判,逐笔成交。因此,本题的正确答案为A。

36.【答案】B

【解析】自营业务的规模及比例控制。由于证券自营业务的高风险特性,为了控制经营风险,中国证监会颁布的《证券公司风险控制指标管理办法》规定:(1)自营权益类证券及证券衍生品的合计额不得超过净资本的100%;(2)自营固定收益类证券的合计额不得超过净资本的500%;(3)持有一种权益类证券的成本不得超过净资本的30%;(4)

持有一种权益类证券的市值与其总市值的比例不得超过5%，但因包销导致的情形和中国证监会另有规定的除外。因此，本题的正确答案为B。

37．【答案】A

【解析】市场风险主要是指因不可预见和控制的因素导致市场波动，造成证券公司自营亏损的风险。这是证券公司自营业务面临的主要风险。所谓自营业务的风险性或高风险特点也主要是指这种风险。因此，本题的正确答案为A。

38．【答案】B

【解析】《证券法》规定，证券交易内幕信息的知情人和非法获取内幕信息的人，在内幕信息公开前不得买卖该公司的证券，或者泄露该信息，或者建议他人买卖该证券。内幕交易行为给投资者造成损失的，行为人要依法承担赔偿责任。因此，证券公司从事证券自营业务时，严禁以获取利益或者减少损失为目的，利用证券交易内幕信息的知情人和非法获取内幕信息的人利用内幕信息从事证券交易活动。这种交易严重违背了证券市场公开、公平、公正的交易原则，造成证券收益异常分配，既损害投资者利益，又破坏证券市场的稳定。因此，本题的正确答案为B。

39．【答案】A

【解析】证券公司作为证券市场上的中介机构，为上市公司提供多种服务，能从多种渠道获取内幕信息，这就要求证券公司加强自律管理。主要措施有：（1）在思想上提高认识，自觉地不利用内幕信息从事证券自营买卖，维护市场的正常交易秩序；（2）为上市公司提供服务的人员与自营业务决策的人员分离。前者尽心尽力为企业服务，后者依据公司信息及市场行情做出证券买卖决定；（3）严格保密纪律，有机会获取内幕信息的从业人员不泄露、不利用内幕信息，非参与企业服务的人员自觉做到不打听内幕信息；（4）加强员工内部管理，严禁从业人员炒买炒卖股票，也严禁为他人的证券交易提供不符合国家法规和证券公司制度规定的便利，一经发现即严肃处理。因此，本题的正确答案为A。

40．【答案】B

【解析】证券公司从事资产管理业务，应当符合下列条件：（1）经中国证监会核定具有证券资产管理业务的经营范围；（2）净资本不低于2亿元人民币，且符合中国证监会关于经营证券资产管理业务的各项风险监控指标的规定；（3）资产管理业务人员具有证券业从业资格，无不良行为记录，其中，具有3年以上证券自营、资产管理或者证券投资基金管理从业经历的人员不少于5人；（4）具有良好的法人治理结构、完备的内部控制和风险管理制度，并得到有效执行；（5）最近一年未受到过行政处罚或者刑事处罚；（6）中国证监会规定的其他条件。因此，本题的正确答案为B。

41．【答案】B

【解析】证券公司不得接受本公司董事、监事、从业人员及其配偶成为定向资产管理业务客户。因此，本题的正确答案为B。

42.【答案】A

【解析】严格执行相关会计制度的要求，为集合资产管理计划建立独立完整的账户、核算、报告、审计和档案管理制度。集合资产管理计划的会计核算由财务部门专人负责，集合资产管理计划的清算由结算部门负责。保证风险控制部门、监督检查部门能够对集合资产管理业务的运作和管理进行有效监控，切实防止账外经营、挪用集合资产管理计划资产及其他违法违规情况的发生。因此，本题的正确答案为A。

43.【答案】A

【解析】集合资产管理计划在证券交易所的投资交易活动，应当通过专用交易单元进行，并向证券交易所、证券登记结算机构及公司住所地中国证监会派出机构备案。集合资产管理计划资产中的债券，不得用于回购。因此，本题的正确答案为A。

44.【答案】B

【解析】集合资产管理计划投资于会员自身、托管机构及与该会员、托管机构有关联方关系的公司发行的证券，应于有关事实发生之日起2个工作日内以书面形式将有关情况报告深圳证券交易所。因此，本题的正确答案为B。

45.【答案】B

【解析】证券公司和资产托管机构应当按照有关法律、行政法规的规定保存资产管理业务的会计账册，并妥善保存有关的合同、协议、交易记录等文件、资料。自资产管理合同终止之日起，保存期不得少于20年。因此，本题的正确答案为B。

46.【答案】A

【解析】证券公司向客户融资，只能使用融资专用资金账户内的资金；向客户融券，只能使用融券专用证券账户内的证券。因此，本题的正确答案为A。

47.【答案】A

【解析】客户融券卖出后，可通过买券还券或直接还券的方式向证券公司偿还融入证券。买券还券是指客户通过其信用证券账户申报买券，结算时买入证券直接划转至证券公司融券专用证券账户的一种还券方式。以直接还券方式偿还融入证券的，按照证券公司与客户之间约定以及交易所指定登记结算机构的有关规定办理。因此，本题的正确答案为A。

48.【答案】B

【解析】证券公司应当健全业务隔离制度，确保融资融券业务与证券资产管理、证券自营、投资银行等业务在机构、人员、信息、账户等方面相互分离、独立运行。因此，本题的正确答案为B。

49.【答案】B

【解析】证券公司经营融资融券业务，应当以自己的名义，在证券登记结算机构分别开立融券专用证券账户、客户信用交易担保证券账户、信用交易证券交收账户和信用交易资金交收账户;在商业银行分别开立融资专用资金账户和客户信用交易担保资金账户;(1)融券专用证券账户,用于记录证券公司持有的拟向客户融出的证券和客户归还的证券,不得用于证券买卖;(2)客户信用交易担保证券账户,用于记录客户委托证券公司持有、担保证券公司因向客户融资融券所生债权的证券;(3)信用交易证券交收账户,用于客户融资融券交易的证券结算;(4)信用交易资金交收账户,用于客户融资融券交易的资金结算;(5)融资专用资金账户,用于存放证券公司拟向客户融出的资金及客户归还的资金;(6)客户信用交易担保资金账户,用于存放客户交存的、担保证券公司因向客户融资融券所生债权的资金。因此,本题的正确答案为B。

50.【答案】A

【解析】标的证券暂停交易,融资融券债务到期日仍未确定恢复交易日或恢复交易日在融资融券债务到期日之后的,融资融券的期限顺延。证券公司与其客户可以根据双方约定了解相关融资融券交易。标的股票交易被实施特别处理的,交易所自该股票被实施特别处理当日起将其调整出标的证券范围。因此,本题的正确答案为A。

51.【答案】A

【解析】债券质押式回购交易是指融资方(正回购方、卖出回购方、资金融入方)在将债券质押给融券方(逆回购方、买入返售方、资金融出方)融入资金的同时,双方约定在将来某一指定日期,由融资方按约定回购利率计算的资金额向融券方返回资金,融券方向融资方返回原出质债券的融资行为。在债券质押式回购交易中,融资方是指在债券回购交易中融入资金、出质债券的一方;融券方是指在债券回购交易中融出资金、享有债券质权的一方。因此,本题的正确答案为A。

52.【答案】B

【解析】债券回购交易申报中,融资方按"买入"(B)予以申报。融券方按"卖出"(S)予以申报。成交后由中国结算公司根据成交记录和有关规则进行清算交收;到期反向成交时,无须再行申报,由交易所电脑系统自动产生一条反向成交记录,中国结算公司据此进行资金和债券的清算与交收。债券回购交易的融资方,应在回购期内保持质押券对应标准券足额。债券回购到期日,融资方可以通过交易所交易系统,将相应的质押券申报转回原证券账户,也可以申报继续用于债券回购交易。当日申报转回的债券,当日可以卖出。因此,本题的正确答案为B。

53.【答案】A

【解析】全国银行间债券市场债券回购业务是指以商业银行等金融机构为主的机构投资者之间以询价方式进行的债券交易行为。因此,本题的正确答案为A。

54.【答案】A

【解析】目前,通过证券交易所达成的交易大多采取多边净额清算方式。净额清算方式的主要优点是可以简化操作手续，减少资金在交收环节的占用。应该注意的是，在实行滚动交收的情况下，清算价款时同一清算期内发生的不同种类证券的买卖价款可以合并计算，但不同清算期发生的价款不能合并计算；清算证券时，只有在同一清算期内且同种的证券才能合并计算。因此，本题的正确答案为 A。

55．【答案】A

【解析】证券交易的交收指根据清算的结果在事先约定的时间内履行合约的行为，一般指买方支付一定款项以获得所购证券，卖方交付一定证券以获得相应价款。交收的实质是依据清算结果实现证券与价款的收付，从而结束整个交易过程。因此，本题的正确答案为 A。

56．【答案】A

【解析】结算参与人资金交收账户每日（包括节假日）日终余额扣减冻结资金后，不得低于其最低结算备付金限额。最低结算备付金可用于应急交收，但如日终余额扣减冻结资金后低于其最低结算备付金限额时，结算参与人应于次一营业日补足。在保证当日资金支收的前提下，资金交收账户余额扣减冻结资金后，如超过最低结算备付金限额，结算参与人可以申请将超出部分资金划入其指定收款账户。因此，本题的正确答案为 A。

57．【答案】A

【解析】对经纪融资回购业务，融资方结算参与人应根据客户的委托，并以融资方结算参与人自己的名义，将该客户证券账户中的债券作为质押券向中国结算公司提交，由中国结算公司实施转移占有，并以融资方结算参与人名义与中国结算公司建立质押关系。因此，本题的正确答案为 A。

58．【答案】B

【解析】上海证券交易所于 2005 年 12 月推出了买断式回购品种。买断式回购采用"一次成交、两次结算"的方式。两次结算包括初始结算与到期结算。两次结算包括初始结算与到期结算。初始结算由中国结算上海分公司作为共同对手方担保交收。到期结算由中国结算上海分公司组织融资方结算参与人和融券方结算参与人双方采用逐笔方式交收。此时，中国结算上海分公司不作为共同对手方，不提供交收担保。因此，本题的正确答案为 B。

59．【答案】B

【解析】证券结算操作风险是指由证券登记结算机构的硬件、软件和通讯系统发生故障，或人为操作失误，证券登记结算机构管理效率低下致使结算业务中断、延误和发生偏差而引起的风险。因此，本题的正确答案为 B。

60．【答案】A

【解析】对于操作风险、结算银行风险、法律风险等其他风险，《证券登记结算管理

143

办法》也作了相应的规定。针对操作风险,要求证券登记结算机构对结算数据和技术系统进行备份,制定业务紧急应变程序和操作流程。针对结算银行风险,《证券登记结算管理办法》要求建立结算银行准入标准和风险评估体系。针对法律风险,规定了证券交易、托管与结算协议中与证券登记结算业务有关的必备条款。中国结算公司已经根据这些规定采取了相应措施。因此,本题的正确答案为 A。

《证券交易》模拟试卷（二）

一、单项选择题（本大题共60小题，每小题0.5分，共30分。以下各小题所给出的4个选项中，只有一项最符合题目要求。）

1．金融期权的买入期权是指期权的买方具有在约定期限内按（　　）买入一定数量金融工具的权利。

　　A．协定价格　　　　　　　B．合同约定价格
　　C．金融工具市价　　　　　D．双方即时协商的价格

2．证券是用来证明证券（　　）有权取得相应权益的凭证。

　　A．持有人　　　　　　　　B．发行人
　　C．交易组织者　　　　　　D．运行监督人

3．可转换债券是指其持有者可以在一定时期内按一定比例或价格将之转换成一定数量的（　　）的债券。

　　A．基金　　　　　　　　　B．普通股
　　C．优先股　　　　　　　　D．另一种证券

4．期货交易是在交易所进行的（　　）的远期交易。

　　A．集中性　　　　　　　　B．标准化
　　C．非标准化　　　　　　　D．非集中性

5．下列的（　　）属于证券交易的原则。

　　A．安全原则　　　　　　　B．公正原则
　　C．稳定原则　　　　　　　D．互助原则

6．我国《证券法》规定，（　　）是为证券交易提供集中登记、存管与结算服务，不以营利为目的的法人。

　　A．证券交易所　　　　　　B．证券登记结算机构
　　C．证券公司　　　　　　　D．银行

7．下列不属于证券交易机制目标的是（　　）。

　　A．流动性　　　　　　　　B．稳定性
　　C．收益性　　　　　　　　D．有效性

8．境外证券经营机构设立的驻华代表处，若符合条件，经申请可成为我国证券交易

145

所的（　　）。

A．特别会员　　　　　　　　B．普通会员
C．临时会员　　　　　　　　D．正式会员

9．深圳证券交易所规定，会员通过交易单元不能操作的业务是（　　）。

A．大宗交易　　　　　　　　B．融资融券交易
C．股指期货交易　　　　　　D．协议转让

10．证券经纪商与客户的关系是（　　）。

A．委托代理关系　　　　　　B．表见代理关系
C．法定代理关系　　　　　　D．指定代理关系

11．目前按照《证券法》的规定，证券公司客户的交易结算资金应当存放在（　　），以每个客户的名义单独立户管理。

A．商业银行　　　　　　　　B．托管银行
C．证券公司　　　　　　　　D．政策性银行

12．买卖证券的数量，可分为整数委托和零数委托，零数委托是指买进或卖出的证券不足证券交易所规定的（　　）交易单位。

A．0.5个　　　　　　　　　 B．1个
C．100个　　　　　　　　　 D．10个

13．（　　）属于中国证券登记结算有限责任公司的收入，由证券公司在同投资者清算交收时代为扣收。

A．会员会费　　　　　　　　B．过户费
C．资本利得税　　　　　　　D．印花税

14．投资者于2009年2月2日在深市买入Y股票（属于A股）500股，成交价10.92元，2月18日卖出，成交价11.52元。假设经纪人不收委托手续费，对股票交易佣金的收费为成交金额的2.8‰，卖出Y股票的佣金费用为（　　）元。

A．11.52　　　　　　　　　 B．15.29
C．16.13　　　　　　　　　 D．0

15．证券公司从事证券经纪业务，客户资金不足而接受其买入委托，或者客户证券不足而接受其卖出委托的，对直接负责的主管人员和其他直接责任人员给予警告，撤销任职资格或者证券从业资格，并处以（　　）的罚款。

A．一倍以上五倍以下　　　　B．三万元以上三十万元以下
C．十万元以上三十万元以下　D．五万元以上十万元以下

16．证券公司未按照规定为客户开立账户的，责令改正；情节严重的，处以（　　）的罚款，并对直接负责的董事、高级管理人员和其他直接责任人员，处以1万元以上5万元以下的罚款。

A．10万元以上30万元以下　　B．20万元以上60万元以下
C．20万元以上50万元以下　　D．10万元以上50万元以下

17．证券账户持有人查询证券余额可在办理指定交易或转托管后的（　　）起，凭"二证"（身份证和证券账户卡）到指定交易或托管的证券营业部办理。

A．次日　　　　　　　　　　B．3个工作日后
C．当日　　　　　　　　　　D．5日后

18．网上竞价发行方式的缺点是（　　）。

A．经济高效性

B．一、二级市场的联动性

C．广泛的市场性

D．发行规模较小的股票，发行价格被大资金操纵的可能性较大

19．上海证券交易所A股送股日程安排中，正确的有（　　）。

A．申请材料送交日为T－5日前

B．向证券交易所提交公告申请日为T日前

C．公告刊登日为T＋1日

D．最后交易日为T＋5日

20．上市开放式基金的上市首日的开盘参考价为上市首日前一交易日的（　　）。

A．基金份额总值　　　　　　B．基金份额平均值
C．基金份额市值　　　　　　D．基金份额净值

21．根据我国现行规定，下列关于权证的说法错误的有（　　）。

A．2005年7月，上海证券交易所和深圳证券交易所分别发布了《上海证券交易所权证管理暂行办法》和《深圳证券交易所权证管理暂行办法》

B．权证存续期满前5个交易日，权证终止交易，但可以行权

C．权证行权可采用现金方式和证券给付方式结算

D．权证上市首日开盘参考价，由发行人计算

22．ETF的基金管理人可采用（　　）认购的，接受申报的证券交易所会员应即时冻结投资者用于认购的资金。

A．网上现金　　　　　　　　B．网下现金
C．柜台现金　　　　　　　　D．网上证券

23．证券公司申请从事代办股份转让服务业务，应当符合的条件之一是有（　　）家以上营业部，并且布局合理。

A．20　　　　　　　　　　　B．25
C．10　　　　　　　　　　　D．15

24．对于《关于做好股份公司终止上市后续工作的指导意见》施行前已退市的公司，

在此指导意见施行后（　　）个工作日内未确定代办机构的，由证券交易所指定临时代办机构。

　　A．10　　　　　　　　　　　　B．15
　　C．20　　　　　　　　　　　　D．25

25．在上海证券交易所，无涨跌幅限制证券的大宗交易成交价格，由买卖双方在前收盘价的上下（　　）或当日已成交的最高、最低价之间自行协商确定。

　　A．15%　　　　　　　　　　　B．20%
　　C．25%　　　　　　　　　　　D．30%

26．标的证券除息的，行权价格公式为（　　）。

　　A．新行权价格＝原行权价格 ×（标的证券除权日参考价 ÷ 除息前一日标的证券开盘价）
　　B．新行权价格＝原行权价格 ×（标的证券除息日参考价 ÷ 除息前一日标的证券收盘价）
　　C．新行权价格＝原行权价格 ×（标的证券除权日参考价 ÷ 除权前一日标的证券收盘价）
　　D．新行权价格＝行权价格 ×（标的证券除息日参考价 ÷ 除息前一日标的证券收盘价）

27．固定收益平台交易期间的一级交易商，应当对选定做市的特定固定收益证券进行连续双边报价，每交易日双边报价中断时间累计不得超过（　　）。

　　A．20分钟　　　　　　　　　　B．30分钟
　　C．50分钟　　　　　　　　　　D．60分钟

28．报价交易中，交易商的每笔买卖报价数量为（　　）手或其整数倍，报价按每（　　）手逐一进行成交。

　　A．1000，1000　　　　　　　　B．2000，2000
　　C．5000，5000　　　　　　　　D．3000，3000

29．（　　）是证券公司自营买卖业务区别于经纪业务的重要特征。

　　A．决策的自主性　　　　　　　B．交易的风险性
　　C．收益的不稳定性　　　　　　D．买卖的随意性

30．自营业务的风险性或高风险特点主要是指（　　）。

　　A．法律风险　　　　　　　　　B．市场风险
　　C．合规风险　　　　　　　　　D．经营风险

31．建立健全自营业务风险监控系统的功能，根据法律法规和监管要求，应在监控系统中设置相应的（　　），通过系统的预警触发装置自动显示自营业务风险的动态变化。

　　A．风险监控阀值　　　　　　　B．风险测量阀值

C．风险预警指示　　　　　　D．敏感性指标

32．以下不属于明文列示的内幕交易行为的有（　　）。

A．内幕信息的知情人利用内幕信息买卖证券或者根据内幕信息建议他人买卖证券

B．内幕信息的知情人向他人透露内幕信息，使他人利用该信息进行内幕交易

C．发行人向他人透漏内幕消息，使他人利用该信息进行内幕交易

D．证券公司将自营业务与代理业务混合操作

33．证券公司操纵市场的行为会扰乱正常的（　　），从而造成证券价格异常波动。

A．市场秩序　　　　　　　　B．交易量

C．供求关系　　　　　　　　D．交易价格

34．限定性集合资产管理计划投资于业绩优良、成长性高、流动性强的股票等权益类证券以及股票型证券投资基金的资产，不得超过该计划资产净值的（　　），并应当遵循分散投资风险的原则。

A．20%　　　　　　　　　　B．25%

C．10%　　　　　　　　　　D．15%

35．证券公司从事资产管理业务，应当符合的条件之一是：净资本不低于人民币（　　）亿元，且符合中国证监会关于经营证券资产管理业务的各项风险监控指标的规定。

A．1　　　　　　　　　　　B．2

C．3　　　　　　　　　　　D．5

36．证券公司、资产托管机构应当为集合资产管理计划单独开立证券账户和资金账户，其证券账户名称应当是（　　）。

A．资产托管机构名称—证券公司名称—集合资产管理计划名称

B．各方托管机构名称—证券公司名称—集合资产托管计划名称

C．集合资产管理计划名称—证券公司名称—各方托管机构名称

D．证券公司名称—资产托管机构名称—集合资产管理计划名称

37．集合资产管理计划推广期间，应当由（　　）负责托管与集合资产管理计划推广有关的全部账户和资金。

A．证券公司　　　　　　　　B．推广机构

C．结算委托部门　　　　　　D．托管银行

38．证券公司在证券自营账户与证券资产管理账户之间或者不同的证券资产管理账户之间进行交易，且无充分证据证明已依法实现有效隔离的，依照《证券法》的规定，责令改正，没收违法所得，并处以（　　）以下的罚款；情节严重的，撤销相关业务许可。

A．5万元以上100万元以下　　B．10万元以上30万元以下

C．30万元以上60万元以下　　D．20万元以上50万元以下

39．证监会派出机构应当自收到融资融券申请书之日起（　　）个工作日内，向证监

会出具是否同意申请人开展融资融券业务试点的书面意见。

A．3 　　　　　　　　　　　　B．5

C．7 　　　　　　　　　　　　D．10

40．在融资融券业务中融资买入标的股票的流通股本应不少于（　）或流通市值不低于（　）。

A．5000万股；3亿元 　　　　　B．1亿股；5亿元

C．2亿股；8亿元 　　　　　　D．3亿股；10亿元

41．证券发行采取市值配售发行方式的，客户信用证券账户的明细数据纳入其对应的（　）计算。

A．净值 　　　　　　　　　　B．市值

C．面值 　　　　　　　　　　D．发行价格

42．证券公司应当于每个交易日（　）向交易所报送当日各标的证券融资买入额、融资还款额等数据。

A．收盘前 　　　　　　　　　B．22：00前

C．13：00前 　　　　　　　　D．开盘前

43．证券公司、资产托管机构、证券登记结算机构违反规定动用客户担保账户内的资金、证券的，对直接负责的主管人员和其他直接责任人员给予警告，撤销任职资格或者证券从业资格，并处以（　）的罚款。

A．1万元以上10万元以下 　　 B．2万元以上20万元以下

C．3万元以上30万元以下 　　 D．5万元以上50万元以下

44．《上海证券交易所债券交易实施细则》规定，进行债券回购交易集中竞价时，申报数量为（　）或其整数倍，单笔申报最大数量应当不超过（　）。

A．100手，1万手 　　　　　　B．10手，1万手

C．10张，10万张 　　　　　　D．10张，1万张

45．（　）是指参与者为表明自身对资金或债券的供给或需求而面向市场做出的公开报价。

A．单边报价 　　　　　　　　B．对话报价

C．格式化询价 　　　　　　　D．双边报价

46．上海证券交易所买断式回购申报价格按每百元面值债券（　）进行申报。

A．到期价（净价） 　　　　　B．到期购回价（全价）

C．到期购回价（净价） 　　　D．到期现价（净价）

47．上海证券交易所会员参与国债买断式回购引入（　）制度。

A．权限审批 　　　　　　　　B．资格认定

C．权限最小化 　　　　　　　D．交易权限管理

48．上海证券交易所国债买断式回购交易的券种和回购期限由（　）确定。

A．中国人民银行　　　　　　B．上海证券交易所

C．同业中心　　　　　　　　D．交易双方协商

49．上海证券交易所国债买断式回购单笔交易数量在（　）手（含）以上，可采用大宗交易方式进行。

A．10000　　　　　　　　　B．50000

C．1000　　　　　　　　　　D．5000

50．《关于开展国债买断式回购业务的通知》要求，于2004年12月6日，（　）国债上市日起在大宗交易系统将此期国债用于买断式回购交易。

A．2005年记账式（二期）　　B．2004年记账式（十期）

C．2005年记账式（十期）　　D．2004年记账式（二期）

51．实行分级结算原则主要是出于防范（　）的考虑。

A．结算风险　　　　　　　　B．清算风险

C．投资风险　　　　　　　　D．交易风险

52．对于最低结算备付金比例。债券品种（包括现券交易和回购交易）按（　）计收，债券以外的其他证券品种按（　）计收。

A．10%，30%　　　　　　　B．10%，20%

C．20%，30%　　　　　　　D．30%，50%

53．最低结算备付金限额的确定，与（　）无关。

A．上月证券买入金额　　　　B．上月交易天数

C．上月买断式回购到期购回金额　　D．最低结算备付金比例

54．接收完证券交易数据后，中国结算公司沪、深分公司一般在（　），作为共同对手方，以结算参与人为单位，对各结算参与人负责清算的证券交易对应的应收和应付价款进行轧抵处理。

A．次一营业日　　　　　　　B．当日15:00前

C．当日日终　　　　　　　　D．第三日

55．目前，我国内地对（　）实行T＋3滚动交收方式。

A．A股　　　　　　　　　　B．基金

C．B股　　　　　　　　　　D．债券

56．清算和交收两个过程统称为（　）。

A．结算　　　　　　　　　　B．登记

C．过户　　　　　　　　　　D．收付

57．买断式回购初始交易日（T日），中国结算上海分公司清算系统根据交易所成交数据按参与人（　）对买断式回购交易、履约金与其他品种的交易进行清算，形成一个

151

清算净额。

  A．清算编号   B．证券账户

  C．资金账户   D．交易对象

 58．在我国证券市场发展过程中，投资者进行证券交易的资金存取方式曾先后有多种。下列各项中（　）不是我国曾出现过的资金存取的方式。

  A．证券营业部自办资金存取   B．委托银行代理资金存取

  C．结算公司代理资金存取   D．银证转账存取

 59．过去我国开放式基金是通过（　）进行基金份额的申购和赎回。

  A．证券交易所交易系统   B．证券交易所上市交易

  C．金融机构柜台   D．基金管理人及代销机构

 60．在深圳证券交易所，开放式基金份额的赎回以（　）申报。

  A．金额   B．份额

  C．时间   D．数量

  二、多项选择题（本大题共40小题，每小题1分，共40分。以下各小题所给出的4个选项中，至少有两项符合题目要求。）

 1．以下关于金融衍生工具的说法，正确的有（　）。

  A．又称金融衍生产品

  B．是与基础金融产品相对应的一个概念

  C．建立在基础产品或基础变量之上

  D．其价格取决于基础金融产品价格（或数值）的变动

 2．我国《证券法》规定，证券交易所、证券公司和证券登记结算机构的从业人员、证券监督管理机构的工作人员以及法律、行政法规禁止参与股票交易的其他人员，在任期或者法定限期内不得有（　）行为。

  A．直接或者以化名持有、买卖股票   B．借他人名义持有、买卖股票

  C．就股票趋势提出自己的看法   D．接受他人赠送的股票

 3．证券交易所的组织形式包括（　）。

  A．公司制   B．集合制

  C．会员制   D．股份制

 4．深圳证券交易所会员应承担的义务包括（　）。

  A．维护投资者的合法权益   B．维护证券交易所的合法权益

  C．派遣合格代表入场从事证券交易 D．按规定提供相关的业务报表和账册

 5．按深圳证券交易所规定，以下关于交易单元的说法正确的是（　）。

  A．会员只可通过一个网关进行一个交易单元的交易申报

B．会员可通过一个网关进行多个交易单元的交易申报

C．会员可通过多个网关进行多个交易单元的交易申报

D．会员可通过多个网关进行一个交易单元的交易申报

6．客户的保密资料包括（　　）。

A．客户股东账户和资金账户的账号和密码　　B．客户委托的有关事项

C．客户股东账户中的库存证券种类和数量　　D．客户开户的基本情况

7．根据市场需要，上海证券交易所可以接受的市价申报方式有（　　）。

A．最优5档即时成交剩余撤销申报，即该申报在对手方实时最优5个价位内以对手方价格为成交价逐次成交，剩余未成交部分自动撤销

B．最优5档即时成交剩余转限价申报，即该申报在对手方实时5个最优价位内以对手方价格为成交价逐次成交，剩余未成交部分按本方申报最新成交价转为限价申报

C．对手方最优价格申报

D．全额成交或撤销申报

8．证券经纪业务内部控制的要求之一是应建立以(　　)为核心的客户管理和服务体系。

A．了解自己的客户　　B．及时性服务

C．妥善处理客户投诉以及与客户的纠纷　　D．适当性服务

9．上海证券交易所规定，上市公司召开股东大会审议以下（　　）事项的，应当向股东提供网络投票方式。

A．上市公司重大资产重组

B．上市公司股权激励计划

C．上市公司章程规定需要提供网络投票方式的事项

D．上市公司以超过当次募集资金金额10%以上的闲置募集资金暂时用于补充流动资金

10．下述（　　）说法是正确的。

A．只有经中国证券业协会批准经营证券自营的证券公司才能从事证券自营业务

B．在从事自营业务时，证券公司必须使用自有或依法筹集可用于自营的资金

C．自营业务是证券公司以营利为目的、为自己买卖证券、通过买卖价差获利的一种经营行为

D．作为自营业务买卖的对象，有非上市证券

11．证券公司融资融券业务的风险包括（　　）。

A．客户信用风险　　B．市场风险

C．业务管理风险　　D．信息技术风险

12．违反《证券公司监督管理条例》的规定，有下列情形（　　）之一的，责令改正，给予警告，没有违法所得或者违法所得不足10万元的，处以10万元以上60万元以下的

罚款。

　　A．资产托管机构、证券登记结算机构对违反规定动用客户担保账户内的资金、证券的申请、指令予以同意、执行

　　B．未按照规定程序了解客户的身份、财产与收入状况、证券投资经验和风险偏好

　　C．推荐的产品或者服务与所了解的客户情况不相适应

　　D．资产托管机构、证券登记结算机构发现客户担保账户内的资金、证券被违法动用而未向国务院证券监督管理机构报告

13．全国银行间市场质押式回购中，（　　）共同构成回购交易完整的回购合同。

　　A．回购成交合同　　　　　　　　B．债券回购主协议

　　C．债券回购协议　　　　　　　　D．回购交易合同

14．国债买断式回购的交易主体限于（　　）。

　　A．A账户　　　　　　　　　　　B．B账户

　　C．C账户　　　　　　　　　　　D．D账户

15．我国内地市场目前存在的滚动交收周期有（　　）。

　　A．T＋1　　　　　　　　　　　B．T＋2

　　C．T＋3　　　　　　　　　　　D．T

16．下列关于共同对手方制度说法正确的有（　　）。

　　A．共同对手方是指在结算过程中，同时作为所有买方和卖方的交收对手并保证交收顺利完成的主体

　　B．如果买卖中的一方不能按约定条件履约交收，结算机构也要依照结算规则向守约一方先行垫付其应收的证券或资金

　　C．事实上，由于结算机构充当共同对手方，卖出证券的投资者相当于将证券卖给了结算机构，买入证券的投资者相当于从结算机构买入证券

　　D．在我国，证券交易所是承担相应交易责任的所有结算参与人的共同对方

17．最低结算备付金限额的确定，包括（　　）的买入金额。

　　A．A股　　　　　　　　　　　　B．B股

　　C．基金　　　　　　　　　　　　D．权证

18．证券交易的结算在清算和交收两个主要环节的基础上，还可以进一步划分为（　　）。

　　A．交易数据接收　　　　　　　　B．结算参与人组织证券或资金以备交收

　　C．证券交收和资金交收　　　　　D．交收违约处理

19．下列关于资金交收违约处理的描述，正确的有（　　）。

　　A．中国结算公司沪、深分公司将责令违约结算参与人通过补缴款项等尽快弥补交收违约

　　B．对于资金交收违约，中国结算公司沪、深分公司将暂不向该结算参与人交付其

应收的证券，同时按规则计收违约金

C．如果违约结算参与人在违约次日前仍未能弥补资金交收违约，中国结算公司沪、深分公司将从违约第三日起，采取处置暂不交付证券的措施，收回此前垫付的资金

D．中国结算公司沪、深分公司需向违约结算参与人收取垫付资金的利息

20．非交易过户登记是指因符合法律规定和程序的（　　）等原因而发生的基金、股票、无纸化国债等记名证券的股权（或债权）在出让人、受让人之间的变更。

A．财产分割　　　　　　　　B．继承
C．账户挂失转户　　　　　　D．捐赠

21．在我国，证券公司是指依照《公司法》规定，并经国务院证券监督管理机构审查批准的、经营证券业务的（　　）。

A．私营公司　　　　　　　　B．有限责任公司
C．私营公司　　　　　　　　D．股份有限公司

22．证券交易所交易系统接受申报后，在成交价格确定方面正确的有（　　）。

A．通过买卖双方直接竞价形成交易价格
B．交易价格由证券交易所确定
C．交易价格由交易商报出
D．交易价格由中国证券业协会确定

23．证券公司接受投资者委托后的申报竞价原则是（　　）。

A．价格优先　　　　　　　　B．时间优先
C．委托优先　　　　　　　　D．客户优先

24．某债券面值为100元，票面利率为5%，起息日是8月5日，交易日是12月18日，下列选项中，关于已计息天数和应计利息额的说法正确的有（　　）。

A．已计息天数是指起息日至成交日实际日历天数，本题已计息天数为136天
B．已计息天数是指起息日至成交日实际日历天数，本题已计息天数为137天
C．应计利息额 = 债券面值 × 票面利率 ÷ 365（天）× 已计息天数，本题应计利息额为1.86
D．应计利息额 = 债券面值 × 票面利率 ÷ 366（天）× 已计息天数，本题应计利息额为1.85

25．下列选项中，关于上海证券交易所买断式回购违约与履约金的说法，错误的有（　　）。

A．如单方违约，违约方缴纳的履约金划归证券结算风险基金
B．如双方违约，双方缴纳的履约金划归证券结算风险基金
C．到期日融券方没有足够资金购回相应国债，视为违约
D．违约方承担的违约责任只以支付履约金给守约方为限

26．投资者在委托买卖证券时，需要缴纳（　　）。
   A．过户费　　　　　　　　　B．佣金
   C．印花税　　　　　　　　　D．好处费

27．对于国家法律法规和行政规章规定需要资产分户管理的特殊法人机构，如（　　）可按规定向中国结算公司申请开立多个证券账户。
   A．合格境外机构投资者　　　B．社会保障类公司
   C．保险公司　　　　　　　　D．信托公司

28．开立证券账户应坚持（　　）原则。
   A．合法性　　　　　　　　　B．真实性
   C．同一性　　　　　　　　　D．有效性

29．证券登记按性质划分，可以分为（　　）等。
   A．初始登记　　　　　　　　B．变更登记
   C．退出登记　　　　　　　　D．债券登记

30．下列选项中，关于深圳证券交易所的配股认购开始时间与认购期限说法正确的有（　　）。
   A．深圳证券交易所的配股认购于R+1日开始
   B．深圳证券交易所的配股认购于R日开始
   C．深圳证券交易所的认购期限为5个工作日
   D．深圳证券交易所的认购期限为15个工作日

31．以下有关上海证券交易所B股现金红利的派发日程安排，正确的有（　　）。
   A．中国结算上海分公司核准答复日（T－3日前）
   B．公告刊登日（T+1日）
   C．权益登记日（T+6日）
   D．现金红利发放日（T+11日）

32．主办券商的主办业务发布的关于所推荐股份转让公司的分析报告包括（　　）。
   A．在挂牌前发布推荐报告
   B．在公司披露定期报告后的7个工作日内发布对定期报告的分析报告
   C．在董事会就公司股本结构变动、资产重组等重大事项做出决议后的5个工作日内发布分析报告
   D．经会计师事务所审计的年度报告

33．证券公司营业部必须在营业场所发布股份转让的价格信息。转让日当天的价格信息发布内容有（　　）。
   A．股份转让的委托申报时间　　B．股份编码和名称
   C．上一转让日转让价格和数量　D．当日转让价格和数量

34. 上市证券发生（　　）等事项，就要进行除息与除权。
   A．权证行使　　　　　　　　B．权益分派
   C．公积金转增股本　　　　　D．配股

35. 下列关于证券自营业务决策的自主性的描述中，正确的是（　　）。
   A．交易品种、价格的自主性，即证券公司自主决定买卖品种和价格
   B．交易方式的自主性，即证券公司自主决定是通过交易所买卖还是通过其他场所买卖
   C．交易行为的自主性，即证券公司自主决定是否买入或卖出某种证券
   D．信息采集的自主性，即证券公司可自主采集一切可以得到的信息指导自己的投资决策

36. 自营业务运作管理建立严密的自营业务操作流程，确保自营部门及员工按规定程序行使相应的职责；应重点加强（　　），明确自营操作指令的权限及下达程序、请示报告事项及程序等。
   A．资产配置比例控制　　　　B．严密的账户管理
   C．投资品种的选择　　　　　D．自营库存变动的控制

37. 下列选项中，关于客户融券卖出标的股票的流通股本或流通市值的说法正确的有（　　）。
   A．客户融券卖出标的股票的流通股本不少于2亿股
   B．客户融券卖出标的股票的流通市值不低于8亿元
   C．客户融券卖出的标的股票的流通股本不少于5亿股
   D．客户融券卖出标的股票的流通市值不低于10亿元

38. 信用风险包括（　　）。
   A．买方不能履行证券交收义务的风险　B．卖方不能履行证券交收义务的风险
   C．买方不能履行资金交收义务的风险　D．卖方不能履行资金交收义务的风险

39. 下列属于证券过户的是（　　）。
   A．因交易引起的证券从一账户转移至另一账户
   B．因转让引起的证券从一账户转移至另一账户
   C．因赠与引起的证券从一账户转移至另一账户
   D．因股份注销使某证券从某账户中单方面减少

40. 标准券折算率首先需要考虑违约风险防范的问题，需要达到的效果是：当融资方到期无法归还融入款项后，融券方变卖质押券所得款项可以弥补（　　）。
   A．融资方融入的款项　　　　B．利息
   C．违约金　　　　　　　　　D．相关交易费用

三、判断题（本大题共60小题，每小题0.5分，共30分。判断以下各小题的对错，正确的填A，错误的填B。）

1．公正原则是指参与交易的各方应当获得平等的机会。（　）
2．证券交易所的设立和解散，由国务院决定。（　）
3．中国证券登记结算有限责任公司在上海和深圳两地各设立了两个分公司，一个为主要针对证券交易的登记，另一个为主要针对证券交易的结算。（　）
4．证券投资基金是一种利益共享、风险共担的集合证券投资方式。（　）
5．合格境外机构投资者可在经批准的投资额度内投资在交易所上市的除B股以外的股票、国债、可转换债券、企业债券、权证、封闭式基金、经中国证监会批准设立的开放式基金，还可以参与股票增发、配股、新股发行和可转换债券发行的申购。（　）
6．在连续交易系统中，并非意味着交易一定是连续的，而是指在营业时间里订单匹配可以连续不断地进行。（　）
7．在指令驱动系统下，在竞价市场中，证券交易价格是由市场上的买方订单单独驱动的。（　）
8．证券的流动性是证券市场生存的条件。（　）
9．指令驱动系统的特点有证券成交价格由买方和卖方的力量直接决定；投资者买卖证券的对手是其他投资者。（　）
10．对于不履行义务的会员，情节轻者口头警示，情节严重者给予罚款处分。（　）
11．证券交易所无论何种会员都不能提出终止会籍的申请。（　）
12．证券交易所会员不得共有席位，但可在会员间转让席位。（　）
13．证券交易所决定接纳或者开除正式会员以外的其他会员应当在履行有关手续5个工作日之前报中国证监会备案。（　）
14．证券交易中的委托单，如经客户和证券经纪商双方签字和盖章，性质上就相当于委托合同。（　）
15．证券经纪商对委托人的一切委托事项负有保密义务，未经委托人许可严禁泄露，因此可不配合监管、司法机关与证券交易所等的查询。（　）
16．证券公司客户的交易结算资金应当存放在证券交易所，以每个客户的名义单独立户管理。（　）
17．上海证券交易所、深圳证券交易所目前公司债券的现货交易采用净价交易方式。（　）
18．在深圳证券交易所，买卖有价格涨跌幅限制的中小企业板股票，连续竞价期间超过有效竞价范围的有效申报不能即时参加竞价，暂存于交易主机；当成交价格波动使其进入有效竞价范围时，交易主机自动取出申报，参加竞价。（　）
19．对于证券公司与客户之间的证券清算交收，一般由中国结算公司根据成交记录

按照业务规则自动办理。（ ）

20．投资者证券账户卡毁损或遗失，可向中国结算公司上海分公司和深圳分公司开户代理机构申请挂失与补办，或更换证券账户卡。（ ）

21．对于分红派息，是由上市公司董事会确定分红派息预案，提交股东大会审议。（ ）

22．未办理指定交易的A股投资者，其持有的现金红利暂由中国结算上海分公司保管，不计息。（ ）

23．投资者有两种方式参与证券交易所ETF的投资：一是进行申购和赎回；二是直接从事买卖交易。（ ）

24．在基金募集期内的每个交易日的交易时间，上市开放式基金均在深圳证券交易所挂牌发售。（ ）

25．深圳证券交易所上市开放式基金份额的转托管业务包含系统内转托管和跨系统转托管。（ ）

26．投资者买卖深圳证券交易所ETF须用深圳证券交易A股账户或深圳证券投资基金账户；投资者申购、赎回深圳证券所ETF须使用深圳证券交易所A股账户。（ ）

27．投资者买卖挂牌公司股份，应与主办券商签订代理报价转让协议。投资者委托分为意向委托、定价委托和成交确认委托不得撤销或变更。（ ）

28．证券公司可以接受其全资拥有或者控股的，或者被同一机构控制的期货公司的委托从事介绍业务，也可以接受其他期货公司的委托从事介绍业务。（ ）

29．证券的回转交易是指投资者买入的证券，经确认成交后，在交收后全部或部分卖出。（ ）

30．特别处理不是对上市公司的处罚，只是对上市公司目前状况的一种揭示，是要提示投资者注意风险。（ ）

31．上海证券交易所规定，集合竞价期间不揭示集合竞价参考价格、匹配量和未匹配量。（ ）

32．合格投资者应当委托托管人向中国结算公司申请开立一个证券账户，申请开立的证券账户应当与国家外汇管理局批准的人民币特殊账户对应。（ ）

33．证券公司的董事会是自营业务的最高决策机构。（ ）

34．只有经中国证券业协会批准经营证券自营的证券公司才能从事证券自营业务。（ ）

35．从事证券自营业务的证券公司其注册资本最低限额应达到1亿元人民币，净资本不得低于5000万元人民币。（ ）

36．自营业务是证券公司以自己的名义和合法资金直接进行的证券买卖活动，证券交易的风险性决定不了自营买卖业务的风险性。（ ）

37．自营业务应建立证券池制度，自营业务部门只能在确定的自营规模和可承受风

险限额内,从证券池内选择证券进行投资。( )

38．在发行人控股的公司中担任董事或监事的人员属于内幕消息知情人。( )

39．涉及公司的重大诉讼,股东大会、董事会决议被依法撤销或者宣告无效的不属于内幕信息。( )

40．单独或者通过合谋,集中资金优势、持股优势或者利用信息优势联合或者连续买卖,操纵证券交易价格或者证券交易量属于《证券法》明确列示操纵证券市场的手段。( )

41．加强自律管理是禁止内幕交易的主要措施之一。( )

42．证券自营业务原始凭证以及有关业务文件、资料、账册、报表和其他必要的材料应至少妥善保存10年。( )

43．证券公司办理集合资产管理业务,可以设立限定性集合资产管理计划和非限定性集合资产管理计划。( )

44．证券公司将其所管理的客户资产投资于一家公司发行的证券,不得超过该证券发行总量的20%。( )

45．证券公司应当以书面和电子方式,对尽职调查获取的相关信息和资料予以详细记载、妥善保存。( )

46．证券公司开展定向资产管理业务,应当保证客户委托资产与证券公司自有资产相互独立,不同客户的委托资产相互独立。( )

47．证券公司应对集合资产管理业务实行集中统一管理,建立严格的业务隔离制度。( )

48．集合资产管理计划推广期间的费用,不可以在集合资产管理计划中列支。( )

49．集合资产管理计划在证券交易所的投资交易活动,可通过任意交易单元进行。( )

50．证券公司对客户融资融券的额度按现行规定不得超过客户提交保证金的2倍,期限不超过5个月。( )

51．客户追加担保物后的维持担保比例不得低于150%。( )

52．业务执行部门负责融资融券业务的具体管理和运作,制定融资融券合同的标准文本,确定对单一客户和单一证券的授信额度。( )

53．分支机构未经总额批准禁止向客户融资、融券。( )

54．证券公司或分支机构未经批准擅自经营融资融券业务的,可以对直接负责的主管人员或其他直接责任人员给予警告,撤销任职资格或者证券从业资格,并处以三万元以上三十万以下的罚款。( )

55．当日购买的债券,次一交易日可用于质押券申报,并可进行相应的债券回购交易业务。( )

56. 当日申报转回的债券，当日可以卖出。（ ）

57. 货银对付是指证券交易所与结算参与人在交收过程中，当且仅当资金交付时给付证券，证券交付时给付资金。（ ）

58. 遇中国人民银行调整存款利率的，中国结算公司统一按结息日的利率计算利息，不分段计算。（ ）

59. 上市公司实行送股时，中国结算公司根据上市公司提供的股东大会红利分配送股比例，自动完成送股的股份登记，无须投资者申报。（ ）

60. 深圳证券交易所对上市开放式基金实行价格涨跌幅比例为10%，自上市次日起执行。（ ）

《证券交易》模拟试卷（二）参考答案与解析

一、单项选择题

1. 【答案】A

【解析】金融期权交易是指以金融期权合约为对象进行的流通转让活动。金融期权合约是指合约买方向卖方支付一定费用（称为期权费或期权价格），在约定日期内（或约定日期）享有按事先确定的价格向合约卖方买卖某种金融工具的权利的契约。因此，金融期权的买入者在支付了期权费以后，就有权在合约所规定的某一特定时间或一段时期内，以事先确定的价格向卖出者买进或向买进者卖出一定数量的某种金融商品（现货期权）或者金融期货合约（期货期权）。当然，也可以不行使这一权利。金融期权的基本类型是买入期权和卖出期权。前者指期权的买方具有在约定期限内按协定价格买入一定数量金融工具的权利（所以B、C、D项不符合题意），后者指期权的买方具有在约定期限内按协定价格卖出一定数量金融工具的权利。因此，本题的正确答案为A。

2. 【答案】A

【解析】证券是用来证明证券持有人有权取得相应权益的凭证，所以C、B、D项不符合题意。因此，本题的正确答案为A。

3. 【答案】D

【解析】可转换债券是指其持有者可以在一定时期内按一定比例或价格将之转换成一定数量的另一种证券的债券，所以A、B、C项不符合题意。因此，本题的正确答案为D。

4. 【答案】B

【解析】期货交易是在交易所进行的标准化的远期交易，故B项符合题意，即交易双方在集中性的市场以公开竞价方式所进行的期货合约的交易。而期货合约则是由交易双方订立的、约定在未来某日期按成交时约定的价格交割一定数量的某种商品的标准化协议。因此，本题的正确答案为B。

5. 【答案】B

【解析】证券交易的原则是反映证券交易宗旨的一般法则，应该贯穿于证券交易的全过程。为了保障证券交易功能的发挥，以利于证券交易的正常运行，证券交易必须遵循"公开、公平、公正"三个原则，所以A、C、D项不符合题意。因此，本题的正确答案为B。

6. 【答案】B

【解析】我国《证券法》规定，证券登记结算机构是为证券交易提供集中登记、存管与结算服务，不以营利为目的的法人（故B项符合题意）。设立证券登记结算机构必须经国务院证券监督管理机构批准。因此，本题的正确答案为B。

7.【答案】C

【解析】通常，证券交易机制的目标是多重的。主要的目标有：(1)流动性（故A项说法正确但不符合题意）。证券的流动性是证券市场生存的条件。如果证券市场缺乏流动性，或者说不能提供充分的流动性，证券市场的功能就要受到影响。从积极的意义上看，证券市场流动性为证券市场有效配置资源奠定了基础。证券市场流动性包含两个方面的要求，即成交速度和成交价格。如果投资者能以合理的价格迅速成交，则市场流动性好。反过来，单纯是成交速度快，并不能完全表示流动性好。(2)稳定性（B项说法正确但不符合题意）。证券市场的稳定性是指证券价格的波动程度。一般来说，稳定性好的市场，其价格波动性比较小，或者说其调节平衡的能力比较强。从证券市场健康运行的角度看，保持证券价格的相对稳定、防止证券价格大幅度波动是必要的。证券市场的稳定性可以用市场指数的风险度来衡量。由于各种信息是影响证券价格的主要因素，因此，提高市场透明度是加强证券市场稳定性的重要措施。(3)有效性（故D项说法正确但不符合题意）。证券市场的有效性包含两个方面的要求：一是证券市场的高效率，二是证券市场的低成本。其中，高效率又包含两方面内容。首先是证券市场的信息效率，即要求证券价格能准确、迅速、充分反映各种信息。根据证券价格对信息的反映程度，可以将证券市场分为强势有效市场、半强势有效市场和弱势有效市场。其次是证券市场的运行效率，即证券交易系统硬件的工作能力，如交易系统的处理速度、容量等。低成本也包含两方面：一是直接成本，二是间接成本。前者如投资者参与交易而支付的佣金和缴纳的税款，后者如投资者收集证券信息所发生的费用等。因此，本题的正确答案为C。

8.【答案】A

【解析】在我国，证券交易所接纳的会员分为普通会员和特别会员。普通会员应当是经有关部门批准设立并具有法人地位的境内证券公司，所以B项可以排除。境外证券经营机构设立的驻华代表处，经申请可以成为证券交易所的特别会员，所以C、D不符合题意。因此，本题的正确答案为A。

9.【答案】C

【解析】深圳证券交易所根据会员的申请和业务许可范围，为其设立的交易单元设定下列交易或其他业务权限：(1)一类或多类证券品种或特定证券品种的交易；(2)大宗交易（故A项属于业务许可范围不符合题意）；(3)协议转让（D项属于业务许可范围故不符合题意）；(4)交易型开放式指数基金（ETF）、上市开放式基金（LOF）及非上市开放式基金等的申购与赎回；(5)融资融券交易（故B项属于业务许可范围不符合题意）；(6)特定证券的主交易商报价；(7)其他交易或业务权限。因此，本题的正确答案为C。

163

10.【答案】A

【解析】在证券经纪业务中，包含的要素有：委托人、证券经纪商、证券交易所和证券交易对象。所谓证券经纪商，是指接受客户委托、代客户买卖证券并以此收取佣金的中间人。证券经纪商以代理人的身份从事证券交易，与客户是委托代理关系（故A项符合题意）。证券经纪商必须遵照客户发出的委托指令进行证券买卖，并尽可能以最有利的价格使委托指令得以执行，但证券经纪商并不承担交易中的价格风险。证券经纪商向客户提供服务以收取佣金作为报酬。因此，本题的正确答案为A。

11.【答案】A

【解析】我国《证券法》第139条规定："证券公司客户的交易结算资金应当存放在商业银行（故A项符合题意），以每个客户的名义单独立户管理。"根据此规定，证券公司已全面实施"客户交易结算资金第三方存管"。在该管理模式下，客户开立资金账户时，还需在证券公司的合作指定商业银行中指定一家作为其交易结算资金的指定商业银行，并与其指定的指定商业银行、证券公司三方共同签署《客户交易结算资金第三方存管协议书》。因此，本题的正确答案为A。

12.【答案】B

【解析】买卖证券的数量，可分为整数委托和零数委托。整数委托是指委托买卖证券的数量为1个交易单位或交易单位的整数倍。1个交易单位俗称"1手"。零数委托是指客户委托证券经纪商买卖证券时，买进或卖出的证券不足证券交易所规定的1个交易单位（故B项符合题意）。目前，我国只在卖出证券时才有零数委托。因此，本题的正确答案为B。

13.【答案】B

【解析】过户费是委托买卖的股票、基金成交后，买卖双方为变更证券登记所支付的费用。这笔收入属于中国结算公司的收入，由证券公司在同投资者清算交收时代为扣收。因此，本题的正确答案为B。

14.【答案】C

【解析】假设经纪人不收委托手续费，对股票交易佣金的收费为成交金额的2.8‰，所以卖出Y股票的佣金费用=500（股）×11.52（元）×0.0028=16.13（元）。因此，本题的正确答案为C。

15.【答案】B

【解析】证券公司从事证券经纪业务，客户资金不足而接受其买入委托，或者客户证券不足而接受其卖出委托的，依照《证券法》第二百零五条的规定处罚，即"没收违法所得，暂停或者撤销相关业务许可，并处以非法融资融券等值以下的罚款。对直接负责的主管人员和其他直接责任人员给予警告，撤销任职资格或者证券从业资格，并处以三万元以上三十万元以下的罚款"，所以A、C、D不符合题意。因此，本题的正确答案为B。

16.【答案】C

【解析】证券公司未按照规定为客户开立账户的,责令改正;情节严重的,处以20万元以上50万元以下的罚款(故C项符合题意),并对直接负责的董事、高级管理人员和其他直接责任人员,处以1万元以上5万元以下的罚款。因此,本题的正确答案为C。

17.【答案】A

【解析】证券账户持有人查询证券余额可在办理指定交易或转托管后的次日起,凭"二证"(身份证和证券账户卡)到指定交易或托管的证券营业部办理,或通过证券营业部的电脑自助系统自行完成查询(故A项符合题意)。中国结算公司及其开户代理机构也可办理账户注册资料、证券余额、证券变更等内容的查询。中国结算公司及其开户代理机构办理投资者申请查询开户资料免费,查询其他内容则按规定标准收费。因此,本题的正确答案为A。

18.【答案】D

【解析】网上竞价发行存在一些缺点。比如,股价容易被机构大资金操纵,从而增大了中小投资者的投资风险。特别是发行规模较小的股票,发行价格被大资金操纵的可能性较大,所以A、B、C项不符合题意。因此,本题的正确答案为D。

19.【答案】A

【解析】上海证券交易所市场A股送股日程安排如下:(1)申请材料送交日为T-5日前,故A项说法正确且符合题意;(2)结算公司核准答复日为T-3日前;(3)向证券交易所提交公告申请日为T-1日前,故B项说法不正确且不符合题意;(4)公告刊登日为T日,故C项说法不正确且不符合题意;(5)股权登记日为T+3日,故D项说法不正确且不符合题意。因此,本题的正确答案为A。

20.【答案】D

【解析】上市开放式基金的上市首日须为基金的开放日。基金上市首日的开盘参考价为上市首日前一交易日的基金份额净值(四舍五入至价格最小变动单位),所以A、B、C项不符合题意。因此,本题的正确答案为D。

21.【答案】D

【解析】2005年7月,上海证券交易所发布了《上海证券交易所权证管理暂行办法》,深圳证券交易所也发布了《深圳证券交易所权证管理暂行办法》(故A项说法正确但不符合题意)。这些文件对我国权证产品的运行进行了规范。权证存续期满前5个交易日,权证终止交易,但可以行权(故B项说法正确但不符合题意)。权证行权采用现金方式结算的,权证持有人行权时,按行权价格与行权日标的证券结算价格及行权费用之差价,收取现金。权证行权采用证券给付方式结算的,认购权证的持有人行权时,应支付以行权价格及标的证券数量计算的价款,并获得标的证券(故C项说法正确但不符合题意);认沽权证的持有人行权时,应交付标的证券,并获得以行权价格及标的证券数量计算的

165

价款。权证上市首日开盘参考价由保荐机构计算（故 D 项说法不正确但符合题意）；无保荐机构的，由发行人计算，并将计算结果提交证券交易所。因此，本题的正确答案为 D。

22.【答案】A

【解析】投资者办理证券交易所 ETF 份额的认购、交易、申购、赎回业务，需使用在中国结算公司开立的证券账户。ETF 的基金管理人采用网上现金认购的（故 A 项说法正确且符合题意），接受申报的证券交易所会员应即时冻结投资者用于认购的资金，并不得挪用。因此，本题的正确答案为 A。

23.【答案】A

【解析】对从事代办股份转让服务业务资格的申请条件具体规定如下：(1) 具备协会会员资格，遵守中国证券业协会自律规则，按时缴纳会费，履行会员义务；(2) 经中国证监会批准为综合类证券公司或比照综合类证券公司运营 1 年以上；(3) 同时具备承销业务、外资股业务和网上证券委托业务资格；(4) 最近年度净资产不低于人民币 8 亿元，净资本不低于人民币 5 亿元；(5) 经营稳健，财务状况正常，不存在重大风险隐患；(6) 最近 2 年内不存在重大违法违规行为；(7) 最近年度财务报告未被注册会计师出具否定意见或拒绝发表意见；(8) 设置代办股份转让业务管理部门，由公司副总经理以上的高级管理人员负责该项业务的日常管理，至少配备 2 名有资格从事证券承销业务和证券交易业务的人员，专门负责信息披露业务，其他业务人员须有证券业从业资格；(9) 具有 20 家以上的营业部，且布局合理（故 A 项符合题意）；(10) 具有健全的内部控制制度和风险防范机制；(11) 具备符合代办股份转让系统技术规范和标准的技术系统；(12) 协会要求的其他条件。因此，本题的正确答案为 A。

24.【答案】B

【解析】如果股份有限公司在证券交易所做出股票终止上市决定时，未依法确定代办机构的，由证券交易所指定临时代办机构。对于《关于作好股份公司终止上市后续工作的指导意见》施行前已退市的公司，在《关于作好股份公司终止上市后续工作的指导意见》施行后 15 个工作日内未确定代办机构的（故 B 项符合题意），由证券交易所指定临时代办机构。临时代办机构应自被指定之日起 45 个工作日内，开始为退市公司向社会公众发行的股份的转让提供代办服务。退市公司要终止股份转让代办服务的，应当由股东依照《公司法》和公司章程规定的程序做出决定。因此，本题的正确答案为 B。

25.【答案】D

【解析】上海证券交易所接受大宗交易的时间为每个交易日 9:30～11:30，13:00～15:30。但如果在交易日 15:00 前处于停牌状态的证券，则不受理其大宗交易的申报。每个交易日 15:00～15:30，交易所交易主机对买卖双方的成交申报进行成交确认。有涨跌幅限制证券的大宗交易成交价格，由买卖双方在当日涨跌幅价格限制范围内确定。无涨跌幅限制证券的大宗交易成交价格，由买卖双方在前收盘价的上下 30% 或当日已成交的最高、最低价之间自行协商确定，所以 A、B、C 项不符合题意。因此，本题的正确答案为 D。

26．【答案】B

【解析】标的证券除权的，权证的行权价格比例分别按下列公式进行调整：新行权价格＝原行权价格×（标的证券除权日参考价÷除权前一日标的证券收盘价）；新行权比例＝原行权比例×（除权前一日标的证券收盘价÷标的证券除权日参考价）。标的证券除息的，行权比例不变，行权价格按下列公式调整：新行权价格＝原行权价格×（标的证券除息日参考价÷除息前一日标的证券收盘价），所以 A、C、D 项不符合题意。因此，本题的正确答案为 B。

27．【答案】D

【解析】根据规定，一级交易商对固定收益证券做市时，应选定做市品种，至少应对在固定收益平台上挂牌交易的各关键期限国债中的一只基准国债进行做市。一级交易商在固定收益平台交易期间，应当对选定做市的特定固定收益证券进行连续双边报价，每交易日双边报价中断时间累计不得超过 60 分钟，故 D 项符合题意。一级交易商对做市品种的双边报价，应当是确定报价，且双边报价对应收益率价差小于 10 个基点，单笔报价数量不得低于 5000 手（1 手为 1000 元面值）。因此，本题的正确答案为 D。

28．【答案】C

【解析】报价交易中，交易商的每笔买卖报价应标明采用确定报价或待定报价，固定收益平台对确定报价和待定报价按照价格高低顺序进行排列。买卖报价为确定报价的，其他交易商接受报价后，经固定收益平台验证通过后成交。买卖报价为待定报价的，其他交易商接受报价后，原报价的交易商于 20 分钟内确认的，经固定收益平台验证通过后成交；20 分钟内未确认的，原报价自动取消。报价交易中，交易商的每笔买卖报价数量为 5000 手或其整数倍，报价按每 5000 手逐一进行成交，所以 A、B、D 项不符合题意。因此，本题的正确答案为 C。

29．【答案】B

【解析】风险性是证券公司自营买卖业务区别于经纪业务的另一重要特征（故 B 项符合题意）。由于自营业务是证券公司以自己的名义和合法资金直接进行的证券买卖活动，证券交易的风险性决定了自营买卖业务的风险性。在证券的自营买卖业务中，证券公司作为投资者，买卖的收益与损失完全由证券公司自身承担。而在代理买卖业务中，证券公司仅充当代理人的角色，证券买卖的时机、价格、数量都由委托人决定，由此而产生的收益和损失也由委托人承担。因此，本题的正确答案为 B。

30．【答案】B

【解析】市场风险主要是指因不可预见和控制的因素导致市场波动，造成证券公司自营亏损的风险。这是证券公司自营业务面临的主要风险。所谓自营业务的风险性或高风

167

险特点也主要是指这种风险,所以A、C、D项不符合题意。因此,本题的正确答案为B。

31.【答案】A

【解析】建立健全自营业务风险监控系统的功能,根据法律法规和监管要求,在监控系统中设置相应的风险监控阀值(故A项符合题意),通过系统的预警触发装置自动显示自营业务风险的动态变化,提高动态监控效率。因此,本题的正确答案为A。

32.【答案】D

【解析】常见的内幕交易包括以下行为:(1)内幕信息的知情人利用内幕信息买卖证券或者根据内幕信息建议他人买卖证券(故A项说法正确但不符合题意);(2)内幕信息的知情人向他人透露内幕信息,使他人利用该信息进行内幕交易(故B项说法正确但不符合题意);(3)非法获取内幕信息的人利用内幕信息买卖证券或者建议他人买卖证券(故C项说法正确但不符合题意)。因此,本题的正确答案为D。

33.【答案】C

【解析】操纵市场的行为会对证券市场构成严重危害。操纵市场是人为制造虚假的证券供给和需求,扰乱正常的供求关系(故C项符合题意),造成证券价格异常波动,从而破坏市场秩序,损害广大投资者利益。因此,证券公司在从事自营业务过程中不得从事操纵市场的行为。因此,本题的正确答案为C。

34.【答案】A

【解析】限定性集合资产管理计划的资产应当主要用于投资国债、国家重点建设债券、债券型证券投资基金、在证券交易所上市的企业债券、其他信用度高且流动性强的固定收益类金融产品。限定性集合资产管理计划投资于业绩优良、成长性高、流动性强的股票等权益类证券以及股票型证券投资基金的资产,不得超过该计划资产净值的20%(故A项符合题意),并应当遵循分散投资风险的原则。因此,本题的正确答案为A。

35.【答案】B

【解析】证券公司从事资产管理业务,应当符合下列条件:(1)经中国证监会核定具有证券资产管理业务的经营范围;(2)净资本不低于2亿元人民币,且符合中国证监会关于经营证券资产管理业务的各项风险监控指标的规定(故B项符合题意);(3)资产管理业务人员具有证券业从业资格,无不良行为记录,其中,具有3年以上证券自营、资产管理或者证券投资基金管理从业经历的人员不少于5人;(4)具有良好的法人治理结构、完备的内部控制和风险管理制度,并得到有效执行;(5)最近一年未受到过行政处罚或者刑事处罚;(6)中国证监会规定的其他条件。因此,本题的正确答案为B。

36.【答案】D

【解析】证券公司办理集合资产管理业务,应当将集合资产管理计划资产交由资产托管机构进行托管。证券公司、资产托管机构应当为集合资产管理计划单独开立证券账户和资金账户。资金账户名称应当是"集合资产管理计划名称"。证券账户名称应当是"证券公司名称—资产托管机构名称—集合资产管理计划名称",所以A、B、C项不符合题意。因此,本题的正确答案为D。

37．【答案】D

【解析】集合资产管理计划推广期间,应当由托管银行负责托管与集合资产管理计划推广有关的全部账户和资金(故D项符合题意)。证券公司和代理推广机构应当将推广期间客户的资金存入在托管银行开立的专门账户。在集合资产管理计划设立完成、开始投资运作之前,任何人不得动用集合资产管理计划的资金。因此,本题的正确答案为D。

38．【答案】C

【解析】证券公司在证券自营账户与证券资产管理账户之间或者不同的证券资产管理账户之间进行交易,且无充分证据证明已依法实现有效隔离的,依照《证券法》第二百二十条的规定处罚,即责令改正,没收违法所得,并处以30万元以上60万元以下的罚款(故C项符合题意);情节严重的,撤销相关业务许可。对直接负责的主管人员和其他直接责任人员给予警告,并处以3万元以上10万元以下的罚款;情节严重的,撤销任职资格或者证券从业资格。因此,本题的正确答案为C。

39．【答案】D

【解析】证监会派出机构应当自收到融资融券申请书之日起10个工作日内(故D项符合题意),向证监会出具是否同意申请人开展融资融券业务试点的书面意见。因此,本题的正确答案为D。

40．【答案】B

【解析】标的证券为股票的,应当符合下列条件:(1)在交易所上市交易满3个月;(2)融资买入标的股票的流通股本不少于1亿股或流通市值不低于5亿元(故B项符合题意),融券卖出标的股票的流通股本不少于2亿股或流通市值不低于8亿元;(3)股东人数不少于4000人;(4)在过去3个月内没有出现下列情形之一:①日均换手率低于基准指数日均换手率的15%,且日均成交金额小于5000万元;②日均涨跌幅平均值与基准指数涨跌幅平均值的偏离值超过4%;③波动幅度达到基准指数波动幅度的5倍以上;(5)股票发行公司已完成股权分置改革;(6)股票交易未被交易所实行特别处理;(7)交易所规定的其他条件。因此,本题的正题答案为B。

41．【答案】B

【解析】证券发行采取市值配售发行方式的,客户信用证券账户的明细数据纳入其对应市值的计算,所以A、C、D项不符合题意。因此,本题的正确答案为B。

42．【答案】B

【解析】证券公司应当于每个交易日22:00前向交易所报送当日各标的证券融资买入额、融资还款额、融资余额,以及融券卖出量、融券偿还量和融券余量等数据(故B项符合题意),证券公司应当保证所报送数据的真实、准确、完整。因此,本题的正确答案为 B。

43. 【答案】C

【解析】违反《证券公司监督管理条例》的规定,有下列情形之一的,责令改正,给予警告,没收违法所得,并处以违法所得 1 倍以上 5 倍以下的罚款;没有违法所得或者违法所得不足 10 万元的,处以 10 万元以上 60 万元以下的罚款;情节严重的,撤销相关业务许可。对直接负责的主管人员和其他直接责任人员给予警告,撤销任职资格或者证券从业资格,并处以 3 万元以上 30 万元以下的罚款(故 C 项符合题意):(1) 证券公司、资产托管机构、证券登记结算机构违反规定动用客户担保账户内的资金、证券;(2) 资产托管机构、证券登记结算机构对违反规定动用客户担保账户内的资金、证券的申请、指令予以同意、执行;(3) 资产托管机构、证券登记结算机构发现客户担保账户内的资金、证券被违法动用而未向国务院证券监督管理机构报告。因此,本题的正确答案为 C。

44. 【答案】A

【解析】《上海证券交易所债券交易实施细则》规定,债券回购交易集中竞价时,其申报应当符合下列要求:(1) 申报单位为手,1000 元标准券为 1 手;(2) 计价单位为每百元资金到期年收益;(3) 申报价格最小变动单位为 0.005 元或其整数倍;(4) 申报数量为 100 手或其整数倍,单笔申报最大数量应当不超过 1 万手(故 A 项符合题意);(5) 申报价格限制按照交易规则的规定执行。因此,本题的正确答案为 A。

45. 【答案】A

【解析】公开报价还可进一步分为单边报价和双边报价两类。单边报价是指参与者为表明自身对资金或债券的供给或需求而面向市场做出的公开报价(故 A 项符合题意)。双边报价是指经批准的参与者在进行现券买卖公开报价时,在中国人民银行核定的债券买卖价差范围内连续报出该券种的买卖实价,并可同时报出该券种的买卖数量、清算速度等交易要素。进行双边报价的参与者有义务在报价的合理范围内与对手方达成交易。因此,本题的正确答案为 A。

46. 【答案】C

【解析】国债买断式回购交易按照证券账户进行申报。申报应当符合以下要求:(1) 价格:按每百元面值债券到期购回价(净价)进行申报,故 C 项符合题意;(2) 融资方申报"买入",融券方申报"卖出";(3) 最小报价变动:0.01 元;(4) 交易单位:手(1 手:1000 元面值);(5) 申报单位:1000 手或其整数倍;(6) 每笔申报限量:竞价撮合系统最小 1000 手,最大 50000 手。单笔交易数量在 10000 手(含)以上,可采用大宗交易方式进行。有关大宗交易的其他规定按照《上海证券交易所大宗交易实施细则》执行。因此,本题的正确答案为 C。

47. 【答案】D

【解析】上海证券交易所在国债买断式回购引入了交易权限管理制度(故 D 项符合

题意），即并不是所有会员均可参与买断式回购，只有满足一定条件、经过核准的会员公司才可以自营或代理参与买断式回购交易。会员公司代理客户参与买断式回购交易，需承担其客户在债券和资金结算方面的交收责任。因此，本题的正确答案为D。

48．【答案】B

【解析】上海证券交易所买断式回购的交易品种和报价方式：国债买断式回购交易的券种和回购期限由交易所确定并向市场公布，所以A、C、D项不符合题意。因此，本题的正确答案为B。

49．【答案】A

【解析】国债买断式回购交易按照证券账户进行申报。申报应当符合以下要求：（1）价格：按每百元面值债券到期购回价（净价）进行申报；（2）融资方申报"买入"，融券方申报"卖出"；（3）最小报价变动：0.01元；（4）交易单位：手（1手：1000元面值）；（5）申报单位：1000手或其整数倍；（6）每笔申报限量：竞价撮合系统最小1000手，最大50000手。单笔交易数量在10000手（含）以上（故A项符合题意），可采用大宗交易方式进行。有关大宗交易的其他规定按照《上海证券交易所大宗交易实施细则》执行。因此，本题的正确答案为A。

50．【答案】B

【解析】上海证券交易所根据财政部、中国人民银行、中国证监会《关于开展国债买断式回购业务的通知》要求，于2004年12月6日，即2004年记账式（十期）国债上市日起（故B项符合题意），在大宗交易系统将此期国债用于买断式回购交易；继而于2005年3月21日，即2005年记账式（二期）国债上市日起，在竞价交易系统将此期国债用于买断式回购交易。至此，上海证券交易所买断式回购挂牌品种均同时在竞价交易系统和大宗交易系统进行交易。因此，本题的正确答案为B。

51．【答案】A

【解析】实行分级结算原则主要是出于防范结算风险的考虑（故A项符合题意）。证券登记结算机构与客户没有直接业务联系，很难衡量客户的资质和风险；同时，由于客户数量较多、地区分布较散，在出现交收违约时，证券登记结算机构也很难处理。而对数量相对较少、实力相对较强、取得结算参与人资格的证券公司或其他机构而言，证券登记结算机构则可以有效采取相关风险管理措施。在境外证券交易所市场，分级结算是一种普遍的做法。因此，本题的正确答案为A。

52．【答案】B

【解析】最低结算备付金限额：上月证券买入金额 ÷ 上月交易天数 × 最低结算备付金比例。式中：上月证券买入金额包括在证券交易所上市交易的A股、基金、ETF、LOF、权证、债券以及未来新增的、采用净额结算的证券品种的二级市场买入金额，债券回购初始融出资金金额和到期购回金额，但不包括买断式回购到期购回金额；对于最低结算备付金比例，债券品种（包括现券交易和回购交易）按10%计收，债券以外的其他证券品种按20%计收，所以A、C、D项不符合题意。因此，本题的正确答案为B。

53．【答案】C

【解析】根据各结算参与人的风险程度，中国结算公司每月为各结算参与人确定最低结算备付金比例，并按照各结算参与人上月证券日均买入金额和最低结算备付金比例，确定其最低结算备付金限额，计算公式为：上月证券买入金额 ÷ 上月交易天数 × 最低结算备付金比例。因此，本题的正确答案为C。

54．【答案】C

【解析】接收完证券交易数据后，中国结算公司沪、深分公司一般在当日日终（故C项符合题意），作为共同对手方，以结算参与人为单位，对各结算参与人负责清算的证券交易对应的应收和应付价款进行轧抵处理。在清算过程中，除计算应收和应付价款外，还需将印花税、经手费、监管规费等税费一并纳入净额清算中。因此，本题的正确答案为C。

55．【答案】C

【解析】我国内地市场目前存在两种滚动交收周期，即T+1与T+3。T+1滚动交收目前适用于我国内地市场的A股、基金、债券、回购交易等；T+3滚动交收适用于B股（人民币特种股票），所以A、B、D项不符合题意。因此，本题的正确答案为C。

56．【答案】A

【解析】证券交易的清算是指在每一营业日中每个结算参与人证券和资金的应收、应付数量或金额进行计算的处理过程；证券交易的交收是指根据清算的结果在事先约定的时间内履行合约的行为，一般指买方支付一定款项以获得所购证券，卖方交付一定证券以获得相应价款。清算和交收两个过程统称为结算，所以B、C、D项不符合题意。因此，本题的正确答案为A。

57．【答案】A

【解析】买断式回购初始交易日（T日），中国结算上海分公司清算系统根据交易所成交数据按参与人清算编号对买断式回购交易、履约金与其他品种的交易进行清算（故A项符合题意），形成一个清算净额。因此，本题的正确答案为A。

58．【答案】C

【解析】投资者进行证券交易的资金存取方式曾先后有多种，如证券营业部自设资金柜台来办理客户的资金存取（故A项说法正确但不符合题意），将客户资金存取业务委托给银行代理（故B项说法正确但不符合题意），将证券营业部资金核算电脑系统与银行储蓄网络系统实现联网后进行银证转账存取等(故D项说法正确但不符合题意)。因此，本题的正确答案为C。

59．【答案】C

【解析】我国过去开放式基金不在证券交易所上市交易,而是通过金融机构柜台进行基金份额的申购和赎回(故 C 项符合题意)。2004 年我国对开放式基金的运行进行创新,允许一些开放式基金到证券交易所上市交易。因此,本题的正确答案为 C。

60.【答案】B

【解析】在深圳证券交易所基金份额的申购以金额申报(故 B 项符合题意),申报单位为 1 元人民币;赎回以份额申报,申报单位为 1 份基金份额。因此,本题的正确答案为 B。

二、多项选择题

1.【答案】ABCD

【解析】股票、债券等属于基础性的金融产品。在现代证券市场上,除了基础性的金融工具交易,还存在许多衍生性的金融工具交易。金融衍生工具又称金融衍生产品(故 A 项说法正确且符合题意),是与基础金融产品相对应的一个概念(故 B 项说法正确且符合题意),指建立在基础产品或基础变量之上(故 C 项说法正确且符合题意),其价格取决于后者价格(或数值)变动的派生金融产品(故 D 项说法正确且符合题意)。金融衍生工具交易包括权证交易、金融期货交易、金融期权交易、可转换债券交易等。因此,本题的正确答案为 ABCD。

2.【答案】ABD

【解析】另外,我国对证券投资者买卖证券还有一些限制条件。例如,我国《证券法》规定,证券交易所、证券公司和证券登记结算机构的从业人员、证券监督管理机构的工作人员以及法律、行政法规禁止参与股票交易的其他人员,在任期或者法定限期内,不得直接或者以化名、借他人名义持有、买卖股票(故 A、B 项说法正确且符合题意),也不得收受他人赠送的股票(故 D 项说法正确且符合题意)。因此,本题的正确答案为 ABD。

3.【答案】AC

【解析】证券交易所的组织形式有会员制和公司制两种(故 A、C 项符合题意)。我国上海证券交易所和深圳证券交易所都采用会员制,设会员大会、理事会和专门委员会。理事会是证券交易所的决策机构,理事会下面可以设立其他专门委员会。证券交易所设总经理,负责日常事务。总经理由国务院证券监督管理机构任免。因此,本题的正确答案为 AC。

4.【答案】ABCD

【解析】证券交易所会员在享受权利的同时,也必须承担一定的义务。上海证券交易所和深圳证券交易所对这方面的规定也大致相同,主要有以下几方面:(1)遵守国家的有关法律法规、规章和政策,依法开展证券经营活动;(2)遵守证券交易所章程、各项

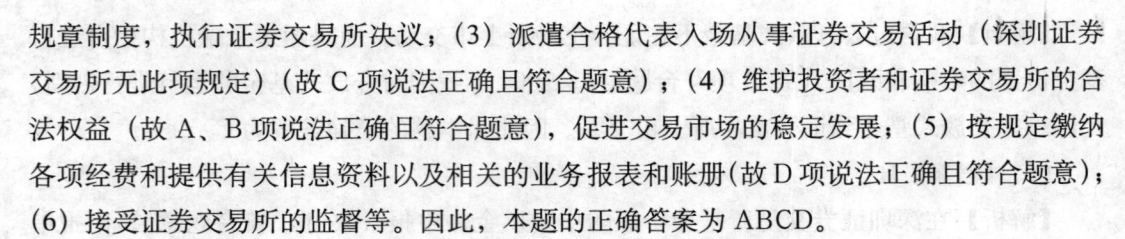

规章制度，执行证券交易所决议；(3)派遣合格代表入场从事证券交易活动（深圳证券交易所无此项规定）（故 C 项说法正确且符合题意）；(4)维护投资者和证券交易所的合法权益（故 A、B 项说法正确且符合题意），促进交易市场的稳定发展；(5)按规定缴纳各项经费和提供有关信息资料以及相关的业务报表和账册(故 D 项说法正确且符合题意)；(6)接受证券交易所的监督等。因此，本题的正确答案为 ABCD。

5.【答案】BD

【解析】会员设立的交易单元通过网关与深圳证券交易系统连接。会员可通过多个网关进行一个交易单元的交易申报，也可通过一个网关进行多个交易单元的交易申报，故 B、D 项说法正确且符合题意，但不得通过其他会员的网关进行交易申报。因此，本题的正确答案为 BD。

6.【答案】ABCD

【解析】在证券经纪业务中，委托人的资料关系到其投资决策的实施和投资盈利的实现，关系到委托人的切身利益，证券经纪商有义务为客户保密，但法律另有约定的除外。保密的资料包括：客户开户的基本情况（故 D 项说法正确且符合题意），如股东账户和资金账户的账号和密码（故 A 项说法正确且符合题意）；客户委托的有关事项（故 B 项说法正确且符合题意），如买卖哪种证券、买卖证券的数量和价格等；客户股东账户中的库存证券种类和数量、资金账户中的资金余额等（故 C 项说法正确且符合题意）。如因证券经纪商泄露客户资料而造成客户损失，证券经纪商应承担赔偿责任。因此，本题的正确答案为 ABCD。

7.【答案】AB

【解析】《上海证券交易所交易规则》还规定，上海证券交易所接受会员的限价申报和市价申报。根据市场需要，上海证券交易所可以接受下列方式的市价申报：(1)最优 5 档即时成交剩余撤销申报（故 A 项说法正确且符合题意），即该申报在对手方实时最优 5 个价位内以对手方价格为成交价逐次成交，剩余未成交部分自动撤销；(2)最优 5 档即时成交剩余转限价申报，即该申报在对手方实时 5 个最优价位内以对手方价格为成交价逐次成交，剩余未成交部分按本方申报最新成交价转为限价申报（故 B 项说法正确且符合题意）；如该申报无成交的，按本方最优报价转为限价申报；如无本方申报的，该申报撤销；(3)上海证券交易所规定的其他方式。因此，本题的正确答案为 AB。

8.【答案】AD

【解析】建立健全投资者教育、客户适当性原理制度，建立以"了解自己的客户"和"适当性服务"为核心的客户管理和服务体系（故 A、D 项符合题意）。向投资者充分揭示投资风险，为客户提供适当的产品和服务。因此，本题的正确答案为 AD。

9.【答案】ABCD

【解析】上海证券交易所规定，上市公司召开股东大会审议下列事项的，应当向股东提供网络投票方式；上市公司发行股票、可转换公司债券及中国证券监督管理委员会认可的其他证券品种；上市公司重大资产重组；上市公司以超过当次募集资金金额10%以上的闲置募集资金暂时用于补充流动资金；上市公司股权激励计划；股东以其持有的上市公司股权偿还其所欠该上市公司债务；对上市公司和社会公众股股东利益有重大影响的相关事项；上市公司章程规定需要提供网络投票方式的事项；证券交易所要求提供网络投票方式的事项。因此，本题的正题答案为ABCD。

10.【答案】BCD

【解析】证券自营业务是指经中国证监会批准经营证券自营业务的证券公司用自有资金和依法筹集的资金，用自己名义开设的证券账户买卖依法公开发行或中国证监会认可的其他有价证券，以获取盈利的行为。具体地说有以下4层含义：(1)只有经中国证监会批准经营证券自营的证券公司才能从事证券自营业务，故A项说法不正确所以不符合题意。从事证券自营业务的证券公司其注册资本最低限额应达到1亿元人民币，净资本不得低于5000万元人民币；(2)自营业务是证券公司以盈利为目的、为自己买卖证券、通过买卖价差获利的一种经营行为（故C项说法正确且符合题意）；(3)在从事自营业务时，证券公司必须使用自有或依法筹集可用于自营的资金（故B项说法正确且符合题意）；(4)自营买卖必须在以自己名义开设的证券账户中进行；并且只能买卖依法公开发行的或中国证监会认可的其他有价证券。证券自营业务的主要内容是上市证券交易，但也有非上市证券交易（故D项说法正确且符合题意），因此，本题的正确答案为BCD。

11.【答案】ABCD

【解析】证券公司融资融券业务的风险包括：(1)客户信用风险（故A项符合题意），客户信用风险主要是指由于客户违约，不能偿还到期债务而导致证券公司损失的可能性；(2)市场风险（故B项符合题意），市场风险主要是指因不可预见和控制的因素导致市场波动，交易异常，造成证券交易所融资融券交易无法正常进行、危及市场安全，或造成证券公司客户担保品贬值、维持担保比例不足，且证券公司无法实施强制平仓收回融出资金（证券）而导致损失的可能性；(3)业务规模及集中度风险，业务规模及集中度风险主要是指证券公司融资融券规模失控，对单个客户融资融券规模过大、期限过长，而造成证券公司资产流动性不足、净资本规模和比例不符合监管规定的可能性；(4)业务管理风险（故C项符合题意），业务管理风险主要是指证券公司融资融券业务经营中因制度不全、管理不善、控制不力、操作失误等原因导致业务经营损失的可能性；(5)信息技术风险（故D项符合题意），信息技术风险主要是指因证券公司融资融券交易信息系统故障致使交易中断、监控失效而导致承担客户资产损失的赔偿责任或无法收回到期债权的可能性。因此，本题的正确答案为ABCD。

12.【答案】AD

【解析】参见本套试卷单选题43题解析。因此，本题的正确答案为AD。

175

13.【答案】AB

【解析】全国银行间债券回购参与者包括:(1)在中国境内具有法人资格的商业银行及其授权分支机构;(2)在中国境内具有法人资格的非银行金融机构和非金融机构;(3)经中国人民银行批准经营人民币业务的外国银行分行。这些机构进入全国银行间债券市场,应签署"全国银行间债券市场债券回购主协议"(由中国人民银行货币政策司于2000年7月28日颁布)。除签订回购主协议外,回购双方进行回购交易应逐笔订立回购成交合同。回购成交合同与债券回购主协议共同构成回购交易完整的回购合同。因此,本题的正确答案为AB。

14.【答案】BD

【解析】国债买断式回购的交易主体限于在中国结算上海分公司以法人名义开立证券账户的机构投资者(B、D账户)。因此,本题的正确答案为BD。

15.【答案】AC

【解析】我国内地市场目前存在两种滚动交收周期,即T+1与T+3。T+1滚动交收目前适用于我国内地市场的A股、基金、债券、回购交易等,故A项符合题意;T+3滚动交收适用于B股(人民币特种股票)。因此,本题的正确答案为AC。

16.【答案】ABC

【解析】为保证多边净额清算结果的法律效力,一般需要引入共同对手方的制度安排。共同对手方(CCP)是指在结算过程中,同时作为所有买方和卖方的交收对手并保证交收顺利完成的主体(故A项说法正确且符合题意),一般由结算机构充当。如果买卖中的一方不能按约定条件履约交收,结算机构也要依照结算规则向守约一方先行垫付其应收的证券或资金(故B项说法正确且符合题意)。共同对手方的引入,使得交易双方无需担心交易对手的信用风险,有利于增强投资信心和活跃市场交易。事实上,由于结算机构充当共同对手方,卖出证券的投资者相当于将证券卖给了结算机构,买入证券的投资者相当于从结算机构买入证券(故C项说法正确且符合题意),买卖双方可以获得的证券或款项得到了保证。对于我国证券交易所市场实行多边净额清算的证券交易,证券登记结算机构(中国结算公司)是承担相应交易交收责任的所有结算参与人的共同对手方(所以D项说法不正确)。因此,本题的正确答案为ABC。

17.【答案】ACD

【解析】最低结算备付金额的计算公式中的上月证券买入金额包括在证券交易所上市交易的A股、基金、ETF、LOF、权证、债券以及未来新增的、采用净额结算的证券品种的二级市场买入金额,债券回购初始融出资金金额和到期购回金额,但不包括买断式回购到期购回金额。因此,本题的正确答案为ACD。

18.【答案】ABCD

【解析】证券交易的结算可以划分为清算和交收两个主要环节。在此基础上,还可以进一步划分为交易数据接收、清算、发送清算结果、结算参与人组织证券或资金以备交收、证券交收和资金交收、发送交收结果、结算参与人划回款项、交收违约处理等八个环节。因此，本题的正确答案为 ABCD。

19．【答案】ABD

【解析】对于资金交收违约，中国结算公司沪、深分公司将暂不向该结算参与人交付其应收的证券，同时按规则计收违约金。另外，由于在结算参与人资金交收违约时，中国结算公司沪、深分公司作为共同对手方需垫付款项给守约结算参与人，为弥补自身成本，中国结算公司沪、深分公司还需向违约结算参与人通过补缴款项等尽快弥补交收违约。如果违约结算参与人在违约次日前仍未能弥补资金交收违约，中国结算公司沪、深分公司将违约第二日起，采取处置暂不交付证券的措施，收回此前垫付的资金。实践中，除了 ETF、权证等新品种外，现行 A 股、基金、债券等品种的交收违约处置并未完全按上述流程处理，还有待在推行货银对付方案的过程中加以完善。因此，本题的正确答案为 ABD。

20．【答案】ABCD

【解析】非交易过户登记是指符合法律规定和程序的因股份协议转让、司法扣划、行政划拨、继承、捐赠、财产分割、公司购并、公司回购股份和公司实施股权激励计划等原因，发生的记名证券在出让人、受让人或账户之间的变更登记。因此，本题的正确答案为 ABCD。

21．【答案】BD

【解析】在我国，证券公司是指依照《中华人民共和国公司法》（以下简称《公司法》）规定和经国务院证券监督管理机构审查批准的、经营证券业务的有限责任公司或者股份有限公司。因此，本题的正确答案为 BD。

22．【答案】AC

【解析】证券交易所交易系统接受申报后，要根据订单的成交规则进行撮合配对。符合成交条件的予以成交。不符合成交条件的继续等待成交，超过了委托时效的订单失效。在成交价格确定方面，一种情况是通过买卖双方直接竞价形成交易价格；另一种情况是交易价格由交易商报出，投资者接受交易商的报价后即可与交易商进行证券买卖。因此，本题的正确答案为 AC。

23．【答案】BD

【解析】证券营业部接受客户委托后应按"时间优先、客户优先"的原则进行申报竞价（故 B、D 项符合题意）。时间优先是指证券营业部应按受托时间的先后次序为委托人申报。客户优先是指当证券公司自营买卖申报与客户委托买卖申报在时间上相冲突时，应让客户委托买卖优先申报。在我国，根据上海和深圳证券交易所交易规则的规定，取得自营业务资格的证券公司应当设专门管理人员和专用交易终端从事自营业务，不得因自营业务影响经纪业务。因此，本题的正确答案为BD。

24．【答案】AC

【解析】年度天数及已计息天数：1年按365天计算，闰年2月29日不计算利息；已计息天数是指起息日至成交日实际日历天数，所以可计算出已计息天数为136天。根据净价的基本原理，应计利息额的计算公式应为：应计利息额＝债券面值×票面利率÷365（天）×已计息天数＝100（元）×5%÷365（天）×136（天）＝1.86（元）。因此，本题的正确答案为AC。

25．【答案】AC

【解析】履约金到期归属按规则判定，而银行间市场则没有此类规则。上海证券交易所规定，回购到期双方按约履行的，履约金返还各自一方；如单方违约，违约方的履约金归守约方所有；如双方违约，双方各自缴纳的履约金划归证券结算风险基金。违约方承担的违约责任只以支付履约金为限，实际履约义务可以免除；而在银行间市场，保证金或保证券处置后仍不能弥补违约损失的，一般情况下守约方可以继续向违约方追索。与此相应，上海证券交易所买断式回购到期日闭市前，融资方和融券方均可就该日到期回购进行不履约申报。因此，本题的正确答案为AC。

26．【答案】ABC

【解析】投资者在委托买卖证券时，需支付多项费用和税收，如佣金、过户费、印花税等。因此，本题的正确答案为ABC。

27．【答案】ABCD

【解析】《证券账户管理规则》规定，一个自然人、法人可以开立不同类别和用途的证券账户。对于同一类别和用途的证券账户，原则上一个自然人、法人只能开立一个。对于国家法律法规和行政规章规定需要资产分户管理的特殊法人机构，包括保险公司、证券公司、信托公司、基金公司、社会保障类公司和合格境外机构投资者等机构，可按规定向中国结算公司申请开立多个证券账户。因此，本题的正确答案为ABCD。

28．【答案】AB

【解析】证券经纪商为投资者办理经纪业务的前提条件之一，是投资者必须事先到中国结算公司或其开户代理机构开立证券账户。开立证券账户应坚持合法性和真实性的原则。因此，本题的正确答案为AB。

29．【答案】ABC

【解析】证券登记按证券种类可以划分为股份登记、基金登记、债券登记、权证登记、交易型开放式指数基金登记等；按性质划分可以分为初始登记、变更登记、退出登记等。因此，本题的正确答案为ABC。

30．【答案】AC

【解析】深圳证券交易所，配股认购于R+1日开始，认购期为5个工作日（故C项符合题意）。逾期不认购，视同放弃。上市公司（或保荐机构）在配股缴款期内应至少刊登三次《配股提示性公告》。配股缴款时，如投资者在多个证券营业部开户并持有该公司股票的，应到各个相应的营业部进行配股认购，申报方向为买入。投资者在配股缴款时可以多次申报，可以撤单。如超额申报认购配股，则超额部分不予确认。在每一认购日收市后，中国结算公司对配股认购数据进行确认，确认结果通过股份结算信息库返回证券营业部。公司股票及其衍生品种在R+1日至R+6日期间停牌。配股发行不向投资者收取手续费。因此，本题的正确答案为AC。

31.【答案】ACD
【解析】B股现金红利派发日程安排。B股现金红利的派发日程与A股稍有不同，程序如下：(1) 申请材料送交日为T－5日前；(2) 中国结算上海分公司核准答复日为T－3日前（故A项说法正确且符合题意）；(3) 向交易所提交公告申请日为T－1日前；(4) 公告刊登日为T日（故B项说法不正确且不符合题意）；(5) 最后交易日为T+3日；(6) 权益登记日为T+6日（故C项说法正确且符合题意）；(7) 现金红利发放日为T+11日（故D项说法正确且符合题意）。因此，本题的正确答案为ACD。

32.【答案】AC
【解析】根据中国证券业协会发布的《证券公司从事代办股份转让主办券商管理办法（试行）》规定，主办业务包括：发布关于所推荐股份转让公司的分析报告，包括在挂牌前发布推荐报告（故A项说法正确且符合题意），在公司披露定期报告后的10个工作日内发布对定期报告的分析报告（故B项说法不正确且不符合题意），以及在董事会就公司股本结构变动、资产重组等重大事项做出决议后的5个工作日内发布分析报告（故C项说法正确且符合题意），客观地向投资者揭示公司存在的风险。因此，本题的正确答案为AC。

33.【答案】BCD
【解析】证券公司营业部必须在营业场所发布股份转让的价格信息。转让日当天的价格信息发布内容为：股份编码和名称（故B项符合题意），上一转让日转让价格和数量、当日转让价格和数量（故C、D项符合题意）。股份转让公司也应按照规定在营业场所进行信息披露。股份每周转让5次的公司，信息披露参照上市公司标准执行；股份每周转让3次的公司，在会计年度结束后的4个月内，必须公布经具有证券业从业资格会计师事务所审计的年度报告。因此，本题的正确答案为BCD。

34.【答案】BCD
【解析】如果上市证券发生权益分派、公积金转增股本、配股等事项，就要进行除息与除权（所以B、C、D项符合题意）。我国证券交易所在权益登记日（B股为最后交易日）的次一交易日对该证券作除权、除息处理。因此，本题的正确答案为BCD。

35.【答案】ABC

【解析】证券公司自营买卖业务的首要特点即为决策的自主性，这表现在：(1) 交易行为的自主性。证券公司自主决定是否买入或卖出某种证券（故 C 项说法正确且符合题意）；(2) 选择交易方式的自主性。证券公司在买卖证券时，是通过交易所买卖还是通过其他场所买卖，由证券公司在法规范围内依一定的时间、条件自主决定（故 B 项说法正确且符合题意）；(3) 选择交易品种、价格的自主性。证券公司在进行自营买卖时，可根据市场情况，自主决定买卖品种、价格（故 A 项说法正确且符合题意）。因此，本题的正确答案为 ABC。

36．【答案】CD

【解析】自营业务运作管理重点之一：建立严密的自营业务操作流程，确保自营部门及员工按规定程序行使相应的职责；应重点加强投资品种的选择及投资规模的控制、自营库存变动的控制（故 C、D 项符合题意），明确自营操作指令的权限及下达程序、请示报告事项及程序等。因此，本题的正确答案为 CD。

37．【答案】AB

【解析】标的证券为股票的，应当符合下列条件：(1) 在交易所上市交易满 3 个月；(2) 融资买入标的股票的流通股本不少于 1 亿股或流通市值不低于 5 亿元，融券卖出标的股票的流通股本不少于 2 亿股或流通市值不低于 8 亿元；(3) 股东人数不少于 4000 人；(4) 在过去 3 个月内没有出现下列情形之一：①日均换手率低于基准指数日均换手率的 15%，且日均成交金额小于 5000 万元；②日均涨跌幅平均值与基准指数涨跌幅平均值的偏离值超过 4%；③波动幅度达到基准指数波动幅度的 5 倍以上；(5) 股票发行公司已完成股权分置改革；(6) 股票交易未被交易所实行特别处理；(7) 交易所规定的其他条件。因此，本题的正题答案为 AB。

38．【答案】BC

【解析】信用风险包括买方不能履行资金交收义务的风险（故 C 项符合题意），或卖方不能履行证券交易义务的风险。证券登记结算机构作为共同对手方，如果买卖中的一方不能按约定条件履约交收（故 B 项符合题意），证券登记结算机构也要向守约一方支付其应收的证券或资金。因此，在证券公司参与交易时无须顾忌对手方信用风险的同时，证券登记结算机构自身也因此集中承担了所有的对手方的信用风险。因此，本题的正确答案为 BC。

39．【答案】AC

【解析】证券过户有两种情况：交易性过户和非交易性过户（包括因为继承、赠与、财产分割、法院判决、账户挂失等引起的过户），但不包括因股份注销使某证券从某账户中单方面减少。债券登记变更的种类包括：因此，本题的正确答案为 AC。

40．【答案】ABCD

【解析】标准券折算率是指一单位债券可折成的标准券金额与其面值的比率。理论上，

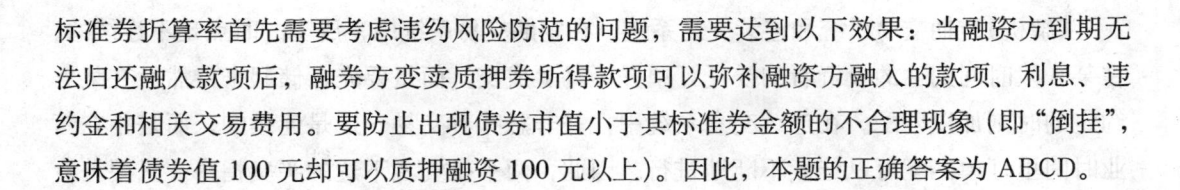

标准券折算率首先需要考虑违约风险防范的问题，需要达到以下效果：当融资方到期无法归还融入款项后，融券方变卖质押券所得款项可以弥补融资方融入的款项、利息、违约金和相关交易费用。要防止出现债券市值小于其标准券金额的不合理现象（即"倒挂"，意味着债券值100元却可以质押融资100元以上）。因此，本题的正确答案为ABCD。

三、判断题

1.【答案】B

【解析】公正原则是指应当公正地对待证券交易的参与各方，以及公正地处理证券交易事务。在实践中，公正原则也体现在很多方面。例如，公正地办理证券交易中的各项手续，公正地处理证券交易中的违法违规行为等。因此，本题的正确答案为B。

2.【答案】A

【解析】在我国，根据《证券法》的规定，证券交易所是为证券集中交易提供场所和设施，组织和监督证券交易，实行自律管理的法人。证券交易所的设立和解散，由国务院决定。因此，本题的正确答案为A。

3.【答案】B

【解析】中国证券登记结算有限责任公司（以下简称"中国结算公司"）是我国的证券登记结算机构，该公司在上海和深圳两地各设一个分公司，其中上海分公司（简称"中国结算上海分公司"）主要针对上海证券交易所的上市证券，为投资者提供证券登记结算服务；深圳分公司（简称"中国结算深圳分公司"）主要针对深圳证券交易所的上市证券，为投资者提供证券登记结算服务。因此，本题的正确答案为B。

4.【答案】A

【解析】证券投资基金是指通过公开发售基金份额募集资金，由基金托管人托管、由基金管理人管理和运用资金，为基金份额持有人的利益以资产组合方式进行证券投资活动的基金。因此，它是一种利益共享、风险共担的集合证券投资方式。基金交易是指以基金为对象进行的流通转让活动。从基金的基本类型看，一般可以分为封闭式与开放式两种。因此，本题的正确答案为A。

5.【答案】A

【解析】随着我国证券市场的对外开放，我国证券市场的投资者不仅仅是境内的自然人和法人，还有境外的自然人和法人，但是对境外投资者的投资范围有一定的限制。一般的境外投资者可以投资在证券交易所上市的外资股（即B股）；而合格境外机构投资者则可以在经批准的投资额度内投资在交易所上市的除B股以外的股票、国债、可转换债券、企业债券、权证、封闭式基金、经中国证监会批准设立的开放式基金，还可以参与股票增发、配股、新股发行和可转换债券发行的申购。因此，本题的正确答案为A。

6.【答案】A

【解析】定期交易系统和连续交易系统。在定期交易系统中，成交的时点是不连续的。在某一段时间到达的投资者的委托订单并不马上成交，而是要先存储起来，然后在某一约定的时刻加以匹配。在连续交易系统中，并非意味着交易一定是连续的，而是指在营业时间里订单匹配可以连续不断地进行。因此，两个投资者下达的买卖指令，只要符合成交条件就可以立即成交。而不必再等待一段时间定期成交。因此，本题的正确答案为A。

7.【答案】B

【解析】指令驱动系统是一种竞价市场，也称为"订单驱动市场"。在竞价市场中，证券交易价格是由市场上的买方订单和卖方订单共同驱动的。如果采用经纪商制度，投资者在竞价市场中将自己的买卖指令报给自己的经纪商，然后经纪商持买卖订单进入市场，市场交易中心以买卖双向价格为基准进行撮合。因此，本题的正确答案为B。

8.【答案】A

【解析】证券的流动性是证券市场生存的条件。如果证券市场缺乏流动性，或者说不能提供充分的流动性，证券市场的功能就要受到影响。从积极的意义上看，证券市场流动性为证券市场有效配置资源奠定了基础。证券市场流动性包含两个方面的要求，即成交速度和成交价格。如果投资者能以合理的价格迅速成交，则市场流动性好。反过来，单纯是成交速度快，并不能完全表示流动性好。因此，本题的正确答案为A。

9.【答案】A

【解析】指令驱动系统的特点有：证券交易价格由买方和卖方的力量直接决定；投资者买卖证券的对手是其他投资者。报价驱动系统的特点有：证券成交价格的形成由做市商决定；投资者买卖证券都以做市商为对手，与其他投资者不发生直接关系。因此，本题的正确答案为A。

10.【答案】B

【解析】对于不履行义务的会员，证券交易所有权根据情节的轻重给予一定的处分。因此，本题的正确答案为B。

11.【答案】B

【解析】特别会员可以申请终止会籍。特别会员违反有关法律法规、证券交易所章程和规则的，证券交易所可以责令其改正，并视情节轻重给予处分，如警告、会员范围内通报批评、公开批评、取消会籍等。因此，本题的正确答案为B。

12.【答案】A

【解析】证券交易所为了保证证券交易正常、有序地进行，要对会员取得的交易席位实施严格管理。证券交易所会员不得共有席位，席位也不得退回证券交易所。未经证券交易所同意，会员不得将席位出租、质押，或将席位所属权益以其他任何方式转给他人。交易席位可以转让，但转让席位必须按照证券交易所的有关规定。根据现行制度：席位只能在会员间转让，会员转让席位的，应当将席位所属权益一并转让；会员转让席位，

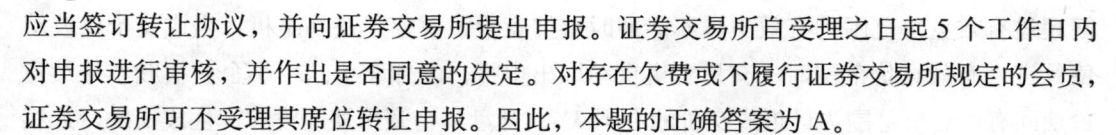

应当签订转让协议,并向证券交易所提出申报。证券交易所自受理之日起5个工作日内对申报进行审核,并作出是否同意的决定。对存在欠费或不履行证券交易所规定的会员,证券交易所可不受理其席位转让申报。因此,本题的正确答案为A。

13.【答案】A

【解析】根据我国《证券交易所管理办法》的规定,证券交易所决定接纳或者开除会员应当在决定后的5个工作日内向中国证监会备案,决定接纳或者开除正式会员以外的其他会员应当在履行有关手续5个工作日之前报中国证监会备案。因此,本题的正确答案为A。

14.【答案】A

【解析】经纪关系的建立只是确立了客户与证券经纪商之间的代理关系,而并没有形成实质上的委托关系。当客户办理了具体的委托手续,包括客户填写委托单(柜台委托)或自助委托(包括电话委托、磁卡委托、网上委托等)及证券经纪商受理委托,则客户和证券经纪商之间就建立了受法律约束和保护的委托关系。证券交易中的委托单,如经客户和证券经纪商双方签字和盖章,性质上就相当于委托合同。委托合同是指委托人委托受托人以自己的名义和资金在委托权限内办理委托事务而达成的协议。委托单不仅具备委托合同应具备的主要内容,而且明确了证券经纪商作为受托人以委托人(客户)的名义、在委托人授权范围内办理证券投资事务权限的义务,明确了证券经纪商是委托人进行证券交易代理人的法律身份。因此,本题的正确答案为A。

15.【答案】B

【解析】证券经纪商应承担下列义务:坚持为客户保密制度。证券经纪商对委托人的一切委托事项负有保密义务,未经委托人许可严禁泄露。但监管、司法机关与证券交易所等查询不在此限。因此,本题的正确答案为B。

16.【答案】B

【解析】我国《证券法》第139条规定:"证券公司客户的交易结算资金应当存放在商业银行,以每个客户的名义单独立户管理。"根据此规定,证券公司已全面实施"客户交易结算资金第三方存管"。在该管理模式下,客户开立资金账户时,还需在证券公司的合作指定商业银行中指定一家作为其交易结算资金的指定商业银行,并与其指定的指定商业银行、证券公司三方共同签署《客户交易结算资金第三方存管协议书》。因此,本题的正确答案为B。

17.【答案】A

【解析】上海证券交易所和深圳证券交易所目前公司债券的现货交易也采用净价交易方式。因此,本题的正确答案为A。

18.【答案】A

【解析】在深圳证券交易所,买卖有价格涨跌幅限制的中小企业板股票,连续竞价期间超过有效竞价范围的有效申报不能即时参加竞价，暂存于交易主机；当成交价格波动使其进入有效竞价范围时，交易主机自动取出申报，参加竞价。中小企业板股票连续竞价期间有效竞价范围为最近成交价的上下3%。开盘集合竞价期间没有产生成交的，连续竞价开始时有效竞价范围调整为前收盘价的上下3%。因此，本题的正确答案为A。

19．【答案】A

【解析】实践中，对于证券公司与客户之间的证券清算交收，一般由中国结算公司根据成交记录按照业务规则自动办理。证券交收结果等数据由中国结算公司每日传送至证券公司，供其对账和向客户提供余额查询等服务。证券公司根据中国结算公司数据，记录客户清算交收结果。因此，本题的正确答案为A。

20．【答案】A

【解析】投资者证券账户卡毁损或遗失，可向中国结算公司上海分公司和深圳分公司开户代理机构申请挂失与补办，或更换证券账户卡。因此，本题的正确答案为A。

21．【答案】A

【解析】分红派息主要是上市公司向其股东派发红利和股息的过程。也是股东实现自己权益的过程。分红派息的形式主要有现金股利和股票股利两种。上市公司分红派息须在每年决算并经审计之后，由董事会根据公司盈利水平和股息政策确定分红派息方案，提交股东大会审议。随后，董事会根据审议结果向社会公告分红派息方案，并规定股权登记日。因此，本题的正确答案为A。

22．【答案】A

【解析】中国结算上海分公司收到相应款项后，在现金红利发放日前的第一个交易日闭市后，通过资金结算系统将现金红利款项划付给指定的证券公司。投资者可在发放日领取现金红利。未办理指定交易的A股投资者，其持有的现金红利暂由中国结算上海分公司保管，不计息。一旦投资者办理了指定交易，中国结算上海分公司结算系统自动将尚未领取的现金红利划付给指定的证券公司。因此，本题的正确答案为A。

23．【答案】A

【解析】投资者有两种方式参与证券交易所ETF的投资：一是进行申购和赎回；二是直接从事买卖交易。按现行有关制度规定，买卖上海证券交易所ETF的投资者需具有上海证券交易所A股账户或基金账户，进行上海证券交易所ETF申购、赎回操作的投资者需具有上海证券交易所A股账户。因此，本题的正确答案为A。

24．【答案】A

【解析】在基金募集期内的每个交易日的交易时间，上市开放式基金均在深圳证券交易所挂牌发售。上市开放式基金的募集沿用新股上网定价模式，但无配号及中签环节。投资者通过交易所的各会员营业网点报盘认购上市开放式基金。所有委托一经确认不得撤销。因此，本题的正确答案为A。

25.【答案】A

【解析】深圳证券交易所上市开放式基金份额的转托管业务包含两种类型：系统内转托管和跨系统转托管。因此，本题的正确答案为 A。

26.【答案】A

【解析】投资者买卖深圳证券交易所 ETF 须用深圳证券交易所 A 股账户或深圳证券投资基金账户；投资者申购、赎回深圳证券交易所 ETF 须使用深圳证券交易所 A 股账户。因此，本题的正确答案为 A。

27.【答案】B

【解析】投资者买卖挂牌公司股份，应与主办券商签订代理报价转让协议。投资者委托分为意向委托、定价委托和成交确认委托均可撤销，但已经报价系统确认成交的委托不得撤销或变更。因此，本题的正确答案为 B。

28.【答案】B

【解析】证券公司只能接受其全资拥有或者控股的，或者被同一机构控制的期货公司的委托从事介绍业务，不能接受其他期货公司的委托从事介绍业务。证券公司应当按照合规、审慎经营的原则，制定并有效执行介绍业务规则、内部控制、合规检查等制度，确保有效防范和隔离介绍业务与其他业务的风险。因此，本题的正确答案为 B。

29.【答案】B

【解析】证券的回转交易是指投资者买入的证券，经确认成交后，在交收前全部或部分卖出。根据我国现行有关交易制度规定，债券和权证实行当日回转交易，即投资者可以在交易日的任何营业时间内反向卖出已买入但未交收的债券和权证；B 股实行次交易日起回转交易。深圳证券交易所对专项资产管理计划收益权份额协议交易也实行当日回转交易。因此，本题的正确答案为 B。

30.【答案】A

【解析】特别处理不是对上市公司的处罚，只是对上市公司目前状况的一种揭示，是要提示投资者注意风险。因此，本题的正确答案为 A。

31.【答案】B

【解析】深圳证券交易所规定，集合竞价期间的即时行情内容包括：证券代码、证券简称、集合竞价参考价格、匹配量和未匹配量等。其中，集合竞价参考价格指截至揭示时集中申报簿中所有申报按照集合竞价规则形成的虚拟开盘价格，匹配量指截至揭示时集中申报簿中所有申报按照集合竞价规则形成的虚拟成交数量，未匹配量指截至揭示时集中申报簿中在集合竞价参考价位上的不能按照集合竞价参考价虚拟成交的买方或卖方申报剩余量。因此，本题的正确答案为 B。

32.【答案】B

【解析】合格投资者可以委托在境内设立的证券公司等投资管理机构，进行境内证券投资管理。合格投资者应当委托托管人向中国结算公司申请开立多个证券账户，申请开立的证券账户应当与国家外汇管理局批准的人民币特殊账户一一对应。合格投资者应当以自身名义申请开立证券账户。为客户提供资产管理服务的，应当开立名义持有人账户。因此，本题的正确答案为B。

33．【答案】A

【解析】证券公司应建立健全相对集中、权责统一的投资决策与授权机制。自营业务决策机构原则上应当按照"董事会—投资决策机构—自营业务部门"的三级体制设立。董事会是自营业务的最高决策机构，在严格遵守监管法规中关于自营业务规模等风险控制指标规定的基础上，根据公司资产、负债、损益和资本充足等情况确定自营业务规模、可承受的风险限额等，并以董事会决议的形式进行落实。自营业务具体投资运作管理由董事会授权公司投资决策机构决定。因此，本题的正确答案为A。

34．【答案】A

【解析】只有经中国证监会批准经营证券自营的证券公司才能从事证券自营业务。因此，本题的正确答案为A。

35．【答案】A

【解析】从事证券自营业务的证券公司其注册资本最低限额应达到1亿元人民币，净资本不得低于5000万元人民币。因此，本题的正确答案为A。

36．【答案】B

【解析】风险性是证券公司自营买卖业务区别于经纪业务的另一重要特征。由于自营业务是证券公司以自己的名义和合法资金直接进行的证券买卖活动，证券交易的风险性决定了自营买卖业务的风险性。在证券的自营买卖业务中，证券公司作为投资者，买卖的收益与损失完全由证券公司自身承担。而在代理买卖业务中，证券公司仅充当代理人的角色，证券买卖的时机、价格、数量都由委托人决定，由此而产生的收益和损失也由委托人承担。因此，本题的正确答案为B。

37．【答案】A

【解析】应明确自营部门在日常经营中自营总规模的控制、资产配置比例控制、项目集中度控制和单个项目规模控制等原则。完善可投资证券品种的投资论证机制，建立证券池制度。自营业务部门只能在确定的自营规模和可承受风险限额内，从证券池内选择证券进行投资。建立健全自营业务运作止盈止损机制。止盈止损的决策、执行与实效评估应当符合规定的程序并进行书面记录。因此，本题的正确答案为A。

38．【答案】A

【解析】证券交易内幕信息的知情人包括：(1)发行人的董事、监事、高级管理人员；(2)持有公司5%以上股份的股东及其董事、监事、高级管理人员，公司的实际控制人及其董事、监事、高级管理人员；(3)发行人控股的公司及其董事、监事、高级管理人员；

(4)由于所任公司职务可以获取公司有关内幕信息的人员；(5)证券监督管理机构工作人员以及由于法定职责对证券的发行、交易进行管理的其他人员；(6)保荐人、承销的证券公司、证券交易所、证券登记结算机构、证券服务机构的有关人员；(7)国务院证券监督管理机构规定的其他人。因此，本题的正确答案为A。

39．【答案】B

【解析】所谓内幕信息，是指在证券交易活动中，涉及公司的经营、财务或者对该公司证券的市场价格有重大影响的尚未公开的信息。下列信息皆属内幕信息：可能对上市公司股票交易价格产生较大影响的重大事件。主要包括：(1)公司的经营方针和经营范围的重大变化；(2)公司的重大投资行为和重大的购置财产的决定；(3)公司订立重要合同，可能对公司的资产、负债、权益和经营成果产生重要影响；(4)公司发生重大债务和未能清偿到期重大债务的违约情况；(5)公司发生重大亏损或者重大损失；(6)公司生产经营的外部条件发生的重大变化；(7)公司的董事、1/3以上监事或者经理发生变动；(8)持有公司5%以上股份的股东或者实际控制人，其持有股份或者控制公司的情况发生较大变化；(9)公司减资、合并、分立、解散及申请破产的决定；(10)涉及公司的重大诉讼，股东大会、董事会决议被依法撤销或者宣告无效；(11)公司涉嫌犯罪被司法机关立案调查，公司董事、监事、高级管理人员涉嫌犯罪被司法机关采取强制措施；(12)国务院证券监督管理机构规定的其他事项。因此，本题的正确答案为B。

40．【答案】A

【解析】《证券法》明确列示操纵证券市场的手段包括：(1)单独或者通过合谋，集中资金优势、持股优势或者利用信息优势联合或者连续买卖，操纵证券交易价格或者证券交易量；(2)与他人串通，以事先约定的时间、价格和方式相互进行证券交易，影响证券交易价格或者证券交易量；(3)在自己实际控制的账户之间进行证券交易，影响证券交易价格或者证券交易量；(4)以其他手段操纵证券市场。因此，本题的正确答案为A。

41．【答案】A

【解析】禁止内幕交易的主要措施：(1)加强自律管理。证券公司作为证券市场上的中介机构，为上市公司提供多种服务，能从多种渠道获取内幕信息，这就要求证券公司加强自律管理；(2)加强监管。中国证监会及其派出机构加强对内幕交易的监管，一经发现违法违规行为则严肃处理。因此，本题的正确答案为A。

42．【答案】B

【解析】证券自营业务原始凭证以及有关业务文件、资料、账册、报表和其他必要的材料应至少妥善保存20年。因此，本题的正确答案为B。

43．【答案】A

【解析】为多个客户办理集合资产管理业务是指证券公司通过设立集合资产管理计划，与客户签订集合资产管理合同，将客户资产交由依法可以从事客户交易结算资金存管业务的商业银行或者中国证监会认可的其他资产托管机构进行托管，通过专门账户为客户提供资产管理服务的一种业务。证券公司办理集合资产管理业务，可以设立限定性集合资产管理计划和非限定性集合资产管理计划。因此，本题的正确答案为A。

44．【答案】B

【解析】证券公司将其所管理的客户资产投资于一家公司发行的证券，不得超过该证券发行总量的10%。一个集合资产管理计划投资于一家公司发行的证券不得超过该计划资产净值的10%。因此，本题的正确答案为B。

45．【答案】A

【解析】证券公司开展定向资产管理业务，应当按照有关规则，了解客户身份、财产与收入状况、证券投资经验、风险认知与承受能力和投资偏好等，并获取相关信息和资料。证券公司应当以书面和电子方式对尽职调查获取的相关信息和资料，予以详细记载、妥善保存。客户应当如实披露或者提供相关信息、资料，并在合同中承诺信息和资料的真实性。因此，本题的正确答案为A。

46．【答案】A

【解析】证券公司开展定向资产管理业务，应当保证客户委托资产与证券公司自有资产相互独立，不同客户的委托资产相互独立，对不同客户的委托资产应当独立建账，独立核算，分账管理。因此，本题的正确答案为A。

47．【答案】A

【解析】对集合资产管理业务实行集中统一管理，建立严格的业务隔离制度。证券公司应当实现集合资产管理业务与证券自营业务、证券承销业务、证券经纪业务及其他证券业务之间的有效隔离，防范内幕交易，避免利益冲突。同一高级管理人员不得同时分管资产管理业务和自营业务，同一人不得兼任上述两类业务的部门负责人，同一投资主办人不得同时办理资产管理业务和自营业务。因此，本题的正确答案为A。

48．【答案】A

【解析】集合资产管理计划推广期间的费用，不得从集合资产管理计划资产中列支。集合资产管理计划运作期间发生的费用，可以在集合资产管理计划中列支，但应当在集合资产管理合同中做出明确的约定。因此，本题的正确答案为A。

49．【答案】B

【解析】集合资产管理计划在证券交易所的投资交易活动，应当通过专用交易单元进行，并向证券交易所、证券登记结算机构及公司住所地中国证监会派出机构备案。集合资产管理计划资产中的债券，不得用于回购。因此，本题的正确答案为B。

50．【答案】B

【解析】证券公司根据客户融资融券申请、提交的保证金额度及客户诚信调查等情况，确定对客户融资融券的授信，包括融资融券额度、期限、方式、利（费）率等。证券公

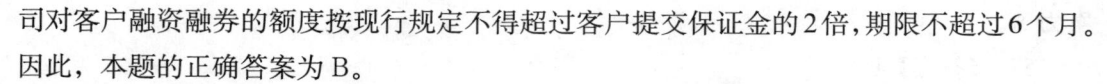

司对客户融资融券的额度按现行规定不得超过客户提交保证金的2倍,期限不超过6个月。因此,本题的正确答案为B。

51．【答案】A

【解析】客户维持担保比例不得低于130%。当该比例低于130%时,证券公司应当通知客户在约定的期限内追加担保物。该期限不得超过2个交易日。客户追加担保物后的维持担保比例不得低于150%。因此,本题的正确答案为A。

52．【答案】B

【解析】业务决策机构由有关高级管理人员及部门负责人组成,负责制定融资融券业务操作流程,选择可从事融资融券业务的分支机构,确定对单一客户和单一证券的授信额度、融资融券的期限和利率(费率)、保证金比例和最低维持担保比例、可冲抵保证金的证券种类及折算率、客户可融资买入和融券卖出的证券种类。业务执行部门负责融资融券业务的具体管理和运作,制定融资融券合同的标准文本,确定对具体客户的授信额度,对分支机构的业务操作进行审批、复核和监督。因此,本题的正确答案为B。

53．【答案】A

【解析】证券公司应当加强对分支机构融资融券业务活动的控制,禁止分支机构未经总部批准向客户融资、融券,禁止分支机构自行决定签约、开户、授信、保证金收取等应当由总部决定的事项。因此,本题的正确答案为A。

54．【答案】A

【解析】证券公司或其分支机构未经批准擅自经营融资融券业务的,依照《证券法》第二百零五条的规定处罚,即"没收违法所得,暂停或者撤销相关业务许可,并处以非法融资融券等值以下的罚款。对直接负责的主管人员和其他直接责任人员给予警告,撤销任职资格或者证券业从业资格,并处以三万元以上三十万元以下的罚款。"因此,本题的正确答案为A。

55．【答案】B

【解析】按照中国结算公司的相关规定,用于质押的债券需要转移至专用的质押账户(即进入"质押库")。当日购买的债券,当日可用于质押券申报,并可进行相应的债券回购交易业务。质押券对应的标准券数量有剩余的,可以通过交易所交易系统将相应的质押券申报转回原证券账户。当日申报转回的债券,当日可以卖出。因此,本题的正确答案为B。

56．【答案】A

【解析】按照中国结算公司的相关规定,用于质押的债券需要转移至专用的质押账户(即进入"质押库")。当日购买的债券,当日可用于质押券申报,并可进行相应的债券回购交易业务。质押券对应的标准券数量有剩余的,可以通过交易所交易系统将相应的质押券申报转回原证券账户。当日申报转回的债券,当日可以卖出。因此,本题的正确答

189

案为 A。

57．【答案】B

【解析】货银对付（DVP）又称款券两讫或钱货两清。货银对付是指证券登记结算机构与结算参与人在交收过程中，当且仅当资金交付时给付证券，证券交付时给付资金。通俗地说，就是"一手交钱、一手交货"。因此，本题的正确答案为 B。

58．【答案】A

【解析】结算备付金指资金交收账户中存放的用于资金交收的资金，因此资金交收账户也称为结算备付金账户。中国结算公司按照中国人民银行规定的金融同业活期存款利率向结算参与人计付结算备付金利息。结算备付金利息每季度结息一次，结息日为每季度第三个月的 20 日，应计利息记入结算参与人资金交收账户并滚入本金。遇中国人民银行调整存款利率的，中国结算公司统一按结息日的利率计算利息，不分段计算。因此，本题的正确答案为 A。

59．【答案】A

【解析】对送股（公积金转增股本）的股份登记，由中国结算公司根据上市公司提供的股东大会红利分配方案决议确定的送股比例或公积金转增股本比例，按照股东数据库中股东的持股数，主动为其增加股数，从而自动完成送股（转增股）的股份登记手续。因此，本题的正确答案为 A。

60．【答案】B

【解析】深圳证券交易所上市开放式基金交易实行价格涨跌幅限制，涨跌幅比例为 10%，自上市首日起执行。因此，本题的正确答案为 B。

《证券交易》模拟试卷（三）

一、单项选择题（本大题共60小题，每小题0.5分，共30分。以下各小题所给出的4个选项中，只有一项最符合题目要求。）

1. 在证券交易市场发展的早期，（　）是一种重要的形式。
   A．证券交易所的前市交易　　　　B．上市交易
   C．店头交易市场　　　　　　　　D．证券交易所的后市交易

2. （　），我国开始启动股权分置改革试点工作。
   A．2005年4月底　　　　　　　　B．2004年5月底
   C．2006年1月底　　　　　　　　D．2005年5月底

3. 回购交易通常在（　）交易中运用。
   A．远期　　　　　　　　　　　　B．现货
   C．债券　　　　　　　　　　　　D．股票

4. 根据（　）的规定，融资融券业务是指证券公司向客户出借资金供其买入上市证券或者出借上市证券供其卖出，并收取担保物的经营活动。
   A．《证券公司融资融券业务管理暂行条例》
   B．《证券公司融资融券业务试点管理办法》
   C．《证券公司融资融券业务试点管理条例》
   D．《证券公司融资融券业务管理暂行办法》

5. 从内容上看，权证具有（　）的性质。
   A．约定交易　　　　　　　　　　B．所有权
   C．远期交易　　　　　　　　　　D．期权

6. 根据（　）的不同，债券主要有政府债券、金融债券和公司债券三大类。
   A．债券承销商　　　　　　　　　B．发行对象
   C．发行主体　　　　　　　　　　D．债券持有人

7. 开放式基金份额的申购价格和赎回价格是在（　）的基础上再加一定的手续费而确定的。
   A．基金资产市值　　　　　　　　B．基金资产总价值
   C．基金资产净值　　　　　　　　D．双方协商

191

8. 从（　　）年4月起，我国先后在61个大中城市开放了国库券转让市场。
   A．1987　　　　　　　　　　B．1988
   C．1989　　　　　　　　　　D．1986

9. 1999年7月1日，（　　）正式开始实施，标志着维系证券交易市场运作的法规体系趋向完善。
   A．《证券公司管理办法》　　B．《证券交易所管理办法》
   C．《公司法》　　　　　　　D．《证券法》

10. 回购交易从运作方式上看，它结合了现货交易和（　　）的特点。
    A．债券交易　　　　　　　B．期权交易
    C．期货交易　　　　　　　D．远期交易

11. 2005年10月重新修订的（　　）取消了证券公司不得为客户交易融资融券的规定。
    A．《企业破产法》　　　　B．《证券法》
    C．《公司法》　　　　　　D．《企业所得税法》

12. 提高市场透明度是加强证券市场（　　）的重要措施。
    A．安全性　　　　　　　　B．流动性
    C．有效性　　　　　　　　D．稳定性

13. 将证券交易委托分为整数委托和零数委托，是按（　　）划分。
    A．委托订单的数量　　　　B．买卖证券的方向
    C．委托价格限制　　　　　D．委托时效限制

14. 符合条件的证券公司向证券交易所提出申请，并提供必要文件，经证券交易所（　　）批准后，方可成为证券交易所会员。
    A．专门委员会　　　　　　B．董事会
    C．理事会　　　　　　　　D．监事会

15. 证券经纪商提供的信息服务不包括（　　）。
    A．有关股票市场变动态势的内部报告
    B．公司和行业的研究报告
    C．经济前景的预测分析和展望研究
    D．上市公司的详细资料

16. 目前，我国具有法人资格的证券经纪商是指在证券交易中代理买卖证券、从事经纪业务的（　　）。
    A．资产管理公司　　　　　B．证券公司
    C．基金公司　　　　　　　D．信托公司

17. 下列不属于委托人权利的是（　　）。
    A．随时变更或撤销委托

192

B．自由选择经纪商的权利

C．自由买卖、赠与或质押自己名下的证券

D．寻求司法保护权

18．以下关于委托单的说法，不正确的是（　）。

A．具有与委托合同相同的法律效力

B．具备委托合同应具备的主要内容

C．明确了证券经纪商作为受托人以委托人（客户）的名义、在委托人授权范围内办理证券投资事务权限的义务

D．明确了证券经纪商是委托人进行证券交易代理人的法律身份

19．沪深证券交易所证券投资基金的佣金收取标准为不得高于成交金额的（　）。

A．0.3%　　　　　　　　　　B．2.5%

C．0.2%　　　　　　　　　　D．2.8%

20．某 *ST 股票的收盘价为 15.40 元，则次一交易日该股票交易的价格上限和下限分别为（　）元。

A．16.94；13.86　　　　　　B．16.17；13.86

C．16.94；14.63　　　　　　D．16.17；14.63

21．某股票即时揭示的最低 5 笔卖出申报价格分别为 15.60 元、15.55 元、15.50 元、15.40 元和 15.35 元，申报数量为 1000 股。若此时该股票有一笔买入申报进入交易系统，价格为 15.55 元，数量也为 1000 股，则成交价应为（　）元。

A．15.35　　　　　　　　　　B．15.50

C．15.45　　　　　　　　　　D．15.55

22．下列关于连续竞价的说法错误的是（　）。

A．连续竞价期间未成交的买卖申报，自动撤销

B．开盘集合竞价期间未成交的买卖申报，自动进入连续竞价

C．能成交者予以成交，不能成交者等待机会成交

D．在无撤单的情况下，委托当日有效

23．目前我国证券市场采用的是（　）结算模式。

A．公司　　　　　　　　　　B．第三方

C．自然人　　　　　　　　　D．法人

24．客户根据（　）进入自助终端或电话自助委托系统，并按屏幕文字提示或电话语音提示自己进行委托或查询有关信息。

A．委托人　　　　　　　　　B．营业部

C．受托人　　　　　　　　　D．自己账号和操作密码

25．证券账户是指（　）为申请人开出的记载其证券持有及变更的权利凭证。

A．证券交易所 B．托管银行
C．证券公司 D．中国结算公司

26．新股竞价发行在国外指的是一种由多家承销机构通过招标竞争确定证券发行价格，并在取得承销权后向投资者推销证券的发行方式，也可以称为（　　）。

A．同一价购买方式 B．招标购买方式
C．支付购买方式 D．承销购买方式

27．根据现行规定，发行人及保荐人通过（　　）方式确定发行价格。

A．竞价 B．定价
C．市值配售 D．询价

28．上海证券交易所实行全面指定交易后，中国结算上海分公司在（　　）闭市后向各证券营业部传送投资者配股明细数据库。

A．配股登记日 B．配股公告日
C．配股公告日后一天 D．配股登记日后一天

29．上市开放式基金的合同生效后即进入（　　），一般不超过3个月。

A．封闭期 B．等候期
C．冻结期 D．交易期

30．某投资者通过场内投资1万元申购上市开放式基金，假设申购费率为1.5%，申购当日基金份额净值为1.0250元，则其可得到的申购份额为（　　）。

A．9611.92份 B．9707份
C．10000份 D．9611份

31．权证行权时，标的股票过户费为股票过户面额的（　　）。

A．0.01% B．0.02%
C．0.1% D．0.05%

32．（　　）年11月，深圳证券交易所颁布《中小企业板股票暂停上市、终止上市特别规定》。

A．2007 B．2006
C．2005 D．2004

33．下列选项中，不属于证券公司从事证券经纪业务过程中的禁止行为的是（　　）。

A．侵占、损害客户的合法权益
B．以任何方式对客户证券买卖的收益或者赔偿证券买卖的损失作出承诺
C．在批准的营业场所之外私下接受客户委托买卖证券
D．提示投资者买卖证券存在风险

34．证券可以充抵保证金，但货币资金的比例不得低于应收取保证金的（　　）。

A．10% B．15%

C．20%   D．30%

35．上市公司应当在股票交易实行退市风险警示之前（　）个交易日发布公告。

A．1   B．3
C．5   D．7

36．证券公司在买卖证券时，其交易方式可以在法规范围内依（　）自主选择。

A．资金数量   B．交易量
C．时间和条件   D．交易品种

37．由于证券自营业务的高风险特性，为了控制经营风险，证券公司持有一种权益类证券的市值与其总市值的比例不得超过（　），但因包销导致的情形和中国证监会另有规定的除外。

A．5%   B．10%
C．15%   D．20%

38．《证券公司风险控制指标管理办法》规定，证券公司自营权益类证券及证券衍生品的合计额不得超过净资本的（　）。

A．100%   B．50%
C．80%   D．10%

39．证券自营业务原始凭证应至少妥善保存（　）年。

A．3年   B．5年
C．15年   D．20年

40．自2008年6月1日起实施的《证券公司监督管理条例》规定，证券公司的证券自营账户应当自开户之日起（　）个交易日内报证券交易所备案。

A．7   B．5
C．3   D．1

41．单个集合资产管理计划投资于资产托管机构发行的证券的资金，不得超过该集合资产管理计划资产净值的（　）。

A．3%   B．5%
C．10%   D．15%

42．证券公司办理限定性集合资产管理业务，单个客户的资金数额不得低于人民币（　）万元。

A．3   B．5
C．10   D．15

43．证券公司应当在集合资产管理计划开始投资运作之日起（　）个月内，使集合资产管理计划的投资组合比例符合集合资产管理合同的约定。

A．3   B．6

C．10　　　　　　　　　　　　D．12

44．上海证券交易所有关规定，集合资产管理计划开始投资运作后，应通过会籍办理系统，在每月前5个工作日内，向上海证券交易所提供（　）。

A．上月资产净值　　　　　　B．上月资产总值
C．上月资产平均值　　　　　D．上月资产市值

45．证券公司、托管机构应当至少每（　）向客户提供一次准确、完整的资产管理报告、资产托管报告，对报告期内客户资产的配置状况、价值变动情况等做出详细说明。

A．1个月　　　　　　　　　　B．3个月
C．6个月　　　　　　　　　　D．12个月

46．下列可导致资产管理业务经营风险的行为是（　）。

A．与客户签订资产管理合同不规范、约定不明
B．操作人员违反合同约定买卖证券或划转资金
C．操作人员在经营中进行不必要的证券买卖损害委托人的利益
D．在资产管理业务中投资决策失误

47．证券公司通知客户在约定的期限内追加担保物的，这个期限不得超过（　）交易日。

A．2个　　　　　　　　　　　B．3个
C．5个　　　　　　　　　　　D．10个

48．客户融资融券交易期间，如果中国人民银行规定的（　）调高，证券公司将相应提高融资利率或融券利率。

A．同期金融机构贷款基准利率　　B．同期金融机构活期存款基准利率
C．同期金融机构1年期存款基准利率 D．同期金融机构1年期贷款基准利率

49．沪深证券交易所债券质押式回购交易的质押券主要是（　）。

A．国债和企业债　　　　　　B．企业债和金融债
C．国债和融资券　　　　　　D．国债和金融债

50．在债券回购交易中，融资方进行（　）申报。

A．卖出　　　　　　　　　　B．买入
C．先买入后卖出　　　　　　D．先卖出后买入

51．《全国银行间债券市场债券交易管理办法》规定，全国银行间债券市场回购的债券是指经（　）批准、可在全国银行间债券市场交易的政府债券、中央银行债券和金融债券等记账式债券。

A．中国人民银行　　　　　　B．中国证券业协会
C．中国银行业监督管理委员会　D．中国结算公司

52．全国银行间债券市场回购交易数额最小为债券面额（　），交易单位为债券面额（　）。

A．10万元，1万元　　　　　　B．10万元，10万元
C．1万元，1万元　　　　　　　D．10元，1元

53．全国银行间市场质押式回购成交合同的内容（　　）。

A．由回购双方约定　　　　　　B．由中国人民银行统一制定
C．由正回购方决定　　　　　　D．由逆回购双方约定

54．全国银行间市场规定进行买断式回购，任何一家市场参与者单只券种的待返售债券余额应小于该只债券流通量的（　　），任何一家市场参与者待返售债券总余额应小于其在中央结算公司托管的自营债券总额的（　　）。

A．10%，100%　　　　　　　　B．50%，100%
C．20%，200%　　　　　　　　D．100%，200%

55．上海证券交易所买断式回购每笔申报限量：竞价撮合系统最小（　　）手，最大（　　）手。

A．100，5000　　　　　　　　B．5000，50000
C．1000，50000　　　　　　　D．500，1000

56．根据《上海证券交易所国债买断式回购交易实施细则》的规定，回购到期如单方违约，违约方的履约金交（　　）所有。

A．投资者保护基金　　　　　　B．守约方
C．证券结算风险基金　　　　　D．上海证券交易所

57．（　　）要求某一交易日成交的所有交易有计划地安排距成交日相同营业日天数的某一营业日进行交收。

A．时点交收　　　　　　　　　B．滚动交收
C．定期交收　　　　　　　　　D．会计日交收

58．中国结算公司按照中国人民银行规定的金融同业（　　）向结算参与人计付结算备付金利息。

A．活期贷款利率　　　　　　　B．定期存款利率
C．拆借利率　　　　　　　　　D．活期存款利率

59．融资方违约的交易，融券方应付国债义务自动解除，中国结算公司上海分公司对原冻结的标的国债予以解冻，解冻国债在（　　）日可用。

A．R+1　　　　　　　　　　　B．R+2
C．R+3　　　　　　　　　　　D．R+5

60．某客户持有上海证券交易所上市96国债（6）现券1万手。该国债当日收盘价为136.8元，当月的标准券折算率为1：1.35。该客户最多可回购融入的资金是（　　）万元。（不考虑交易费用）

A．2600　　　　　　　　　　　B．4600

197

C．1350 D．635

二、多项选择题（本大题共 40 小题，每小题 1 分，共 40 分。以下各小题所给出的 4 个选项中，至少有两项符合题目要求。）

1．证券的流动性是证券市场生存的条件，证券市场的流动性包含（　）方面的要求。
A．成交价格 B．成交数量
C．成交速度 D．价格波幅

2．以下关于债券及债券交易的说法，正确的有（　）。
A．债券交易就是以债券为对象进行的流通转让活动
B．债券是社会各类经济主体为筹集资金而向债券投资者出具的、承诺按一定利率定期支付利息并到期偿还本金的债权债务凭证
C．债券是一种有价证券
D．政府债券、金融债券和公司债券都是债券市场上的交易品种

3．根据交易合约的签订与实际交割之间的关系，证券交易的方式有（　）。
A．现货交易 B．即时交易
C．远期交易 D．期货交易

4．我国证券交易所的职能包括（　）。
A．提供证券交易的场所和设施 B．制定证券交易所的业务规则
C．组织、监督证券交易 D．设立证券登记结算机构

5．金融期货的主要种类包括（　）。
A．外汇期货 B．利率期货
C．股权类期货 D．期权期货

6．从交易时间的连续特点来看，证券交易机制可以分为（　）。
A．定期交易系统 B．连续交易系统
C．指令驱动系统 D．报价驱动系统

7．从交易价格的决定特点划分，有（　）。
A．定期交易 B．连续交易
C．指令驱动 D．报价驱动

8．一般来说，证券交易所是从证券公司的（　）等方面规定入会的条件。
A．组织机构 B．经营范围
C．承担风险和责任的资格及能力 D．人员素质

9．我国证券交易所特别会员享有的权利包括（　）。
A．列席证券交易所会员大会 B．对证券交易所事务的提议权和表决权
C．选举权和被选举权 D．接受证券交易所提供的相关服务

10．以下关于计价单位的说法，正确的有（　　）。
   A．股票为"每股价格"
   B．基金为"每份基金价格"
   C．权证为"每份权证价格"
   D．债券质押式回购为"每百元资金到期年收益"

11．下列对上市开放式基金在交易所的交易规则说法正确的是（　　）。
   A．买入申报数量为100份或其整数倍
   B．与封闭式基金基本相同
   C．申报价格最小变动单位为0.001元人民币
   D．上市次日起实行涨跌幅10%限制

12．证券公司应当加强自营业务人员的职业道德和诚信教育，强化自营业务人员的（　　）。
   A．交易状况　　　　　　　　　B．风险控制意识
   C．保密意识　　　　　　　　　D．合规操作意识

13．融资融券业务中，证券持有人对证券发行人的权利，是指请求召开证券持有人会议（　　）的权利等。
   A．参加证券持有人会议、提案、表决
   B．配售股份的认购
   C．请求分配投资收益
   D．请求分配现金股利

14．目前，具有全国银行间市场结算代理人资格的金融机构主要包括（　　）。
   A．全国性商业银行
   B．烟台住房储蓄银行
   C．经中国人民银行批准经营人民币业务的外国银行分行
   D．部分符合条件的城市商业银行

15．全国银行间市场质押式回购中，非金融机构应委托结算代理人进行债券交易和结算，且只能委托开展（　　）。
   A．正回购业务　　　　　　　　B．国券买卖
   C．现券买卖　　　　　　　　　D．逆回购业务

16．债券买断式回购与质押式回购业务的区别是（　　）。
   A．买断式回购的初始交易中，债券卖给逆回购方，所有权转移至逆回购方
   B．买断式回购的初始交易中，债券所有权并不转移，逆回购方只享有质权
   C．质押式回购的初始交易中，债券持有人将债券"卖"给逆回购方，所有权转移至逆回购方

D．质押式回购的初始交易中，债券所有权并不转移，逆回购方只享有质权

17．中国证监会及其派出机构对违反规定或者因管理不善导致（ ）的证券公司，可以要求其提高经纪业务风险资本准备计算比例和有关证券营业部的分支机构风险资本准备计算金额，并依法采取限制其证券经纪人规模等监管措施或者予以行政处罚。

A．证券经纪人违法违规　　　　B．客户大量投诉
C．出现重大纠纷　　　　　　　D．出现不稳定事件

18．全国银行间市场债券回购双方可以选择的交收方式包括（ ）。

A．见券付款　　　　　　　　　B．券款对付
C．见款付券　　　　　　　　　D．货银对付

19．在全国银行间债券市场，中央结算公司应该做的工作有（ ）。

A．定期向中国人民银行报告债券托管情况
B．及时为参与者提供债券结算服务
C．建立严格的内部稽核制度
D．对债券账务数据的真实性、准确性和完整性负责

20．证券交收包括（ ）。

A．中国结算公司沪、深公司与结算参与人的证券交收
B．中国结算公司沪、深公司与客户的证券交收
C．结算参与人与客户之间的证券交收
D．客户与客户之间的证券交收

21．下列选项中，属于政府债券的有（ ）。

A．地方债　　　　　　　　　　B．可转换债券
C．国债　　　　　　　　　　　D．建设债券

22．证券交易的基本过程包括（ ）。

A．开户　　　　　　　　　　　B．委托
C．成交　　　　　　　　　　　D．结算

23．证券经纪商接到投资者的委托指令后，首先要对投资者身份的（ ）进行审查。

A．真实性　　　　　　　　　　B．合法性
C．一致性　　　　　　　　　　D．规范性

24．我国上海证券交易所和深圳证券交易所的会员享有（ ）权利。

A．按规定转让交易席位
B．对证券交易所事务的提议权和表决权
C．参加会员大会
D．对证券交易所事务和其他会员的活动进行监督

25．我国证券交易所存在或者可能存在问题的会员可以采取（ ）等措施。

A．暂停办理相关业务　　　　　　B．罚款
C．口头警示　　　　　　　　　　D．提请会员大会处理

26．下列关于委托价格的说法，正确的有（　　）。

A．限价委托可以以客户预期的价格或更有利的价格成交，有利于客户实现预期投资计划

B．市价委托没有价格上的限制，证券经纪商执行委托指令比较容易，成交迅速且成交率高

C．市价委托只有在委托执行后才知道实际的执行价格

D．限价委托成交速度慢，有时甚至无法成交

27．证券营业部在接受投资者委托、进行申报时必须遵循的规定有（　　）。

A．在交易市场买卖证券均必须公开申报竞价

B．在申报竞价时，须一次完整地报明买卖证券的数量、价格及其他规定的因素

C．在同时接受两个以上委托人买进委托与卖出委托且种类、数量、价格相同时，不得自行对冲完成交易，仍应向证券交易所申报竞价

D．按"时间优先、客户优先"的原则进行申报竞价

28．证券经纪商对客户委托的申报方式包括（　　）。

A．客户本人电话申报

B．客户直接用电脑申报

C．证券经纪商营业部业务员直接申报

D．场内交易员进行申报

29．下列选项中，关于上海证券交易所A股的过户费的说法正确的有（　　）。

A．成交面额的1‰　　　　　　　B．起点为5元
C．成交金额的0.35‰　　　　　　D．起点为1元

30．经核准可以成为上海证券交易所固定收益平台交易商的机构包括（　　）。

A．基金管理公司　　　　　　　　B．证券公司
C．保险资产管理公司　　　　　　D．财务公司

31．协议平台接受交易用户申报的类型有（　　）。

A．委托申报　　　　　　　　　　B．单边报价
C．定价申报　　　　　　　　　　D．双边报价

32．下列选项中，实行当日回转交易的有（　　）。

A．深圳证券交易所对专项资产管理计划收益权份额协议交易

B．权证

C．债券

D．B股

33．（　）应当对集合资产管理计划的投资范围和投资组合进行监控，发现有重大违规行为的，须及时报告中国证监会。

　　A．证券公司　　　　　　　　B．中国证券业协会
　　C．托管银行　　　　　　　　D．证券交易所

34．下列选择中，（　）属于证券公司自营业务决策自主性特点的表现。

　　A．选择交易品种的自主性　　　B．选择交易行为的自主性
　　C．选择交易对手的自主性　　　D．选择交易方式的自主性

35．下列选项中，属于集合资产管理业务特点的有（　）。

　　A．集合性，即证券公司与客户是"一对多"
　　B．投资范围有限定性和非限定性之分
　　C．客户资产必须进行托管
　　D．通过专门账户投资运作

36．分管融资融券业务的高级管理人员不得兼管（　）。

　　A．风险监控部门　　　　　　　B．业务稽核部门
　　C．投资部门　　　　　　　　　D．研究部门

37．证券公司设立集合资产管理计划，办理集合资产管理业务，应当符合的要求包括（　）。

　　A．具有健全的法人治理结构、完善的内部控制和风险管理制度，并得到有效执行
　　B．设立限定性集合资产管理计划的，净资本不低于人民币 3 亿元
　　C．设立非限定性集合资产管理计划的，净资本不低于人民币 5 亿元
　　D．最近一年不存在挪用客户交易结算资金等客户资产的情形

38．下列定义中，符合证券交易清算的是（　）。

　　A．结算参与人根据清算的结果在事先约定的时间内履行合约的行为
　　B．一定经济行为引起的货币资金关系的应收、应付的计算
　　C．公司、企业结束经营活动、收回债务、处置分配财产等行为的总和
　　D．银行同业往来中应收或应付差额的轧抵

39．证券公司应当根据集合资产管理计划的情况，保持适当比例的（　）以备支付客户的分红或退出款项。

　　A．社保基金　　　　　　　　　B．权证
　　C．现金　　　　　　　　　　　D．到期日在 1 年以内的政府债券

40．下列选项中，关于标准券的说法正确的是（　）。

　　A．标准券是由不同债券品种按相应折算率折算形成的回购融资额度
　　B．上海证券交易所规定国债、企业债、公司债等可参与回购的债券均可折成标准券

C．深圳证券交易所规定国债、企业债折成的标准券不能合并计算

D．上海证券交易所实行标准券制度的债券质押式回购分为1天、2天、3天、4天、7天、14天、28天、63天、91天、182天、273天11个品种

三、判断题（本大题共60小题，每小题0.5分，共30分。判断以下各小题的对错，正确的填A，错误的填B。）

1．证券交易市场的作用之一：为各种交易证券提供公开、公平、充分的价格竞争。（　）

2．权证是基础证券发行人或其以外的第三人发行的，约定持有人在规定期间内或特定到期日，有权按约定价格向发行人购买或出售标的证券，或以现金结算方式收取结算差价的有价证券。（　）

3．证券交易所总经理由国务院证券监督管理机构任免。（　）

4．金融衍生工具指建立在基础产品或基础变量之上，其价格取决于后者价格（或数值）变动的派生金融产品。（　）

5．债券交易就是以债券为对象进行的流通转让活动。（　）

6．我国证券市场的投资者只有境内的自然人和法人。（　）

7．证券交易的对象就是证券买卖的标的物。（　）

8．证券交易所的会员若要进入证券交易所市场进行证券交易，只需向证券交易所申请取得相应席位即可。（　）

9．证券交易所会员应当设会员代表1名。（　）

10．在证券经纪业务中，证券公司不赚取买卖差价，只收取一定比例的佣金作为业务收入。（　）

11．我国现行的法规规定，证券经纪商可以接受代替客户决定买卖证券数量、种类、价格及买入或卖出的全权委托，也不得将营业场所延伸到规定场所以外。（　）

12．我国现行规定的委托期为当日有效。（　）

13．证券营业部申报竞价成交后，买卖成立，委托人不得撤销已成交部分。（　）

14．净价交易是指买卖债券时，以含有应计利息的价格申报并成交的交易。（　）

15．目前我国证券交易印花税是向成交双方双向收取。（　）

16．证券公司在公共场所进行投资咨询，举办股市沙龙、股市报告会等，报告人必须先行取得中国证监会证券投资咨询资格证书或执业证书，报地方证券监管部门批准。（　）

17．证券业协会是证券业的自律性组织，是社会团体法人。（　）

18．开立资金账户是投资者进行证券交易的先决条件。（　）

19．投资者证券账户卡毁损或遗失，可向中国结算公司上海分公司和深圳分公司开

户代理机构申请挂失与补办。（　）

20．对于通过网下累计投标询价确定股票发行价格的，参与网上发行的投资者按询价区间的上限进行申购。（　）

21．股票网上发行就是利用证券交易所的交易系统，新股发行主承销商在证券交易所挂牌销售，投资者通过证券营业部交易系统进行申购的发行方式。（　）

22．股东配股缴款的过程既是公司发行新股筹资的过程，也是股东行使优先认股权的过程。（　）

23．配股缴款结束后（即R+7日），如配股发行成功，结算公司在恢复交易的首日（R+7日）进行除权，如配股发行失败，结算公司在恢复交易的首日（R+7日）不进行除权。（　）

24．当日买进的权证，当日不可以卖出。（　）

25．投资者通过场内申购、赎回应使用深圳证券账户，通过场外申购、赎回应使用深圳开放式基金账户。（　）

26．上海证券交易所在同一交易日只能进行一次开放式基金的认购申报，申报指令可以更改或撤销，但认购申报已被受理的除外。（　）

27．证券公司申请从事代办股份转让服务业务，应当符合的条件之一是最近年度净资产不低于人民币10亿元，净资本不低于人民币5亿元。（　）

28．根据《证券公司代办股份转让系统中关村科技园区非上市股份有限公司股份报价转让试点办法（暂行）》的规定，中国证监会核准挂牌公司公开发行股票申请的，主办报价券商应终止其股份挂牌报价。（　）

29．股份转让公司可以委托多家证券公司办理股份转让，并与证券公司签订委托协议。（　）

30．股份报价转让采用逐笔全额非担保交收的结算方式。（　）

31．所谓退市风险警示制度，就是指由证券交易所对存在股票终止上市风险的公司股票交易实行"警示存在终止上市风险的特别处理"。（　）

32．当上市公司消除退市风险的情形后，证券交易所可撤销其退市风险警示；否则，公司将面临终止上市风险。（　）

33．证券交易所证券交易的开盘价为当日该证券的第一笔成交价。（　）

34．交易商当日买入的固定收益证券，当日可以卖出。（　）

35．报价交易中，交易商可以匿名或实名方式申报。（　）

36．每个合格投资者能委托1个托管人，但可以更换托管人。（　）

37．自营业务资金以个人名义从自营账户中调入调出资金。（　）

38．内幕信息是指在证券交易活动中，涉及公司的经营、财务或对该公司证券的市场价格有重大影响的尚未公开的信息。（　）

39．资产托管机构有权随时查询集合资产管理计划的经营运作情况，并应当定期核对集合资产管理计划资产的情况，防止出现挪用或者遗失。（　）

40．同一客户只能办理一个上海证券交易所专用证券账户和一个深圳交易所专用证券账户。（　）

41．证券公司应当保证客户能够按照合同约定的时间和方式，查询客户定向资产管理账户内资产配置状况、价值变动、交易记录等相关信息。（　）

42．证券公司应当按中国证券业协会的有关规定，制定管理规章、操作流程和岗位手册，在研究、投资决策、交易等环节采取有效的控制措施。（　）

43．集合资产管理计划申购新股，不设申报上限，但所申报的金额不得超过该计划的总资产，所申报的数量不得超过拟发行股票公司本次发行股票的总量。（　）

44．集合资产管理计划展期、解散或终止的，应于展期申请获中国证监会批准后或解散、终止后的5个工作日内以书面形式向深圳证券交易所报告。（　）

45．客户申请开展融资融券业务要在证券公司开立实名信用资金台账和信用证券账户，在指定商业银行开立实名信用资金账户。（　）

46．证券公司在向客户融资融券前，应当与客户协商制定融资融券业务合同。（　）

47．客户可以将已设定担保或其他第三方权利及被采取查封、冻结等司法措施的证券提交为担保物，证券公司可以向客户借出此类证券。（　）

48．客户信用交易担保资金账户内的证券和客户信用交易担保资金账户内的资金，可以用于客户融资融券交易的结算。（　）

49．融资融券交易的一般规则规定：未了结相关融券交易前，客户融券卖出所得价款除买入还券外不得他用。（　）

50．单只标的证券的融券余量降低至20%以下时，交易所可以在次一交易日恢复其融券卖出，并向市场公布。（　）

51．2002年12月30日上海证券交易所推出了企业债券回购交易。（　）

52．全国银行间债券市场回购期限是首次交收日至到期交收日的实际天数，以天为单位，含首次交收日，不含到期交收日。（　）

53．在回购交易过程中，以券融资方应确保在回购成交至购回日期间，其在登记结算机构保留存放的回购抵押的债券量应大于融入资金量，否则将按买空国债的规定予以处罚。（　）

54．回购成交合同是回购双方就回购交易所达成的协议。（　）

55．在证券交易所进行的债券质押式回购交易中，年收益率就是在初始成交日由交易双方竞价产生的回购品种的场内挂牌的成交价格。（　）

56．一般情况下，通过证券交易所达成的交易需采取净额清算方式。（　）

57．最低备付指结算公司为资金交收账户设定的最低备付限额，结算参与人在其账

户中至少应留足该限额的资金量。（ ）

58．整个证券交易过程有两个必不可少的环节，严格地说，其中一是结算，二是交收。（ ）

59．见款付券指在到期交收日正回购方按合同约定将资金划至逆回购方指定账户后，双方解除债券质押关系的交收方式。（ ）

60．在证券交易所市场，质押式债券回购的购回价格为：100+ 成交年收益率 × 100× 回购天数 ÷365。（ ）

《证券交易》模拟试卷（三）参考答案与解析

一、单项选择题

1.【答案】C

【解析】其他交易场所是指证券交易所以外的证券交易市场，也称为"场外交易市场"，包括分散的柜台市场和一些集中性市场。在证券交易市场发展的早期，柜台市场（又称"店头市场"）是一种重要的形式（故 C 项符合题意），许多有价证券的买卖是在银行或证券公司等金融机构的柜台上进行的。因此，本题的正确答案为 C。

2.【答案】A

【解析】2005 年 4 月底，我国开始启动股权分置改革试点工作（故 A 项符合题意）。这是一项完善证券市场基础制度和运行机制的改革，它不仅在于解决历史问题，更在于为资本市场其他各项改革和制度创新创造条件。因此，本题的正确答案为 A。

3.【答案】C

【解析】回购交易更多地具有短期融资的属性。从运作方式看，它结合了现货交易和远期交易的特点，通常在债券交易中运用（故 C 项符合题意）。债券回购交易就是指债券买卖双方在成交的同时，约定于未来某一时间以某一价格双方再进行反向交易的行为。在债券回购交易中，当债券持有者有短期的资金需求时，就可以将持有的债券作质押或卖出而融进资金；反过来，资金供应者则因在相应的期间内让渡资金使用权而得到一定的利息回报。因此，本题的正确答案为 C。

4.【答案】B

【解析】我国过去是禁止信用交易的。2005 年 10 月重新修订后的《证券法》取消了证券公司不得为客户交易融资融券的规定。随后，中国证券监督管理委员会（以下简称"中国证监会"）发布了《证券公司融资融券业务试点管理办法》，上海证券交易所和深圳证券交易所也公布了融资融券交易试点的实施细则。因此，信用交易在我国已可以合法开展。根据《证券公司融资融券业务试点管理办法》的规定，融资融券业务是指证券公司向客户出借资金供其买入上市证券或者出借上市证券供其卖出，并收取担保物的经营活动，所以 A、C、D 项不符合题意。因此，本题的正确答案为 B。

5.【答案】D

【解析】权证是基础证券发行人或其以外的第三人发行的，约定持有人在规定期间内或特定到期日,有权按约定价格向发行人购买或出售标的证券,或以现金结算方式收取结算差价的有价证券。从内容上看,权证具有期权的性质(故 D 项符合题意)。在证券交易市场上,因为权证代表一定的权利,故也有交易的价值。因此,本题的正确答案为 D。

6.【答案】C

【解析】债券交易就是以债券为对象进行的流通转让活动。根据发行主体的不同,债券主要有政府债券、金融债券和公司债券三大类(故 C 项符合题意),这三类债券都是债券市场上的交易品种。因此,本题的正确答案为 C。

7.【答案】C

【解析】从基金的基本类型看,一般可以分为封闭式与开放式两种。对于开放式基金来说,有非上市的开放式基金和上市的开放式基金之分。如果是非上市的开放式基金,投资者可以进行基金份额的申购和赎回。其中,一种情况是只允许通过基金管理人及其代销机构办理;另一种情况是既可以通过基金管理人及其代销机构办理,也可以通过证券交易所系统办理。如果是上市的开放式基金,则除了申购和赎回外,投资者还可以在证券交易所市场上进行买卖。开放式基金份额的申购价格和赎回价格,是通过对某一时点上基金份额实际代表的价值即基金资产净值进行估值,在基金资产净值的基础上再加一定的手续费而确定的,所以 A、B、D 项不符合题意。因此,本题的正确答案为 C。

8.【答案】B

【解析】新中国证券交易市场的建立始于 1986 年。当年 8 月,沈阳开始试办企业债券转让业务;9 月,上海开办了股票柜台买卖业务。从 1988 年 4 月起,我国先后在 61 个大中城市开放了国库券转让市场(故 B 项符合题意)。1990 年 12 月 19 日和 1991 年 7 月 3 日,上海证券交易所和深圳证券交易所先后正式开业。1992 年初,人民币特种股票(B 股)在上海证券交易所上市。同一时期,证券投资基金的交易转让也逐步开展。因此,本题的正确答案为 B。

9.【答案】D

【解析】1999 年 7 月 1 日,《中华人民共和国证券法》(以下简称《证券法》)正式开始实施(故 D 项符合题意),这标志着维系证券交易市场运作的法规体系趋向完善。进入 21 世纪以后,随着我国加入 WTO,证券交易市场对外开放也稳步向前迈进。因此,本题的正确答案为 D。

10.【答案】D

【解析】回购交易具有短期融资的属性。从运作方式看,它结合了现货交易和远期交易的特点(故 D 项符合题意),通常在债券交易中运用。因此,本题的正确答案为 D。

11.【答案】B

【解析】我国过去是禁止信用交易的。2005 年 10 月重新修订后的《证券法》取消了证券公司不得为客户交易融资融券的规定(故 B 项符合题意),随后,中国证券监督管理委员会（以下简称"中国证监会"）发布了《证券公司融资融券业务试点管理办法》，上海证券交易所和深圳证券交易所也公布了融资融券交易试点的实施细则。因此，本题的正确答案为 B。

12.【答案】D

【解析】证券市场的稳定性可以用市场指数的风险度来衡量。由于各种信息是影响证券价格的主要因素，因此，提高市场透明度是加强证券市场稳定性的重要措施，所以 A、B、C 项不符合题意。因此，本题的正确答案为 D。

13.【答案】A

【解析】证券投资者需要通过经纪商的代理才能在证券交易所买卖证券。在这种情况下，投资者向经纪商下达买进或卖出证券的指令，称为"委托"。委托指令有多种形式，可以按照不同的依据来分类。从各国（地区）情况看，一般根据委托订单的数量，有整数委托和零数委托（故 A 项符合题意）；根据买卖证券的方向，有买进委托和卖出委托；根据委托价格限制，有市价委托和限价委托；根据委托时效限制，有当日委托、当周委托、无期限委托、开市委托和收市委托等。因此，本题的正确答案为 A。

14.【答案】C

【解析】证券公司要成为会员应具备一定的条件。一般来说，证券交易所是从证券公司的经营范围、承担风险和责任的资格及能力、组织机构、人员素质等方面规定入会的条件。上海证券交易所和深圳证券交易所对此的规定基本相同，主要有：(1) 经中国证监会依法批准设立并具有法人地位的证券公司；(2) 具有良好的信誉、经营业绩和一定规模的资本金或营运资金；(3) 组织机构和业务人员符合中国证监会和证券交易所规定的条件；(4) 承认证券交易所章程和业务规则，按规定缴纳各项会员经费；(5) 证券交易所要求的其他条件。具备上述条件的证券公司向证券交易所提出申请，并提供必要文件，经证券交易所理事会批准后（故 C 项符合题意），可成为证券交易所的会员。因此，本题的正确答案为 C。

15.【答案】A

【解析】证券经纪商和客户建立了买卖委托关系后，客户往往希望证券经纪商能够提供及时、准确的信息服务。这些信息服务包括：上市公司的详细资料（故 D 项说法正确）、公司和行业的研究报告（B 项说法正确）、经济前景的预测分析和展望研究（C 项说法正确）、有关股票市场变动态势的商情报告等。因此，本题的正确答案为 A。

16.【答案】B

【解析】目前，我国具有法人资格的证券经纪商是指在证券交易中代理买卖证券，从事经纪业务的证券公司。所以 A、C、D 项不符合题意。因此，本题的正确答案为 B。

17.【答案】A

【解析】在委托买卖证券的过程中，客户作为委托人，享有一定的权利。主要有：(1)

选择经纪商的权利（B项说法正确），即客户可以自由地选择经纪商作为代理自己买卖证券的受托人；(2)要求经纪商忠实地为自己办理受托业务的权利，即经纪商应根据交易规则，按客户委托的条件买卖证券。如果受托人没有根据委托合同限定的证券种类、数量、价格、期限执行，委托人可拒绝接受，并有权要求赔偿。在发出委托指令后、未成交之前，委托人有权变更或撤销原来的委托指令；(3)对自己购买的证券享有持有权和处置权，即客户可以自由买卖、赠与或质押自己名下的证券（故C项说法正确）；(4)对证券交易过程的知情权，即客户有权知晓委托、交易、清算交割等方面的信息；(5)寻求司法保护权（D项说法正确），即客户的合法权益受到经纪商或其他证券中介机构侵害时，可以通过司法途径寻求保护；(6)享受经纪商按规定提供其他服务的权利，如交割单的打印、证券和资金结余的查询等。因此，本题的正确答案为A。

18．【答案】A

【解析】证券交易中的委托单，如经客户和证券经纪商双方签字和盖章，性质上就相当于委托合同。委托合同是指委托人、受托人以自己的名义和资金在委托权限内办理委托事务而达成的协议。委托单不仅具备委托合同应具备的主要内容（故B项说法正确），而且明确了证券经纪商作为受托人以委托人（客户）的名义、在委托人授权范围内办理证券投资事务权限的义务（C项说法正确），明确了证券经纪商是委托人进行证券交易代理人的法律身份（所以D项说法正确）。因此，本题的正确答案为A。

19．【答案】A

【解析】证券公司向客户收取的佣金（包括代收的证券交易监管费和证券交易所手续费等）不得高于证券交易金额的3‰（故A项符合题意），也不得低于代收的证券交易监管费和证券交易所手续费等。因此，本题的正确答案为A。

20．【答案】D

【解析】*ST股票的涨跌幅比例为5%，根据涨跌幅价格的计算公式可得：涨跌幅价格＝前收盘价×（1±涨跌幅比例）=15.40×（1±5%），可得价格上限和下限分别为：16.17元和14.63元，所以A、B、C项不正确。因此，本题的正确答案为D。

21．【答案】A

【解析】连续竞价时，成交价格的确定原则之一为：买入申报价格高于即时揭示的最低卖出申报价格时，以即时揭示的最低卖出申报价格为成交价，所以B、C、D项不符合题意。因此，本题的正确答案为A。

22．【答案】A

【解析】连续竞价是指对买卖申报逐笔连续撮合的竞价方式。连续竞价阶段的特点是，每一笔买卖委托输入电脑自动撮合系统后，当即判断并进行不同的处理：能成交者予以成交；不能成交者等待机会成交(故C项说法正确)；部分成交者则让剩余部分继续等待。按照我国证券交易所的有关规定，在无撤单的情况下，委托当日有效(故D项说法正确)。

另外，开盘集合竞价期间未成交的买卖申报，自动进入连续竞价(故 B 项说法正确)。因此，本题的正确答案为 A。

23．【答案】D

【解析】每日交易结束后，证券公司要为客户办理证券和资金的清算与交收。目前我国证券市场采用的是法人结算模式（故 D 项符合题意）。法人结算是指由证券公司以法人名义集中在证券登记结算机构开立资金清算交收账户，其接受客户委托代理的证券交易的清算交收均通过此账户办理。证券公司与其客户之间的资金清算交收由证券公司自行负责完成。证券公司作为结算参与人与客户之间的清算交收，是整个结算过程不可缺少的环节。因此，本题的正确答案为 D。

24．【答案】D

【解析】客户根据自己账号和操作密码进入自助终端或电话自动委托系统（故 D 项符合题意），并按屏幕文字提示或电话语音提示自行进行委托或查询有关信息。客户对其委托承担一切责任。客户通过自助终端或电话自动委托进行的交易，不论成交与否，其委托记录应按规定期限保存于营业网点。因此，本题的正确答案为 D。

25．【答案】D

【解析】证券账户是指中国结算公司为申请人开出的记载其证券持有及变更的权利凭证（故 D 项符合题意）。根据中国结算公司《证券账户管理规则》的规定，中国结算公司对证券账户实施统一管理，投资者证券账户由中国结算上海分公司、深圳分公司及中国结算公司委托的开户代理机构负责开立。因此，本题的正确答案为 D。

26．【答案】B

【解析】新股竞价发行在国外指的是一种由多家承销机构通过招标竞争确定证券发行价格，并在取得承销权后向投资者推销证券的发行方式，也称招标购买方式，所以 A、C、D 项不符合题意。因此，本题的正确答案为 B。

27．【答案】D

【解析】自 2005 年 1 月 1 日起，我国开始实行首次公开发行股票的询价制度。根据相关制度规定，首次公开发行股票的公司及其保荐机构应通过向询价对象（指符合中国证监会规定条件的机构投资者)询价的方式确定股票发行价，所以 A、B、C 项不符合题意。因此，本题的正确答案为 D。

28．【答案】A

【解析】上海证券交易所实行全面指定交易后，中国结算上海分公司在配股登记日闭市后向各证券营业部传送投资者配股明细数据库（故 A 项符合题意）。凡是办理了指定交易的投资者，在公告的配股期限内，可委托其指定交易所属证券营业部在交易时间内，通过上海证券交易所交易系统卖出配股权进行配股认购。因此，本题的正确答案为 A。

29．【答案】A

211

【解析】基金合同生效后即进入封闭期，封闭期一般不超过3个月（故A项符合题意）。封闭期内，基金不受理赎回。基金开放日应为证券交易所的正常交易日。上市开放式基金完成登记托管手续后，由基金管理人及基金托管人共同向深圳证券交易所提交上市申请。基金申请在深圳证券交易所上市应符合规定的条件。因此，本题的正确答案为A。

30．【答案】D

【解析】净申购金额÷10000÷（1+1.5%）＝9852.22（元）；申购份额＝9852.22÷1.0250＝9611.92（份）（因此，可以排除B、C项）。因场内份额保留至整数份，故投资者申购所得份额为9611份（故D项符合题意），不足1份部分的申购资金零头返还给投资者。因此，本题的正确答案为D。

31．【答案】D

【解析】权证行权时，标的股票过户费为股票过户面额的0.05%，所以A、B、C项不符合题意。因此，本题的正确答案为D。

32．【答案】B

【解析】为了促进中小企业板上市公司规范发展，保护投资者合法权益，深圳证券交易所根据相关法律和规章制度，于2006年11月制定了《中小企业板股票暂停上市、终止上市特别规定》，所以A、C、D项不符合题意。因此，本题的正确答案为B。

33．【答案】D

【解析】根据我国《证券法》等相关法律法规和中国证券业协会《证券业从业人员执业行为准则》的规定，证券公司在从事证券经纪业务过程中禁止下列行为：（1）挪用客户所委托买卖的证券或者客户账户上的资金；或将客户的资金和证券借与他人，或者作为担保物或质押物；或违规向客户提供资金或有价证券。（2）侵占、损害客户的合法权益。（3）未经客户的委托，擅自为客户买卖证券，或者假借客户的名义买卖证券；违背客户的委托为其买卖证券；接受客户的全权委托而决策证券买卖、选择证券种类、决定买卖数量或者买卖价格；代理买卖法律规定不得买卖的证券。（4）以任何方式对客户证券买卖的收益或者赔偿证券买卖的损失作出承诺。（5）为牟取佣金收入，诱使客户进行不必要的证券买卖。（6）在批准的营业场所之外私下接受客户委托买卖证券。（7）编造、传播虚假或者误导投资者的信息；散布、泄漏或利用内幕信息。（8）从事或协同他人从事欺诈、内幕交易、操纵证券交易价格等非法活动。（9）贬损同行或以其他不正当竞争手段争揽业务。（10）隐匿、伪造、篡改或者毁损交易记录。（11）泄露客户资金。因此，本题的正确答案为D。

34．【答案】B

【解析】证券金融公司开展转融通业务，应当向证券公司收取一定比例的保证金。证券可以充抵保证金，但货币资金的比例不得低于应收取保证金的15%。因此，本题的正题答案为B。

35．【答案】A

【解析】上市公司应当在股票交易实行退市风险警示之前1个交易日发布公告（故A项符合题意）。公告应当包括以下内容：(1)股票的种类、简称、证券代码以及实行退市风险警示的起始；(2)实行退市风险警示的主要原因；(3)公司董事会关于争取撤销退市风险警示的意见及具体措施；(4)股票可能被暂停或终止上市的风险提示；(5)实行退市风险警示期间公司接受投资者咨询的主要方式；(6)中国证监会和证券交易所要求的其他内容。因此，本题的正确答案为A。

36．【答案】C

【解析】证券公司在买卖证券时，是通过交易所买卖，还是通过其他场所买卖，由证券公司在法规范围内依一定时间、条件自主决定，所以A、B、D项不符合题意。因此，本题的正确答案为C。

37．【答案】A

【解析】自营业务的规模及比例控制。由于证券自营业务的高风险特性，为了控制经营风险，中国证监会颁布的《证券公司风险控制指标管理办法》的规定之一：持有一种权益类证券的市值与其总市值的比例不得超过5%（故A项符合题意），但因包销导致的情形和中国证监会另有规定的除外。因此，本题的正确答案为A。

38．【答案】A

【解析】由于证券自营业务的高风险特性，为了控制经营风险，中国证监会颁布的《证券公司风险控制指标管理办法》的规定之一：自营权益类证券及证券衍生品的合计额不得超过净资本的100%，所以B、C、D项不符合题意。因此，本题的正确答案为A。

39．【答案】D

【解析】证券自营业务原始凭证以及有关业务文件、资料、账册、报表和其他必要的材料应至少妥善保存20年，所以A、B、C项不符合题意。因此，本题的正确答案为D。

40．【答案】C

【解析】根据《证券法》的规定，证券公司从事证券自营业务，应当以公司名义建立证券自营账户，并报中国证监会备案。自2008年6月1日起施行的《证券公司监督管理条例》规定，证券公司的证券自营账户，应当自开户之日起3个交易日内报证券交易所备案，所以A、B、D项不符合题意。因此，本题的正确答案为C。

41．【答案】A

【解析】证券公司办理资产管理业务的一般规定：证券公司将其管理的客户资产投资于本公司、资产托管机构及与本公司或资产托管机构有关联方关系的公司发行的证券，应当事先取得客户的同意，事后告知资产托管机构和客户，同时向证券交易所报告。单个集合资产管理计划投资于前述证券的资金，不得超过该集合资产管理计划资产净值的3%，所以B、C、D项不符合题意。因此，本题的正确答案为A。

213

42.【答案】B

【解析】证券公司办理资产管理业务的一般规定：证券公司办理集合资产管理业务，只能接受货币资金形式的资产。证券公司设立限定性集合资产管理计划的，接受单个客户的资金数额不得低于人民币5万元（故B项符合题意）；设立非限定性集合资产管理计划的，接受单个客户的资金数额不得低于人民币10万元。因此，本题的正确答案为B。

43.【答案】B

【解析】集合资产管理计划的投资范围和投资组合安排应当遵守《试行办法》和《实施细则》的规定，并符合集合资产管理计划说明书、集合资产管理合同的约定。证券公司应当在集合资产管理计划开始投资运作之日起6个月内，故B项符合题意，使集合资产管理计划的投资组合比例符合集合资产管理合同的约定。因此，本题的正确答案为B。

44.【答案】A

【解析】上海证券交易所的有关规定：集合资产管理计划开始投资运作后，应通过会籍办理系统，在每月前5个工作日内，向上海证券交易所提供上月资产净值（包括上月中每个工作日的资产净值）（故A项符合题意）；在会计年度结束后4个月内，向上海证券交易所报送集合资产管理计划单项审计意见。因此，本题的正确答案为A。

45.【答案】B

【解析】集合资产管理计划开始投资运作后，证券公司、托管机构应当至少每3个月向客户提供一次集合资产管理计划的管理报告和托管报告（故B项符合题意），并报中国证监会及注册地中国证监会派出机构备案。因此，本题的正确答案为B。

46.【答案】D

【解析】资产管理业务的风险之一：经营风险主要是指证券公司在资产管理业务中投资决策或操作失误而使管理的客户资产受到损失，所以A、B、C项不符合题意。因此，本题的正确答案为D。

47.【答案】A

【解析】证券公司应当通知客户在约定的期限内追加担保物。该期限不得超过2个交易日，故A项符合题意。客户追加担保物后的维持担保比例不得低于150%。因此，本题的正确答案为A。

48.【答案】A

【解析】《融资融券交易风险揭示书》包括内容之一：提示客户在从事融资融券交易期间，如果中国人民银行规定的同期金融机构贷款基准利率调高（故A项符合题意），证券公司将相应调高融资利率或融券费率，客户将面临融资融券成本增加的风险。因此，本题的正确答案为A。

49.【答案】A

【解析】2008年，上海证券交易所规定国债、企业债、公司债等可参与回购的债券均可折成标准券，并可合并计算，不再区分国债回购和企业债回购。深圳证券交易所仍维持原状，规定国债、企业债折成的标准券不能合并计算，因此需要区分国债回购和企业债回购，所以B、C、D项不符合题意。因此，本题的正确答案为A。

50．【答案】B

【解析】债券回购交易申报中，融资方按"买入"（B）予以申报（故B项符合题意），融券方按"卖出"（S）予以申报。因此，本题的正确答案为B。

51．【答案】A

【解析】《全国银行间债券市场债券交易管理办法》规定，全国银行间债券市场回购的债券是指经中国人民银行批准（故A项符合题意），可在全国银行间债券市场交易的政府债券、中央银行债券和金融债券等记账式债券。中央国债登记结算有限责任公司（简称"中央结算公司"）为中国人民银行指定的办理债券的登记、托管与结算的机构。中国人民银行是全国银行间债券市场的主管部门。中国人民银行各分支机构对辖内金融机构的债券交易活动进行日常监督。因此，本题的正确答案为A。

52．【答案】A

【解析】全国银行间债券市场回购交易数额最小为债券面额10万元，交易单位为债券面额1万元（故A项符合题意）。回购利率由交易双方自行确定。因此，本题的正确答案为A。

53．【答案】A

【解析】回购成交合同的内容由回购双方约定（故A项符合题意），一般包括成交日期、交易员姓名、融资方名称、融券方名称、债券种类（券种代码与简称）、回购期限、回购利率、债券面值总额、首次资金清算额、到期资金清算额、首次交割日、到期交割日、债券托管账户和人民币资金账户、交割方式、业务公章、法定代表人（或授权人）签字等。以交易系统生成的成交单、电报和电传作为回购成交合同，业务公章和法定代表人（或授权人）签字可不作为必备条款。因此，本题的正确答案为A。

54．【答案】C

【解析】全国银行间市场规定进行买断式回购，任何一家市场参与者单只券种的待返售债券余额应小于该只债券流通量的20%，任何一家市场参与者待返售债券总余额应小于其在中央结算公司托管的自营债券总额的200%。因此，本题的正确答案为C。

55．【答案】C

【解析】上海证券交易所国债买断式回购交易按照证券账户进行申报。申报应当符合的要求之一：每笔申报限量：竞价撮合系统最小1000手，最大50000手，所以A、B、D项不符合题意。因此，本题的正确答案为C。

56．【答案】B

【解析】上海证券交易所买断式回购风险控制措施之一：履约金到期归属按规则判定，

而银行间市场则没有此类规则。上海证券交易所规定,回购到期双方按约履行的,履约金返还各自一方;如单方违约(含无力履约和主动申报"不履约"两种情况),违约方的履约金归守约方所有(故 B 项符合题意);如双方违约,双方各自缴纳的履约金划归证券结算风险基金。因此,本题的正确答案为 B。

57.【答案】B

【解析】证券交易从结算的时间安排来看,可以分为滚动交收和会计日交收。滚动交收要求某一交易日成交的所有交易有计划地安排距成交日相同营业日天数的某一营业日进行交收,所以 A、C、D 项不符合题意。因此,本题的正确答案为 B。

58.【答案】D

【解析】中国结算公司按照中国人民银行规定的金融同业活期存款利率向结算参与人计付结算备付金利息(故 D 项符合题意)。结算备付金利息每季度结息一次,结息日为每季度第三个月的 20 日,应计利息记入结算参与人资金交收账户并滚入本金。因此,本题的正确答案为 D。

59.【答案】B

【解析】融资方违约的交易,融券方应付国债义务自动解除,中国结算公司上海分公司对原冻结的标的国债予以解冻,解冻国债在 R+2 日可用,所以 A、C、D 项不符合题意。因此,本题的正确答案为 B。

60.【答案】C

【解析】因为回购可融入资金的额度取决于客户持有的标准券库存数量,而与其持有现券当时的市值无关,因此,该客户回购可融入资金量为 1000×1.35=1350(万元),所以 A、B、D 项不符合题意。因此,本题的正确答案为 C。

二、多项选择题

1.【答案】AC

【解析】证券的流动性是证券市场生存的条件。证券市场流动性包含两个方面的要求,即成交速度和成交价格(故 A、C 项符合题意)。如果投资者能以合理的价格迅速成交,则市场流动性好。反过来,单纯是成交速度快,并不能完全表示流动性好。因此,本题的正确答案为 AC。

2.【答案】ABCD

【解析】债券也是一种有价证券(故 C 项说法正确),是社会各类经济主体为筹集资金而向债券投资者出具的、承诺按一定利率定期支付利息并到期偿还本金的债权债务凭证(故 B 项说法正确)。债券交易就是以债券为对象进行的流通转让活动(故 A 项说法正确),根据发行主体的不同,债券主要有政府债券、金融债券和公司债券三大类(故 D 项说法正确)。这三类债券都是债券市场上的交易品种。因此,本题的正确答案为

ABCD。

3．【答案】ACD

【解析】证券交易方式可以按照不同的角度来认识。根据交易合约的签订与实际交割之间的关系，证券交易的方式有现货交易（A 项说法正确），远期交易和期货交易（故 C、D 项说法正确）。因此，本题的正确答案为 ACD。

4．【答案】ABCD

【解析】证券交易所的职能有：(1) 提供证券交易的场所和设施（故 A 项符合题意）；(2) 制定证券交易所的业务规则（B 项符合题意）；(3) 接受上市申请、安排证券上市；(4) 组织、监督证券交易（故 C 项符合题意）；(5) 对会员进行监管；(6) 对上市公司进行监管；(7) 设立证券登记结算机构（故 D 项符合题意）；(8) 管理和公布市场信息；(9) 中国证监会许可的其他职能。因此，本题的正确答案为 ABCD。

5．【答案】ABC

【解析】金融期货交易是指以金融期货合约为对象进行的流通转让活动。金融期货合约是指双方在有组织的交易所内以公开竞价的形式达成的，在将来某一特定时间交收标准数量特定金融工具的协议。这里的特定金融工具是指诸如外汇、债券、股票和股票价格指数等。因此，在实践中，金融期货主要有外汇期货、利率期货、股权类期货（如股票价格指数期货和股票期货等）三种类型，所以 D 项不符合题意。因此，本题的正确答案为 ABC。

6．【答案】AB

【解析】从交易时间的连续特点划分，有定期交易和连续交易（故 A、B 项符合题意）。在定期交易中，成交的时点不是连续的。在连续交易中，并非意味着交易一定是连续的，而是指在营业时间里订单匹配可以连续不断地进行。因此，本题的正确答案为 AB。

7．【答案】CD

【解析】从交易价格的决定特点划分，有指令驱动和报价驱动。报价驱动是一种连续交易商市场，或称"做市商市场"。在这一市场中，证券交易的买价和卖价都由做市商给出，做市商将根据市场的买卖力量和自身情况进行证券的双向报价。投资者之间并不直接成交，而是从做市商手中买进证券或向做市商卖出证券。做市商在其所报的价位上接受投资者的买卖要求，以其自有资金或证券与投资者交易。因此，本题的正确答案为 CD。

8．【答案】ABCD

【解析】一般来说，证券交易所是从证券公司的经营范围、承担风险和责任的资格及能力、组织机构、人员素质等方面规定入会的条件。因此，本题的正确答案为 ABCD。

9．【答案】AD

【解析】特别会员享有的权利有：(1) 列席证券交易所会员大会（故 A 项符合题意）；(2) 向证券交易所提出相关建议；(3) 接受证券交易所提供的相关服务（故 D 项符合题意）。

因此，本题的正确答案为 AD。

10．【答案】ABCD

【解析】上海证券交易所和深圳证券交易所都规定，股票交易的报价为每股价格（故 A 项说法正确），基金交易为每份基金价格（故 B 项说法正确），权证交易为每份权证价格（故 C 项说法正确），债券交易（指债券现货买卖）为每百元面值债券的价格，债券质押式回购为每百元资金到期年收益（故 D 项说法正确），债券买断式回购为每百元面值债券的到期购回价格。因此，本题的正确答案为 ABCD。

11．【答案】ABC

【解析】上市开放式基金在交易所的交易规则与封闭式基金基本相同（故 B 项说法正确），具体内容有：买入上市开放式基金申报数量应当为 100 份或其整数倍（故 A 项说法正确），申报价格最小变动单位为 0.001 元人民币（故 C 项说法正确）。深圳证券交易所对上市开放式基金交易实行价格涨跌幅限制，涨跌幅比例为 10%，自上市首日起执行。因此，本题的正确答案为 ABC。

12．【答案】BCD

【解析】自营业务的内部控制主要是应加强自营业务投资决策、资金、账户、清算、交易和保密等的管理。重点防范规模失控、决策失误、超越授权、变相自营、账外自营、操纵市场、内幕交易等的风险，其中包括：加强自营业务人员的职业道德和诚信教育，强化自营业务人员的保密意识（故 C 项符合题意），合规操作意识和风险控制意识（故 B、D 项符合题意）。自营业务关键岗位人员离任前，应当由稽核部门进行审计。因此，本题的正确答案为 BCD。

13．【答案】ABC

【解析】对证券发行人的权利，是指请求召开证券持有会议、参加证券持有人会议、提案、表决，故 A 项符合题意，配售股份的认购（故 B 项符合题意），请求分配投资收益的权利等因持有证券而产生的权利（故 C 项符合题意）。因此，本题的正确答案为 ABC。

14．【答案】ABD

【解析】目前，具有结算代理人资格的金融机构主要有各全国性商业银行（故 A 项符合题意）、烟台住房储蓄银行和部分符合条件的城市商业银行（故 B、D 项符合题意）。因此，本题的正确答案为 ABD。

15．【答案】CD

【解析】非金融机构应委托结算代理人进行债券交易和结算，且只能委托开展现券买卖和逆回购业务（故 C、D 项符合题意）。结算代理人是指经中国人民银行批准，代理其他参与者办理债券交易和结算的金融机构。因此，本题的正确答案为 CD。

16．【答案】AD

【解析】买断式回购与前述质押式回购业务（亦称"封闭式回购"）的区别在于：在买断式回购的初始交易中，债券持有人将债券"卖"给逆回购方，所有权转移至逆回购方（故 A 项说法正确）；而在质押式回购的初始交易中，债券所有权并不转移，逆回购方只享有质权（故 D 项说法正确）。由于所有权发生转移，因此买断式回购的逆回购方可以自由支配购入债券，如出售或用于回购质押等，只要在协议期满能够有相等数量同种债券返售给债券持有人即可。因此，本题的正确答案为 AD。

17.【答案】ABCD

【解析】中国证监会及其派出机构对违反规定或者因管理不善导致证券经纪人违法违规、客户大量投诉、出现重大纠纷、不稳定事件的证券公司，可以要求其提高经纪业务风险资本准备计算比例和有关证券营业部的分支机构风险资本准备计算金额，并依法采取限制其证券经纪人规模等监管措施或者予以行政处罚。因此，本题的正确答案为 ABCD。

18.【答案】ABC

【解析】债券回购双方可以选择的交收方式包括见券付款、券款对付和见款付券 3 种（故 A、B、C 项符合题意）。具体方式由交易双方协商选择。因此，本题的正确答案为 ABC。

19.【答案】ABCD

【解析】中央结算公司应定期向中国人民银行报告债券托管、结算有关情况（故 A 项符合题意），及时为参与者提供债券托管、债券结算（故 B 项符合题意），本息兑付和账务查询等服务；应建立严格的内部稽核制度（故 C 项符合题意），对债券账务数据的真实性、准确性和完整性负责（故 D 项符合题意），并为账户所有人保密。因此，本题的正确答案为 ABCD。

20.【答案】AC

【解析】证券交收包含两个层面：一是中国结算公司沪、深分公司与结算参与人的证券交收（一般称为"集中证券交收"）（故 A 项符合题意）；二是结算参与人与客户之间的证券交收（故 C 项符合题意）。因此，本题的正确答案为 AC。

21.【答案】AC

【解析】根据发行主体的不同，债券主要有政府债券、金融债券和公司债券三大类。这三类债券都是债券市场上的交易品种。政府债券是国家为了筹措资金而向投资者出具的，承诺在一定时期支付利息和到期还本的债务凭证。政府债券的发行主体是中央政府和地方政府。中央政府发行的债券称为国债，地方政府发行的债券称为地方债。因此，本题的正确答案为 AC。

22.【答案】ABCD

【解析】在证券交易所市场，证券交易的基本过程包括开户、委托、成交、结算等几个步骤。因此，本题的正确答案为ABCD。

23．【答案】AB

【解析】证券经纪商接到投资者的委托指令后，首先要对投资者身份的真实性和合法性进行审查，审查合格后，经纪商要将投资者委托指令的内容传送到证券交易所进行撮合。因此，本题的正确答案为AB。

24．【答案】ABCD

【解析】上海证券交易所和深圳证券交易所会员享有的权利基本一致，主要有以下几方面：（1）参加会员大会（故C项符合题意）；（2）有选举权和被选举权；（3）对证券交易所事务的提议权和表决权（故B项符合题意）；(4)参加证券交易所组织的证券交易，享受证券交易所提供的服务；（5）对证券交易所事务和其他会员的活动进行监督（故D项符合题意）；（6）按规定转让交易席位等（故A项符合题意）。因此，本题的正确答案为ABCD。

25．【答案】AC

【解析】证券交易所在会员监管过程中，对存在或者可能存在问题的会员，可以根据需要采取下列措施：（1）口头警示（故C项符合题意）；（2）书面警示；（3）要求整改；（4）约见谈话；（5）专项调查；（6）暂停受理或者办理相关业务（故A项符合题意）；（7）提请中国证监会处理。因此，本题的正确答案为AC。

26．【答案】ABCD

【解析】限价委托方式的优点是：证券可以以客户预期的价格或更有利的价格成交，有利于客户实现预期投资计划，谋求最大利益（故A项符合题意）。其缺点是：成交速度慢，有时甚至无法成交(故D项符合题意)。市价委托方式的优点是：没有价格上的限制，证券经纪商执行委托指令比较容易，成交迅速且成交率高(故B项符合题意)。其缺点是：只有在委托执行后才知道实际的执行价格（故C项符合题意）。因此，本题的正确答案为ABCD。

27．【答案】ABCD

【解析】证券经纪商接受客户委托后应按"时间优先、客户优先"的原则进行申报竞价(故D项符合题意)。时间优先是指证券经纪商应按受托时间的先后次序为委托人申报。客户优先是指当证券公司自营买卖申报与客户委托买卖申报在时间上相冲突时，应让客户委托买卖优先申报。证券经纪商接受客户委托、进行申报时还应该做到：在交易市场买卖证券均须公开申报竞价（故A项符合题意）；在申报竞价时，须一次完整地报明买卖证券的数量、价格及其他规定的因素（故B项符合题意）；在同时接受两个以上委托人买进委托与卖出委托且种类、数量、价格相同时，不得自行对冲完成交易，仍应向证券交易所申报竞价（故C项符合题意）。因此，本题的正确答案为ABCD。

28．【答案】CD

【解析】证券经纪商对客户委托的申报方式有两种，一种由证券经纪商的场内交易员进行申报，另一种由客户和证券经纪商营业部业务员直接申报，所以A、B项不符合题意。因此，本题的正确答案为CD。

29．【答案】AD

【解析】上海证券交易所和深圳证券交易所在过户费的收取上略有不同。在上海证券交易所，A股的过户费为成交面额的1‰，起点为1元。因此，本题的正确答案为AD。

30．【答案】ABCD

【解析】上海证券交易所固定收益平台的交易商有两种：一种称交易商，指经过上海证券交易所核准，取得固定收益平台交易参与资格的证券公司、基金管理公司、财务公司、保险资产管理公司及其他机构（所以A、B、C、D项都符合题意）；另一种称一级交易商，指经过上海证券交易所核准在固定收益平台交易中持续提供双边报价及对询价提供成交报价（简称"做市"）的交易商。因此，本题的正确答案为ABCD。

31．【答案】CD

【解析】协议平台接受交易用户申报的类型包括意向申报、定价申报、双边报价、成交申报和其他申报。因此，本题的正确答案为CD。

32．【答案】ABC

【解析】根据我国现行有关交易制度规定，债券和权证实行当日回转交易，即投资者可以在交易日的任何营业时间内反向卖出已买入但未交收的债券和权证；B股实行次交易日起回转交易。深圳证券交易所对专项资产管理计划收益权份额协议交易也实行当日回转交易。因此，本题的正确答案为ABC。

33．【答案】CD

【解析】托管银行、证券交易所应当对集合资产管理计划的投资范围和投资组合进行监控，发现有重大违规行为的，须及时报告中国证监会。因此，本题的正确答案为CD。

34．【答案】ABD

【解析】证券公司自营买卖业务的首要特点即为决策的自主性，这表现在：(1)交易行为的自主性。证券公司自主决定是否买入或卖出某种证券；(2)选择交易方式的自主性。证券公司在买卖证券时，是通过交易所买卖还是通过其他场所买卖，由证券公司在法规范围内依一定的时间、条件自主决定；(3)选择交易品种、价格的自主性。证券公司在进行自营买卖时，可根据市场情况，自主决定买卖品种、价格。因此，本题的正确答案为ABD。

35．【答案】ABCD

【解析】集合资产管理业务的特点是：(1)集合性，即证券公司与客户是一对多。(2)投资范围有限定性和非限定性之分。(3)客户资产必须进行托管。(4)通过专门账户投资运作。(5)较严格的信息披露。因此，本题的正确答案为ABCD。

221

36.【答案】AB

【解析】各主要环节应当分别由不同的部门和岗位负责,负责风险监控和业务稽核的部门和岗位应当独立于其他部门和岗位,分管融资融券业务的高级管理人员不得兼管风险监控部门和业务稽核部门,所以C、D项不符合题意。因此,本题的正确答案为AB。

37.【答案】ABCD

【解析】证券公司设立集合资产管理计划,办理集合资产管理业务,还应当符合的要求包括:(1)具有健全的法人治理结构、完善的内部控制和风险管理制度,并得到有效执行。(2)设立限定性集合资产管理计划的净资本不低于3亿元人民币,设立非限定性集合资产管理计划的净资本不低于5亿元人民币。(3)最近一年不存在挪用客户交易结算资金等客户资产的情形。(4)中国证监会规定的其他条件。因此,本题的正确答案为ABCD。

38.【答案】BCD

【解析】清算一般有三种解释:一是指一定经济行为引起的货币资金关系应收、应付的计算（故B项符合题意）;二是指公司、企业结束经营活动、收回债务、处置分配财产等行为的总和（故C项符合题意）;三是银行同业往来中应收或应付差额的轧抵（故D项符合题意）。因此,本题的正确答案为BCD。

39.【答案】CD

【解析】证券公司应当根据集合资产管理计划的情况,保持适当比例的现金、到期日在1年以内的政府债券或者其他高流动性短期金融工具,以备支付客户的分红或退出款项。因此,本题的正确答案为CD。

40.【答案】ABC

【解析】证券交易所债券质押式回购实行标准券制度。标准券是由不同债券品种按相应折算率折算形成的回购融资额度。2008年,上海证券交易所规定国债、企业债、公司债等可参与回购的债券均可折成标准券,并可合并计算,不再区分国债回购和企业债回购。深圳证券交易所仍维持原状,规定国债、企业债折成的标准券不能合并计算。因此需要区分国债回购和企业债回购。目前,上海证券交易所实行标准券制度的债券质押式回购分为1天、2天、3天、4天、7天、14天、28天、91天、182天9个品种。深圳证券交易所现有实行标准券制度的债券质押式回购有1天、2天、3天、4天、7天、14天、28天、63天、91天、182天、273天11个品种,实行标准券制度的质押式企业债回购有1天、2天、3天、7天4个品种。因此,本题的正确答案为ABC。

三、判断题

1.【答案】A

【解析】证券交易场所是供已发行的证券进行流通转让的市场。证券交易市场的作用在于:一是为各种类型的证券提供便利而充分的交易条件;二是为各种交易证券提供公开、

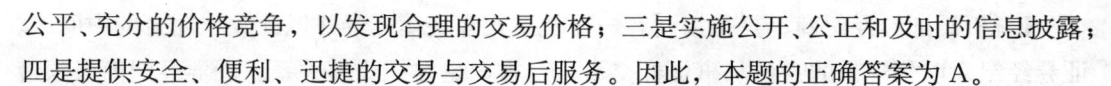

公平、充分的价格竞争,以发现合理的交易价格;三是实施公开、公正和及时的信息披露;四是提供安全、便利、迅捷的交易与交易后服务。因此,本题的正确答案为A。

2.【答案】A

【解析】权证是基础证券发行人或其以外的第三人发行的,约定持有人在规定期间内或特定到期日,有权按约定价格向发行人购买或出售标的证券,或以现金结算方式收取结算差价的有价证券。从内容上看,权证具有期权的性质。因此,本题的正确答案为A。

3.【答案】A

【解析】证券交易所的组织形式有会员制和公司制两种。我国上海证券交易所和深圳证券交易所都采用会员制,设会员大会、理事会和专门委员会。理事会是证券交易所的决策机构,理事会下面可以设立其他专门委员会。证券交易所设总经理,负责日常事务。总经理由国务院证券监督管理机构任免。因此,本题的正确答案为A。

4.【答案】A

【解析】金融衍生工具又称金融衍生产品,是与基础金融产品相对应的一个概念,指建立在基础产品或基础变量之上,其价格取决于后者价格(或数值)变动的派生金融产品。因此,本题的正确答案为A。

5.【答案】A

【解析】债券交易就是以债券为对象进行的流通转让活动。因此,本题的正确答案为A。

6.【答案】B

【解析】随着我国证券市场的对外开放,我国证券市场的投资者不仅仅是境内的自然人和法人,还有境外的自然人和法人,但是对境外投资者的投资范围有一定的限制。因此,本题的正确答案为B。

7.【答案】A

【解析】证券交易种类通常是根据交易对象来划分的。证券交易的对象就是证券买卖的标的物。因此,本题的正确答案为A。

8.【答案】B

【解析】证券交易所的会员及证券交易所申请取得交易权,成为证券交易所市场进行证券交易,要向证券交易所申请取得交易权,成为证券交易所的交易参与人。交易参与人应当通过在证券交易所申请开设的交易单元进行证券交易,交易单元是交易权限的技术载体。会员参与交易及会员权限的管理通过交易单元来实现。因此,本题的正确答案为B。

9.【答案】A

【解析】证券交易所会员应当设会员代表1名,组织、协调会员与证券交易所的各项业务往来。因此,本题的正确答案为A。

10.【答案】A

【解析】证券经纪商，是指接受客户委托、代客买卖证券并以此收取佣金的中间人。证券经纪商以代理人的身份从事证券交易，与客户是委托代理关系。证券经纪商必须遵照客户发出的委托指令进行证券买卖，并尽可能以最有利的价格使委托指令得以执行，但证券经纪商并不承担交易中的价格风险。证券经纪商向客户提供服务以收取佣金作为报酬。因此，本题的正确答案为A。

11．【答案】B

【解析】我国现行的法规规定，证券经纪商不得接受代替客户决定买卖证券数量、种类、价格及买入或卖出的全权委托，也不得将营业场所延伸到规定场所以外。同一证券公司在同时接受两个以上委托人就相同种类、相同数量的证券按相同价格分别作委托买入和委托卖出时，不得自行对冲成交，必须分别进场申报竞价成交。因此，本题的正确答案为B。

12．【答案】A

【解析】我国现行规定的委托期为当日有效。因此，本题的正确答案为A。

13．【答案】A

【解析】在委托未成交之前，客户有权变更和撤销委托。证券营业部申报竞价成交后，买卖即告成立，成交部分不得撤销。因此，本题的正确答案为A。

14．【答案】B

【解析】从交易价格的组成看，债券交易有两种：全价交易和净价交易。净价交易是指买卖债券时，以不含有应计利息的价格申报并成交的交易。因此，本题的正确答案为B。

15．【答案】B

【解析】我国证券交易的印花税税率标准曾多次调整，截至2008年9月19日，证券交易印花税只对出让方按1‰税率征收，对受让方不再征收。因此，本题的正确答案为B。

16．【答案】A

【解析】为客户提供咨询服务的人员必须具备投资咨询业务资格，其在执业过程中应注意以下几方面：（1）证券投资咨询活动必须客观公正、诚实信用，不得以虚假信息、内幕信息或者市场传言为依据向客户或投资者提供分析、预测或建议，更不得编造或传播虚假信息和对已有的市场传言加以渲染；（2）预测证券市场、证券品种的走势或者就投资证券的可行性进行建议时，需有充分的理由和依据，不得主观臆断，不得对行情发表肯定性意见；（3）证券投资分析报告、投资分析文章等形式的咨询服务产品，不得有建议投资者在具体证券品种上进行具体价位买卖等方面的内容，不得直接指导投资者买卖证券；（4）不得为达到某种目的，诱使客户进行不必要的证券买卖；（5）在公共场所进行投资咨询，举办股市沙龙、股市报告会等，报告人必须先行取得中国证监会证券投资咨询资格证书或执业证书，报地方证券监管部门批准，必要时报当地公安部门批准。因此，本题的正确答案为A。

17．【答案】A

【解析】证券业协会是证券业的自律性组织,是社会团体法人。证券公司应当加入证券业协会,成为证券业协会的会员。证券业协会应教育和组织会员遵守证券法律、行政法规,并监督、检查会员行为,对违反法律、行政法规或者协会章程的,也应按照规定给予纪律处分。因此,本题的正确答案为 A。

18．【答案】B

【解析】证券账户是指中国结算公司为申请人开出的记载其证券持有及变更的权利凭证。开立证券账户是投资者进行证券交易的先决条件。因此,本题的正确答案为 B。

19．【答案】A

【解析】投资者证券账户卡毁损或遗失,可向中国结算公司上海分公司和深圳分公司开户代理机构申请挂失与补办,或更换证券账户卡。因此,本题的正确答案为 A。

20．【答案】A

【解析】对于通过网下累计投标询价确定股票发行价格的,参与网上发行的投资者按询价区间的上限进行申购。网下累计投标确定发行价格后,资金解冻日网上申购资金解冻,中签投资者将获得申购价格与发行价格之间的差额部分及未中签部分的申购余款。因此,本题的正确答案为 A。

21．【答案】A

【解析】股票网上发行是利用证券交易所的交易系统,新股发行主承销商在证券交易所挂牌销售,投资者通过证券营业部交易系统进行申购的发行方式。股票网上发行方式的基本类型有网上竞价发行和网上定价发行。在我国,绝大多数股票采用了网上定价发行。因此,本题的正确答案为 A。

22．【答案】A

【解析】股东配股缴款的过程既是公司发行新股筹资的过程,也是股东行使优先认股权的过程。因此,本题的正确答案为 A。

23．【答案】A

【解析】配股缴款结束后(R+7 日),公司股票及其衍生品种恢复交易。如配股发行成功,结算公司在恢复交易的首日(R+7 日)进行除权,并根据配股结果办理资金划拨,将配股认购资金划入主承销商结算备付金账户;如配股发行失败,结算公司在恢复交易的首日(R+7 日)不进行除权,并将配股认购本金及利息退还到结算参与人结算备付金账户。因此,本题的正确答案为 A。

24．【答案】B

【解析】投资者应使用在中国结算公司开立的证券账户(A 股账户)办理权证的认购、交易、行权等业务。单笔权证买卖申报数量不得超过 100 万份,申报价格最小变动单位为 0.001 元人民币。权证买入申报数量为 100 份的整数倍。当日买进的权证,当日可以卖出。因此,本题的正确答案为 B。

25．【答案】A

【解析】投资者通过场内申购、赎回应使用深圳证券账户，通过场外申购、赎回应使用深圳开放式基金账户。因此，本题的正确答案为A。

26．【答案】B

【解析】上海证券交易所在每个交易日的撮合交易时间内，接受基金份额申购、赎回的申报。同一交易日可进行多次申购或赎回申报，申报指令可以更改或撤销，但申报已被受理除外。因此，本题的正确答案为B。

27．【答案】B

【解析】证券公司从事代办股份转让服务业务，应当报经中国证券业协会批准，并报中国证监会备案。根据《证券公司从事代办股份转让主办券商业务资格管理办法（试行）》的规定，对从事此项业务资格的申请条件之一：最近年度净资产不低于人民币8亿元，净资本不低于人民币5亿元。因此，本题的正确答案为B。

28．【答案】A

【解析】挂牌公司出现下列情形之一的，应终止其股份挂牌：进入破产清算程序；中国证监会核准其公开发行股票申请；北京市人民政府有关部门同意其终止股份挂牌申请；中国证券业协会规定的其他情形。因此，本题的正确答案为A。

29．【答案】B

【解析】股份转让公司应当而且只能委托1家证券公司办理股份转让，并与证券公司签订委托协议。代办转让的股份仅限于股份转让公司在原交易场所挂牌交易的流通股份。因此，本题的正确答案为B。

30．【答案】A

【解析】股份报价转让采用逐笔全额非担保交收的结算方式。投资者达成转让意向的，买方须保证资金账户中存有足额的资金，卖方须保证股份账户中有足额的可转让股份，方可委托证券公司办理成交确认申请。因此，本题的正确答案为A。

31．【答案】A

【解析】所谓退市风险警示制度，就是指由证券交易所对存在股票终止上市风险的公司股票交易实行"警示存在终止上市风险的特别处理"。因此，本题的正确答案为A。

32．【答案】A

【解析】当上市公司消除退市风险的情形后，证券交易所可撤销其退市风险警示；否则，公司将面临终止上市风险。因此，本题的正确答案为A。

33．【答案】A

【解析】根据我国现行的交易规则，证券交易所证券交易的开盘价为当日该证券的第一笔成交价。证券的开盘价通过集合竞价方式产生。不能产生开盘价的，以连续竞价方式产生。因此，本题的正确答案为A。

34.【答案】A

【解析】交易商当日买入的固定收益证券,当日可以卖出。当日被待交收处理的固定收益证券,下一交易日可以卖出。因此,本题的正确答案为A。

35.【答案】A

【解析】固定收益平台交易采用报价交易和询价交易两种方式。报价交易中,交易商可以匿名或实名方式申报;询价交易中,交易商须以实名方式申报。因此,本题的正确答案为A。

36.【答案】A

【解析】合格投资者应当委托境内商业银行作为托管人托管资产(每个合格投资者只能委托1个托管人,并可以更换托管人),委托境内证券公司办理在境内的证券交易活动(每个合格投资者可分别在上海、深圳证券交易所委托3家境内证券公司进行证券交易)。因此,本题的正确答案为A。

37.【答案】B

【解析】自营业务资金的出入必须以公司名义进行,禁止以个人名义从自营账户中调入调出资金,禁止从自营账户中提取现金。因此,本题的正确答案为B。

38.【答案】A

【解析】所谓内幕信息,是指在证券交易活动中,涉及公司的经营、财务或者对该公司证券的市场价格有重大影响的尚未公开的信息。因此,本题的正确答案为A。

39.【答案】A

【解析】资产托管机构有权随时查询集合资产管理计划的经营运作情况,并应当定期核对集合资产管理计划资产的情况,防止出现挪用或者遗失。因此,本题的正确答案为A。

40.【答案】A

【解析】同一客户只能办理一个上海证券交易所专用证券账户和一个深圳证券交易所专用证券账户。因此,本题的正确答案为A。

41.【答案】A

【解析】证券公司、资产托管机构应当保证客户能够按照合同约定的时间和方式,查询客户定向资产管理账户内资产配置状况、价值变动、交易记录等相关信息。因此,本题的正确答案为A。

42.【答案】B

【解析】证券公司应当按中国证监会的有关规定,制定管理规章、操作流程和岗位手册,在研究、投资决策、交易等环节采取有效的控制措施。因此,本题的正确答案为B。

43.【答案】A

【解析】集合资产管理计划申购新股,不设申购上限,但所申报的金额不得超过该计划的总资产,所申报的数量不得超过拟发行股票公司本次发行股票的总量。集合资产管理计划投资于证券公司担任保荐机构（主承销商）的股票，应当遵守《试行办法》关于关联交易的限制规定。因此，本题的正确答案为A。

44．【答案】A

【解析】集合资产管理计划展期、解散或终止的，应于展期申请获中国证监会批准后或解散、终止后的5个工作日内以书面形式向深圳证券交易所报告，并在深圳证券交易所网站"会员之家"网页的"业务在线——资产管理"栏目下更新相关资料。因此，本题的正确答案为A。

45．【答案】A

【解析】证券申请开展融资融券业务要在证券公司开立实名信用资金台账和信用证券账户，在指定商业银行开立实名信用资金账户。因此，本题的正确答案为A。

46．【答案】B

【解析】证券公司在向客户融资融券前，应当与其签订载入中国证券业协会规定的必备条款的融资融券业务合同（以下简称"合同"）。合同应由证券公司统一制定、保管和与客户签订。因此，本题的正确答案为B。

47．【答案】B

【解析】客户不得将已设定担保或其他第三方权利及被采取查封、冻结等司法措施的证券提交为担保物，证券公司不得向客户借出此类证券。因此，本题的正确答案为B。

48．【答案】A

【解析】除下列情形外，任何人不得动用证券公司客户信用交易担保证券账户内的证券和客户信用交易担保资金账户内的资金：（1）为客户进行融资融券交易的结算；（2）收取客户应当归还的资金、证券；（3）收取客户应当支付的利息、费用、税款；（4）按照中国证监会的有关规定以及与客户的约定处分担保物；（5）收取客户应当支付的违约金；（6）客户提取还本付息、支付税费及违约金后的剩余证券和资金；（7）法律、行政法规和证监会《办法》规定的其他情形。因此，本题的正确答案为A。

49．【答案】A

【解析】融资融券交易的一般规则规定：未了结相关融券交易前，客户融券卖出所得价款除买券还券外不得他用。因此，本题的正确答案为A。

50．【答案】A

【解析】单只标的证券的融券余量达到该证券上市可流通量的25%时，交易所可以在次一交易日暂停其融券卖出，并向市场公布。当该标的证券的融券余量降低至20%以下时，交易所可以在次一交易日恢复其融券卖出，并向市场公布。因此，本题的正确答案为A。

51．【答案】A

【解析】2002年12月30日和2003年1月3日，上海证券交易所和深圳证券交易所分别推出了企业债券回购交易。因此，本题的正确答案为A。

52．【答案】A

【解析】全国银行间债券市场回购期限是首次交收日至到期交收日的实际天数，以天为单位，含首次交收日，不含到期交收日。回购利率是正回购方支付给逆回购方在回购期间融入资金的利息与融入资金的比例，以年利率表示。计算利息的基础天数为365天。因此，本题的正确答案为A。

53．【答案】B

【解析】在回购交易过程中，以债券融资方应确保在回购成交至购回日期间，其在登记结算机构保留存放的回购抵押的债券量应大于融入资金量，否则将按卖空国债的规定予以处罚。因此，本题的正确答案为B。

54．【答案】A

【解析】回购成交合同是回购双方就回购交易所达成的协议。因此，本题的正确答案为A。

55．【答案】A

【解析】债券回购交易是以年收益率报价的。在交易所行情显示中，只即时显示交易的到期购回价格，而成交量、成交金额，分别显示的是当日成交手数和当日实际成交金额。年收益率即是初始成交日由交易双方竞价产生的某一回购品种的场内挂牌"价格"。因此，本题的正确答案为A。

56．【答案】A

【解析】一般情况下，通过证券交易所达成的交易需采取净额清算方式。因此，本题的正确答案为A。

57．【答案】A

【解析】最低备付指结算公司为资金交收账户设定的最低备付限额，结算参与人在其账户中至少应留足该限额的资金量。因此，本题的正确答案为A。

58．【答案】B

【解析】整个证券交易过程中有两个必不可少的环节，严格地说，其中一是清算，二是交收。因此，本题的正确答案为B。

59．【答案】A

【解析】见款付券指在到期交收日正回购方按合同约定将资金划至逆回购方指定账户后，双方解除债券质押关系的交收方式。因此，本题的正确答案为A。

60．【答案】B

【解析】购回价格＝100+成交年收益率×100×回购天数÷360。因此，本题的正确答案为B。

《证券交易》模拟试卷（四）

一、单项选择题（本大题共60小题，每小题0.5分，共30分。以下各小题所给出的4个选项中，只有一项最符合题目要求。）

1．我国证券市场上出现的交易型开放式指数基金代表的是一篮子股票的投资组合，追踪的是（　）。
A．投资组合总市值　　　　　　B．股票价格
C．上证50%股　　　　　　　　D．实际的股价指数

2．不属于上海证券交易所和深圳证券交易所设立的机构有（　）。
A．理事会　　　　　　　　　　B．会员大会
C．专门委员会　　　　　　　　D．董事会

3．根据（　），证券交易的方式有现货交易、远期交易和期货交易。
A．交易合约的签订与实际交割之间的关系
B．交易的时间不同
C．交易合约的内容不同
D．交易期限不同

4．信用交易是投资者通过交付（　）取得经纪商信用而进行的交易。
A．资金　　　　　　　　　　　B．押金
C．保证金　　　　　　　　　　D．金融工具

5．下列的（　）具有债权与期权的双重特性。
A．开放式基金　　　　　　　　B．可转换债券
C．封闭式基金　　　　　　　　D．认股权证

6．投资者向证券经纪商下达买进或卖出证券的指令，称为（　）。
A．委托　　　　　　　　　　　B．申报
C．开户　　　　　　　　　　　D．成交

7．清算结束后，需要完成证券由卖方向买方转移和对应的资金由买方向卖方转移的过程属于（　）。
A．成交　　　　　　　　　　　B．交收
C．结算　　　　　　　　　　　D．清算

8．在我国，证券公司要取得交易席位，应向（　　）提出申请。
   A．证券登记结算机构　　　　　　B．证券交易所
   C．中国证监会　　　　　　　　　D．证券业协会

9．沪、深两个证券交易所对会员须承担义务的规定（　　）。
   A．完全一致　　　　　　　　　　B．大致相同
   C．有较大差异　　　　　　　　　D．完全不一致

10．下面的（　　）不属于证券交易所会员的权利。
   A．参加会员大会　　　　　　　　B．有选举权和被选举权
   C．优先购买股票　　　　　　　　D．对证券交易所的提议权和表决权

11．证券经纪商在接受客户委托时，同时接受两个以上委托人买进与卖出相同种类、数量、价格的委托时，应该（　　）完成交易。
   A．报交易所批准后对冲　　　　　B．与委托人协商对冲
   C．自行对冲　　　　　　　　　　D．向证券交易所申报竞价

12．客户作为委托合同的另一方，在享受权利时也必须承担的义务不包括（　　）。
   A．按要求如实提供有关证件，填写开户书，并按受证券经纪商的审核
   B．了解交易风险
   C．如实记录客户资金和证券的变化
   D．按规定缴存交易结算资金

13．（　　）是填写委托单的第一要点。
   A．证券价格　　　　　　　　　　B．买卖时间
   C．证券账号　　　　　　　　　　D．证券品种

14．有甲、乙、丙、丁四人均申报买入X股票，申报价格和时间如下：甲的买入价10.40元，时间为13：40；乙的买入价10.40元，时间为13：25；丙的买入价10.35元，时间为13：25；丁的买入价10.75元，时间为13：38。那么他们交易的优先顺序应为（　　）。
   A．丁、乙、甲、丙　　　　　　　B．丙、乙、丁、甲
   C．丁、丙、乙、甲　　　　　　　D．丙、丁、乙、甲

15．某上市公司A股在深圳证券交易所挂牌交易，某交易日该股最后一分钟的成交情况为11.00元成交50手，11.04元成交150手，11.13元成交300手，该股的收盘价是（　　）元。
   A．11.19　　　　　　　　　　　　B．11.09
   C．10.09　　　　　　　　　　　　D．9.19

16．投资者于2009年2月2日在深市买入Y股票(属于A股)500股，成交价10.92元；2月18日卖出，成交价11.52元。假设经纪人不收委托手续费，对股票交易佣金的收费为成交金额的2.8‰，卖出Y股票的印花税为（　　）元。

A．5.76　　　　　　　　　　　B．0
C．11.52　　　　　　　　　　　D．17.28

17．证券公司应当统一组织回访客户，回访内容应当包括但不限于客户身份核实、客户账户变动确认、证券营业部及证券从业人员是否违规代客户操作账户、是否向客户充分揭示风险、是否存在全权委托行为等情况，客户回访应当留痕，相关资料应当保存不少于（　　）年。

A．1　　　　　　　　　　　　B．3
C．5　　　　　　　　　　　　D．10

18．下列不属于证券经纪业务合规风险防范的是（　　）。

A．要建立健全各项规章制度，严格按经纪业务内部控制的要求完善内部控制机制和制度

B．强化岗位制约和监督

C．对客户交易结算资金实行第三方存管

D．加强员工培训，提高员工素质

19．证券公司或者其境内分支机构超出国务院证券监督管理机构批准的范围经营业务的，责令改正，没有违法所得或者违法所得不足 30 万元的，处以（　　）罚款。

A．10 万元以上 30 万元以下　　B．3 万元以上 30 万元以下
C．15 万元以上 3 万元以下　　　D．30 万元以上 60 万元以下

20．自 2005 年 1 月 1 日起，我国开始实行首次公开发行股票的询价制度，首次公开发行股票的公司及其保荐机构应通过向（　　）询价的方式确定股票发行价格。

A．中国证券业协会

B．符合中国证监会规定条件的机构投资者

C．个人投资者

D．证券交易所

21．某投资者当日申报"债转股"300 手，当次转股初始价格为每股 10 元，该投资者可转换成发行公司股票的数量为（　　）股。

A．30000　　　　　　　　　　B．3000
C．100　　　　　　　　　　　D．1

22．基金管理人可以依据有关法律、法规、行政规章的规定，提前（　　）个工作日，以书面形式向上海证券交易所申请暂停基金份额的申购或赎回。

A．3　　　　　　　　　　　　B．2
C．1　　　　　　　　　　　　D．5

23．标的证券结算价格为行权日前（　　）个交易日标的证券每日收盘价的平均数。

A．3　　　　　　　　　　　　B．5

C．7 D．10

24．主办券商应通过专用通道，按接受投资者委托的（　）顺序向报价系统申报。
A．时间先后 B．规模大小
C．数量多少 D．价格高低

25．（　）实行次交易日起回转交易。
A．B股 B．债券
C．权证 D．A股

26．中小企业板上市公司最近一个会计年度的审计结果显示公司违法违规为其控股股东及其他关联方提供的资金余额超过（　）或者占净资产值的（　）以上。
A．200万元，50% B．2000万元，50%
C．200万元，100% D．2000万元，100%

27．深圳证券交易所决定撤销退市风险警示的，公司应当按照深圳证券交易所要求在撤销退市风险警示前（　）做出公告。
A．一个交易日 B．两个交易日
C．三个交易日 D．五个交易日

28．股票、封闭式基金竞价交易连续3个交易日内日收盘价格涨跌幅偏离值累计达到（　）的；证券交易所分别公告该股票、封闭式基金交易异常波动期间累计买入、卖出金额最大5家会员营业部（深圳证券交易所是营业部或席位）的名称及其累计买入、卖出金额。
A．±5% B．±10%
C．±15% D．±20%

29．单个境外投资者通过合格投资者持有一家上市公司股票的，持股比例不得超过该公司股份总数的（　）。
A．10% B．15%
C．5% D．20%

30．从事证券自营业务的证券公司其注册资本最低限额应达到人民币（　）。
A．1亿元 B．2000万元
C．5000万元 D．2亿元

31．证券公司的（　）是自营业务的最高管理机构，自营业务规模由其确定。
A．董事会 B．自营业务的执行机构
C．投资决策机构 D．股东大会

32．下列不属于证券交易内幕信息知情人的是（　）。
A．发行人的董事 B．公司的实际控制人
C．持有公司10%股份的股东 D．发行人的打字员

33. 证券公司将自营业务与经纪业务混合操作所受到的最严厉的处罚是（　　）。
   A．警告 B．撤销相关业务许可
   C．面谈 D．处以30万元以上60万元以下的罚款

34. 限定性集合资产管理计划的资产应当主要用于投资（　　）。
   A．固定收益类金融产品 B．权益类金融产品
   C．各种金融产品 D．股票型证券投资基金

35. 代理客户办理专用证券账户，应当由（　　）向证券登记结算机构申请。
   A．客户亲自 B．证券公司
   C．证券交易所 D．代理人

36. 证券公司应当在定向资产管理合同失效、被撤销、解除或者终止后（　　）日内，向证券登记结算机构代为申请注销专用证券账户，客户应当予以协助。
   A．3 B．7
   C．10 D．15

37. 以下不属于证券公司在资产管理业务中存在的管理风险的是（　　）。
   A．证券公司高级管理人员营私舞弊
   B．证券公司在资产管理业务中管理不善
   C．证券公司违规操作而导致管理的客户资产损失
   D．操作人员在经营中进行不必要的证券买卖损害委托人的利益

38. 证券公司应当在每年度结束之日起（　　）内，完成资产管理业务合规检查年度报告、内部稽核年度报告和定向资产管理业务年度报告，并报注册地中国证监会派出机构备案。
   A．10日 B．15日
   C．20日 D．60日

39. 证券公司从事证券资产管理业务，接受一个客户的单笔委托资产价值低于规定的最低限额的，责令改正，给予警告，没收违法所得，并处以违法所得（　　）的罚款。
   A．1倍以上3倍以下 B．1倍以上5倍以下
   C．1倍以上10倍以下 D．1倍以上15倍以下

40. 证券公司开展定向资产管理业务，应当于每季度结束之日起（　　）日内，将签订定向资产管理合同报注册地中国证监会派出机构备案。
   A．3 B．2
   C．5 D．10

41. 投资者信用证券账户的明细数据由（　　）负责维护。
   A．证券交易所 B．登记结算公司
   C．证券公司 D．指定商业银行

42. 客户信用证券账户为证券公司客户信用交易担保证券账户的（　　）证券账户。

A．初始 B．一级
C．二级 D．三级

43．客户融资买入证券时，融资保证金比例不得低于（ ）。
A．20% B．30%
C．50% D．80%

44．维持担保比例超过（ ）时，客户可以提取保证金可用余额中的现金或冲抵保证金的有价证券。
A．500% B．4000%
C．300% D．100%

45．证券发行人派发现金红利或利息时，登记结算公司按照证券公司（ ）的实际余额派发现金红利或利息。
A．信用交易专用证券交收账户 B．客户信用交易担保证券账户
C．信用交易担保资金账户 D．客户信用交易担保资金账户

46．证券公司应当在每月结束后（ ）个工作日内，向证监会、注册地证监会派出机构和证券交易所书面报告当月的相关情况。
A．3 B．5
C．7 D．15

47．根据《证券公司融资融券业务试点管理办法》，客户在申请开展融资融券业务的证券公司所属营业部从事证券交易不足（ ），证券公司不得向其融资、融券。
A．1年 B．半年
C．2年 D．3个月

48．单只标的证券的融资余额达到该证券上市可流通市值的（ ）时，交易所可以在次一交易日暂停其融资买入，并向市场公布。
A．10% B．15%
C．20% D．25%

49．证券交易所质押式回购实行（ ）。
A．质押库制度 B．扣押库制度
C．抵押制度 D．第三方看管

50．《上海证券交易所债券交易实施细则》规定，债券回购交易集中竞价时计价单位为（ ）。
A．每百元资金到期年收益 B．每百元资金到期收益
C．每千元资金到期年收益 D．每万元资金到期年收益

51．（ ）是全国银行间债券市场的主管部门。
A．中央国债登记结算有限责任公司 B．财政部

C．中国银行业监督管理委员会　　　D．中国人民银行

52．债券质押式回购交易中，质押券欠库的，中国结算公司于（　　）起向融资方结算参与人收取违约金。

A．T日　　　　　　　　　　　　　B．T＋1日
C．T＋3　　　　　　　　　　　　　D．T＋2

53．全国银行间市场买断式回购以（　　）。

A．净价交易、全价结算　　　　　　B．全价交易、净价结算
C．全价交易、全价结算　　　　　　D．净价交易、净价结算

54．根据各结算参与人的风险程度，中国结算公司按照各结算参与人（　　）证券日均买入金额和最低结算备付金比例，确定其最低结算备付金限额。

A．上年　　　　　　　　　　　　　B．上季度
C．上月　　　　　　　　　　　　　D．上周

55．结算公司按照中国人民银行规定的金融同业活期存款利率向结算参与人计付结算备付金利息，（　　）结息一次。

A．每周　　　　　　　　　　　　　B．每月
C．每季度　　　　　　　　　　　　D．每年

56．某证券公司持有一种国债，面值500万元，当时标准券折算率为1.27。当日该公司有现金余额4000万元。买入股票50万股。均价为每股20元；申购新股600万股，价格每股6元。该公司应付资金总额是（　　）万元。

A．1000　　　　　　　　　　　　　B．4600
C．600　　　　　　　　　　　　　 D．4000

57．某证券公司持有一种国债，面值500万元，当时标准券折算率为1.27。当日该公司有现金余额4000万元，买入股票50万股，均价为每股20元；申购新股600万股，价格每股6元。公司需回购融入资金（　　）万元。

A．60　　　　　　　　　　　　　　B．600
C．1000　　　　　　　　　　　　　D．3600

58．国债买断式回购到期购回结算的交收时点为（　　）（R为到期日）。

A．R日，15:00　　　　　　　　　　B．R＋1日，15:00
C．R＋1日，14:00　　　　　　　　 D．R日，14:00

59．根据我国证券交易所的相关规定，买卖、申购、赎回ETF的基金份额时应遵守（　　）。

A．当日申购的基金份额，同日可以卖出和赎回
B．当日买入的基金份额，同日可以赎回和卖出
C．当日赎回的证券，同日可以卖出，但不得用于申购基金份额

D．当日买入的证券，同日可以用于申购基金份额，但不得卖出

60．境内法人投资者查询其证券账户时，不需提交的材料是（　　）。

A．法定代表人的有效身份证明文件复印件

B．法定代表人授权委托书

C．主要股东授权委托书

D．法定代表人证明书

二、**多项选择题**（本大题共40小题，每小题1分，共40分。以下各小题所给出的4个选项中，至少有两项符合题目要求。）

1．证券登记结算机构的职能包括（　　）。

A．依法提供与证券登记结算业务有关的查询、信息、咨询和培训服务

B．证券持有人名册登记

C．受发行人的委托派发证券权益

D．证券账户、结算账户的设立和管理

2．深圳证券交易所会员取得席位后，享有的权利有（　　）。

A．进入证券交易所参与证券交易

B．每个席位自动享有两个交易单元的使用权

C．每个席位每年自动享有交易类和非交易类申报各1万笔流量的使用权

D．每个席位自动有一个标准流速的使用权

3．我国证券交易所规定的会员必须承担的义务有（　　）。

A．遵守证券交易所章程、各项规章制度

B．遵守国家的有关法律法规、规章和政策

C．维护投资者和证券交易所的合法权益

D．按规定缴纳各项经费和提供有关信息资料

4．境外证券经营机构驻华代表处申请成为证券交易所特别会员的条件包括（　　）。

A．依法设立且满2年

B．承认证券交易所章程和业务规则，接受证券交易所监管

C．其所属境外证券经营机构具有从事国际证券业务经验，且有良好的信誉和业绩

D．代表处及其所属境外证券经营机构最近2年无因重大违法违规行为而受主管当局处罚的情形

5．在证券委托交易中，证券经纪商作为受托人应享有的权利有（　　）。

A．有按规定收取服务费用的权利

B．有接受全权委托的权力

C．有权对不符合市场行情的委托指令进行修改

D．对违约或损害经纪商自身权益的客户，经纪商有权通过留置其资金、证券，或通过司法途径要求其履约或赔偿

6．证券经纪商必须承担的义务体现了（　　）的具体原则。

A．坚持公平交易，不得以非正当手段牟取私利

B．坚持客户优先、委托优先

C．坚持信誉为本、客户至上

D．坚持为客户负责，但不代替客户进行决策

7．证券委托单中，委托指令的基本要素包括（　　）。

A．证券数量　　　　　　　　B．证券价格

C．买卖方向　　　　　　　　D．证券品种

8．上海证券交易所接受以下（　　）方式的市价申报。

A．对手方最优价格申报　　　B．最优5档即时成交剩余撤销申报

C．本方最优价格申报　　　　D．最优5档即时成交剩余转限价申报

9．上海和深圳交易所规定，首个交易日不实行价格涨跌幅限制的情形包括（　　）。

A．首次公开上市发行的股票　B．连续竞价阶段交易的股票

C．暂停上市后恢复上市的股票　D．增发上市的股票

10．证券公司所属营业部经纪业务内部控制的主要内容和要求包括（　　）。

A．建立健全客户账户管理制度

B．建立健全投资者教育、客户适当性管理制度

C．建立健全客户交易安全监控制度

D．建立健全客户投诉处理制度

11．在集合资产管理计划中，客户承担的主要义务有（　　）。

A．按照合同的约定支付管理费、托管费及其他费用

B．按合同约定承担投资风险

C．不得非法汇集他人资金参与集合资产管理计划

D．不得转让有关集合资产管理合同或所持集合资产管理计划的份额

12．全国银行间市场质押式回购中，回购成交合同应采用书面形式，具体包括全国银行间同业拆借中心交易系统生成的（　　）等。

A．信件　　　　　　　　　　B．电报

C．合同书　　　　　　　　　D．传真

13．沪、深证券交易所推出的质押式国债回购交易品种不同的有（　　）。

A．3天回购　　　　　　　　 B．14天回购

C．63天回购　　　　　　　　D．273天回购

14．中央国债登记结算有限责任公司为中国人民银行指定的办理债券的（　　）的机构。

A．登记 B．托管
C．结算 D．交易

15．买断式回购这一特性对完善市场功能具有重要意义，主要有（ ）。

A．有利于降低利率风险，合理确定债券和资金的价格

B．有利于金融市场的流动性管理

C．有利于债券交易方式的创新

D．提高了债券的利用效率，可以满足金融市场流动性管理的需要

16．买断式回购发生违约，对违约事实或违约责任存在争议的，交易双方可以协议申请仲裁或者向人民法院提起诉讼，并将最终仲裁或诉讼结果报告（ ）。

A．中国证券业协会 B．证券交易所
C．同业中心 D．中央结算公司

17．上海证券交易所买断式回购的履约金制度与银行间市场的保证金或保证券制度的初衷类似，也是为了防范到期违约风险，但相比而言，上海证券交易所履约金制度存在以下（ ）特点。

A．双方均需缴纳履约金

B．履约金比率由交易所确定

C．履约金到期归属按规则判定

D．违约方承担的违约责任只以支付履约金为限

18．全国银行间市场买断式回购的（ ）由交易双方确定。

A．首期交易净价 B．到期交付方式
C．到期交易净价 D．回购债券数量

19．下面属于深圳交易所的回购品种的是（ ）。

A．5天回购 B．17天回购
C．91天回购 D．182天回购

20．下列选项中，不属于净额清算方式的主要优点的有（ ）。

A．简化操作手续，减少资金在交收环节的占用

B．防止买空卖空行为的发生，维护交易双方正当权益，保护市场正常运行

C．防止在市场风险特别大的情况下净额交收会使风险积累

D．防范证券公司的经营风险

21．证券结算包括（ ）。

A．证券清算 B．股票交割
C．证券交割 D．资金交收

22．下列关于过户费的收取不正确的是（ ）。

A．上海证券交易所基金交易的过户费为成交面额的1‰，起点为1元。

B．深圳证券交易所免收 A 股过户费

C．上海证券交易所 B 股收取成交金额的 5‰

D．深圳证券交易所 B 股收取成交金额的 5‰

23．人民币普通股票账户简称"A 股账户"，A 股账户按持有人分为（　）。

A．自然人证券账户

B．一般机构证券账户

C．证券公司自营证券账户

D．基金管理公司的证券投资基金专用证券账户

24．股票网上发行方式按发行价格决定机制划分，可划分为（　）。

A．网上定价发行　　　　　　　B．网上定价市值配售

C．网上累计投标询价发行　　　D．网上竞价发行

25．2000 年以后，我国新股发行出现过（　）形式。

A．网上累计投标询价发行

B．上网定价发行

C．网上竞价发行

D．对一般投资者上网发行和对法人配售相结合方式

26．同时满足（　）条件的股份转让公司，股份实行每周 5 次（周一至周五）的转让方式。

A．具备符合代办股份转让系统技术规范和标准的技术系统

B．规范履行信息披露义务

C．股东权益为正值或净利润为正值

D．最近年度财务报告未被注册会计师出具否定意见或拒绝发表意见

27．证券账户持有人可以查询其账户的（　）。

A．注册资料　　　　　　　　　B．证券余额

C．证券变更　　　　　　　　　D．资金余额

28．根据《深圳证券交易所交易规则》的规定，在深圳证券交易所进行的证券买卖符合（　）条件的，可以采用大宗交易方式。

A．国债及债券回购大宗交易的单笔买卖申报数量应当不低于 1 万手，或者交易金额不低于 1000 万元人民币

B．债券单笔现货交易数量不低于 5000 张（以人民币 100 元面额为 1 张）或者交易金额不低于 50 万元人民币

C．债券单笔质押式回购交易数量不低于 5000 张（以人民币 100 元面额为 1 张）或者交易金额不低于 50 万元人民币

D．多只债券合计单向买入或卖出的交易金额不低于 500 万元人民币，且其中单只债券的交易数量不低于 1.5 万张

29．公开报价包括（　　）。

A．反向报价 B．单边报价

C．对话报价 D．双边报价

30．双边报价是指经中国人民银行批准在银行间债券市场开展双边报价业务的参与者在进行现券买卖公开报价时，在中国人民银行核定的债券买卖价差范围内连续报出该券种的买卖实价，并可同时报出该券种的（　　）等交易要素。

A．买卖数量 B．结算方式

C．交付方式 D．清算速度

31．下列选项中，关于清算与交收的联系说法正确的有（　　）。

A．清算是交收的基础和保证

B．交收是清算的后续与完成

C．清算结果正确才能确保交收顺利进行

D．只有通过交收才能最终完成证券或资金收付，结束整个交易过程

32．下列选项中，属于证券自营买卖对象的有（　　）。

A．股票 B．债券

C．权证 D．B股

33．自营业务与经纪业务相比具有的特点有（　　）。

A．决策的自主性 B．交易过程的高效性

C．交易的风险性 D．收益的不确定性

34．下列选项中，说法正确的有（　　）。

A．货银对付即款券两讫、钱货两清

B．货银对付的主要目的是有效规避结算参与人交收违约带来的风险

C．货银对付的主要目的是为了简化操作手续

D．货银对付就是在交收过程中，当且仅当资金交付时给付证券，证券交付时给付资金

35．净额清算又分为（　　）。

A．多边净额清算 B．三边净额清算

C．双边净额清算 D．单边净额清算

36．如果按照金融期权基础资产性质的不同，金融期权可以分为（　　）。

A．股权类期权 B．利率期权

C．货币期权 D．金融期货合约期权

37．下列选项中，关于公平原则说法正确的是（　　）。

A．参与各方应当获得平等的机会

B．应当公正地对待证券交易的各方

C．除证券公司外，各方处于平等的法律地位

D．资金数量不同的交易主体应享受公平的待遇

38．根据我国证券交易所的相关规定，集合竞价确定成交价的原则为（　）。

A．可实现最大成交量的价格

B．高于该价格的买入申报与低于该价格的卖出申报全部成交的价格

C．与该价格相同的买方或卖方至少有一方全部成交的价格

D．低于该价格的买入申报与高于该价格的卖出申报部分成交的价格

39．可转换债券的初始转股价格因公司（　）进行调整时，具体调整情况公司应予以公告。

A．送红股　　　　　　　　　B．增发新股

C．配股　　　　　　　　　　D．降低转股价格

40．证券公司申请设立集合资产管理计划，应当聘请律师事务所对拟设立集合资产管理计划的合规性和申报材料的（　）出具法律意见。

A．真实性　　　　　　　　　B．可靠性

C．完整性　　　　　　　　　D．准确性

三、判断题（本大题共60小题，每小题0.5分，共30分。判断以下各小题的对错，正确的填A，错误的填B。）

1．实现市场信息的公开化是公开原则的核心要求。（　）

2．期货交易在多数情况不进行实物交收，只有少数是在合约到期前进行反向交易、平仓了结。（　）

3．证券交易所的组织形式有会员制和公司制两种。（　）

4．股票可以表明投资者的股东身份和权益，股东不可以据以获取股息和红利。（　）

5．场外交易市场包括店头市场。（　）

6．金融债券是指银行依照法定程序发行并约定在一定期限内还本付息的有价证券。（　）

7．金融债券是指银行及非银行金融机构依照法定程序发行并约定在一定期限内还本付息的有价证券。（　）

8．银货对付，通俗的说，就是"一手交钱，一手交货"。（　）

9．证券成交速度快，说明其流动性很好。（　）

10．对记名证券而言，完成了清算和交收，还要完成登记过户，证券交易过程才算结束。（　）

11．证券公司一旦成为证券交易所的特别会员，便自动取得了交易席位。（　）

12．证券交易所会员没有交易席位也可以参加交易。（　）

13．会员转让席位，应当签订转让协议，并向证券交易所提出申请，证券交易所自受理之日起3个工作日内对申请进行审核，并作出是否同意的决定。（　）

14．交易单元是指证券交易所会员取得席位后向证券交易所申请设立的、参与证券交易所证券交易与接受证券交易所监管及服务的基本业务单位。（　）

15．证券交易所有权对会员进行监督管理。（　）

16．在证券经纪业务中，委托人享有权利，证券经纪商必须尽义务。（　）

17．在委托单上填写具体委托时点，是检查证券经纪商是否执行时间优先原则的依据。（　）

18．人工电话委托是指客户将委托要求通过电话报给证券经纪商，证券经纪商根据电话委托内容向证券交易所交易系统申报。（　）

19．在沪、深证券交易所，客户只能采用限价委托的委托方式委托会员买卖证券。（　）

20．为客户开立账户时不按规定与客户签订业务合同，或者未在业务合同中载入规定的必备条款的风险属于管理风险。（　）

21．证券经纪业务的风险是指证券公司在开展证券经纪业务过程中因种种原因而导致其自身利益遭受损失的可能性。（　）

22．对公司从业人员在执业过程中的违法违规行为，按照有关法律法规和公司有关制度的规定，追究其责任，属于管理风险的防范。（　）

23．投资者通过开户代理机构开立的证券账户，上海证券账户当日开立，次一交易日生效；深圳证券账户当日开立，当日即可用于交易。（　）

24．网上竞价发行保证了发行市场与交易市场价格的连续性，实现了发行市场与交易市场的平稳顺利对接。（　）

25．已经参与网下初步询价的配售对象不得参与网上申购。（　）

26．发行人可以进行网上发行数量与网下发行数量的回拨。如作回拨安排，发行人和主承销商应在网上申购资金验资当日通知证券交易所。（　）

27．分红派息主要是上市公司向其股东派发红利和股息的过程，也是股东实现自己权益的过程。（　）

28．上海证券交易所网络投票系统基于交易系统。（　）

29．现阶段，我国A股的配股权证不挂牌交易，不允许转托管。（　）

30．在上海证券交易所，若申报账户的配股数量大于证券公司的可配股总量，或大于该账户的可配股数量，则配股申报无效。（　）

31．投资者通过基金管理人及其他代销机构认购上市开放式基金，应持深圳市场人民币普通股票账户或证券投资基金账户。（　）

32．证券的柜台自营买卖比较分散，交易品种较单一，一般仅为非上市的债券，通常

交易量小，手续简单、清晰，费时也少。（ ）

33．证券自营买卖的对象不包括已发行在外但没有在证券交易所挂牌交易的证券。（ ）

34．证券公司进行证券自营买卖，其收益主要来源于低买高卖的价差，这种收益较稳定。（ ）

35．对中国证监会及其派出机构的检查和调查，证券公司不得以任何理由拒绝或拖延提供有关资料，或提供不真实、不准确、不完整的资料。（ ）

36．证券公司进行集合资产管理业务投资运作，在证券交易所进行证券交易的，应当通过专用交易单元进行，集合计划账户、专用交易单元应当报证券交易所、证券登记结算机构及公司住所地中国证监会派出机构备案。（ ）

37．专用证券账户仅供定向资产管理业务使用，并且只能在客户委托的证券公司使用，不得办理转托管或者转指定，中国证监会批准的除外。（ ）

38．证券公司从事定向资产管理业务，买卖证券交易所的交易品种应当使用定向资产管理专用证券账户。（ ）

39．证券公司、推广机构应当保证集合资产管理合同的总金额不得低于《证券公司证券资产管理业务试行办法》规定的最低金额。（ ）

40．上海证券交易所规定，单个会员管理的多个集合资产管理计划由同一托管机构托管的，不可以共用一个专用交易单元。（ ）

41．深圳证券交易所规定，单个会员管理的由同一托管机构托管的所有集合资产管理计划不可以使用同一个专用交易单元。（ ）

42．因证券市场波动等外部因素致使组合投资比例不符合集合资产管理合同约定的，应在10个工作日内进行调整并于调整次日以书面形式向上海证券交易所报告调整情况。（ ）

43．证券公司及代理推广机构不可以通过广播、电视、报刊及其他公共媒体推广集合资产管理计划。（ ）

44．证券公司不得向客户做出保证资产本金不受损失或取得最低收益的承诺。（ ）

45．客户要在证券公司开展融资融券业务，应由客户本人向证券公司营业部提出申请。（ ）

46．日均换手率是指过去3个月内标的证券或基准指数每日换手率的平均值。（ ）

47．当融资买入证券市值低于融资买入金额或融券卖出证券市值高于融券卖出金额时，折算率为100%。（ ）

48．标的证券为股票的，应当符合的条件之一是在交易所上市交易满6个月。（ ）

49．司法机关依法对客户信用证券账户或者信用资金账户记载的权益采取财产保全或者强制执行措施的，证券公司应当处分担保物，实现因向客户融资融券所生债权，并

协助司法机关执行。（   ）

50．单只标的证券的融资金额余量达到该证券上市可流通量的 25% 时，交易所可以在次一交易日暂停其融资卖出，并向市场公布。（   ）

51．单一证券的市场融资买入量或者融券卖出量占其市场流通量的比例达到规定的最高限额的，证券交易所可以暂停接受该种证券的融资买入指令或者融券卖出指令。（   ）

52．深圳证券交易所规定国债、企业债折成的标准券不能合并计算，因此需要区分国债回购和企业债回购。（   ）

53．在上海证券交易所进行债券回购交易集中竞价时，其申报单位为手，1000 元标准券为 1 手。（   ）

54．债券质押式回购交易过程中的以资金融券方在回购期间内取得了债券的所有权。（   ）

55．目前，交易所上市的各类债券只能部分可用作质押式回购。（   ）

56．上海证券交易所买断式回购到期日闭市前，融资方和融券方均可就该日到期回购进行不履约申报。（   ）

57．全国银行间市场买断式回购中，同业中心和中央结算公司每日向市场披露上一交易日单只券种买断式回购待返售债券总余额占该券种流通量的比例等买断式回购业务信息。（   ）

58．双边净额清算是指将结算参与人所有达成交易的应收、应付证券或资金予以冲抵轧差，计算出该结算参与人相对于所有交收对手方累计的应收、应付证券或资金的净额。（   ）

59．共同对手方是指在结算过程中，同时作为所有买方和卖方的交收对手并保证交收顺利完成的主体，一般由交易所充当。（   ）

60．结算系统参与人无对应交易席位且已结清与中国结算公司的一切债权、债务后，可申请终止在中国结算公司的结算业务，撤销结算账户。（   ）

《证券交易》模拟试卷（四）参考答案与解析

一、单项选择题

1.【答案】D

【解析】我国证券市场上还有交易型开放式指数基金。这种基金代表的是一篮子股票的投资组合，追踪的是实际的股价指数（故D项符合题意）。对于投资者而言，交易型开放式指数基金可以在证券交易所挂牌上市交易，并同时进行基金份额的申购和赎回。因此，本题的正确答案为D。

2.【答案】D

【解析】我国上海证券交易所和深圳证券交易所都采用会员制，设会员大会、理事会和专门委员会（所以D项不符合题意）。理事会是证券交易所的决策机构，理事会下面可以设立其他专门委员会。证券交易所设总经理，负责日常事务。总经理由国务院证券监督管理机构任免。因此，本题的正确答案为D。

3.【答案】A

【解析】证券交易方式可以按照不同的角度来认识。根据交易合约的签订与实际交割之间的关系，证券交易的方式有现货交易、远期交易和期货交易（故A项符合题意）。在短期资金市场，结合现货交易和远期交易的特点，存在着债券的回购交易。如果投资者买卖证券时允许向经纪商融资融券，则发生信用交易。因此，本题的正确答案为A。

4.【答案】C

【解析】信用交易是投资者通过交付保证金取得经纪商信用而进行的交易（故C项符合题意），也称为融资融券交易。这一交易的主要特征在于经纪商向投资者提供了信用，即投资者买卖证券的资金或证券有一部分是从经纪商借入的。因此，本题的正确答案为C。

5.【答案】B

【解析】可转换债券是指其持有者可以在一定时期内按一定比例或价格将之转换成一定数量的另一种证券的债券。可转换债券交易就是以这种债券为对象进行的流通转让活动。在通常情况下，可转换债券转换成普通股票，因此它具有债权和期权的双重特性(故B项符合题意)。一方面，可转换债券在发行时是一种债券，债券持有者拥有债权，持有期间可以获得利息，如果持有债券至期满还可以收回本金；另一方面，可转换债券持有者也可以在规定的转换期间内选择有利时机，要求发行公司按规定的价格和比例，将可转换债券转换为股票。因此，本题的正确答案为B。

6. 【答案】A

【解析】在证券交易所市场，投资者买卖证券是不能直接进入交易所办理的，而必须通过证券交易所的会员来进行。换而言之，投资者需要通过经纪商才能在证券交易所买卖证券。在这种情况下，投资者向证券经纪商下达买进或卖出证券的指令，称为"委托"，所以B、C、D项不符合题意。因此，本题的正确答案为A。

7. 【答案】B

【解析】证券交易成交后，首先需要对买方在资金方面的应付额和在证券方面的应收种类和数量进行计算，同时也要对卖方在资金方面的应收额和在证券方面的应付种类和数量进行计算。这一过程属于清算，包括资金清算和证券清算。清算结束后，需要完成证券由卖方向买方转移和对应的资金由买方向卖方转移。这一过程属于交收（故B项符合题意）。清算和交收是证券结算的两个方面。因此，本题的正确答案为B。

8. 【答案】B

【解析】证券交易所会员的权利之一是参加交易，参加交易先要取得交易席位。根据我国证券交易所现行制度的规定，证券交易所会员应当至少取得并持有一个席位。证券交易所会员可以向证券交易所提出申请购买席位（故B项符合题意），也可以在证券交易所会员之间转让席位。因此，本题的正确答案为B。

9. 【答案】B

【解析】证券交易所会员在享受权利的同时，也必须承担一定的义务。上海证券交易所和深圳证券交易所对这方面的规定也大致相同，故B项符合题意，主要有以下几方面：（1）遵守国家的有关法律法规、规章和政策，依法开展证券经营活动；（2）遵守证券交易所章程、各项规章制度，执行证券交易所决议；（3）派遣合格代表入场从事证券交易活动（深圳证券交易所无此项规定）；（4）维护投资者和证券交易所的合法权益，促进交易市场的稳定发展；（5）按规定缴纳各项经费和提供有关信息资料以及相关的业务报表和账册；（6）接受证券交易所的监督等。因此，本题的正确答案为B。

10. 【答案】C

【解析】证券交易所会员可享有某些权利，上海证券交易所和深圳证券交易所在这方面的规定基本一致，主要有以下几方面：（1）参加会员大会，故A项说法正确；（2）有选举权和被选举权，故B项说法正确；（3）对证券交易所事务的提议权和表决权（故D项说法正确）；（4）参加证券交易所组织的证券交易，享受证券交易所提供的服务；（5）对证券交易所事务和其他会员的活动进行监督；（6）按规定转让交易席位等。因此，本题的正确答案为C。

11. 【答案】D

【解析】证券经纪商在接受客户委托、进行申报时还应该做到：在交易市场买卖证券均必须公开申报竞价；在申报竞价时，须一次完整地报明买卖证券的数量、价格及其他规定的因素；在同时接受两个以上委托人买进委托与卖出委托且种类、数量、价格相同时，不得自行对冲完成交易，仍应向证券交易所申报竞价，所以A、B、C项说法不正确。因此，本题的正确答案为D。

12．【答案】C

【解析】客户作为委托合同的委托人，在享受权利时也必须承担下列相应的义务：(1)认真阅读证券经纪商提供的《风险揭示书》和《证券交易委托代理协议》，了解从事证券投资存在的风险，按要求签署有关协议和文件，并严格遵守协议约定；(2)按要求如实提供有关证件，填写开户书，并接受证券经纪商的审核，故A项说法正确。如果开户登记的事项发生变化，委托人应立即通知受托的证券经纪商予以更正；(3)了解交易风险，故B项说法正确，明确买卖方式。在提出买卖委托之前，委托人应对自己准备买入或卖出的证券价格变化情况有较充分的了解，正确选择委托买卖价格、委托方式和委托期限等；(4)按规定缴存交易结算资金，故D项说法正确。如果发生违规的委托人账户透支情况，委托人不仅有责任立即补足交易资金，而且必须接受罚款的处罚；(5)采用正确的委托手段。委托人采用柜台委托时，应当如实填写委托单；采用自助委托时，应当按证券交易所及证券经纪商规定的程序操作；(6)接受交易结果。委托指令一旦发出，在有效期限内，不管市场行情有何变化，只要受托人是按委托内容代理买卖的，委托人必须接受交易结果，不得反悔。委托人变更或撤销委托，应尽快传达受托人。受托人接到通知后，变更委托的，按变更后的委托内容代理买卖；撤销委托的，应停止执行原委托。但是，如果在有效期限内，受托人已经按原委托指令的内容买卖成交了，委托人就必须承认交易结果，办理交割清算；(7)履行交割清算义务。委托人在受托人按其委托要求成交后，必须如期履行交割手续，否则即为违约。因此，本题的正确答案为C。

13．【答案】D

【解析】品种指客户委托买卖证券的名称，也是填写委托单的第一要点（故D项符合题意）。填写证券名称的方法有全称、简称和代码三种（有些证券品种没有全称和简称的区别，仅有一个名称）。通常的做法是填写代码及简称，这种方法比较方便快捷，且不容易出错。因此，本题的正确答案为D。

14．【答案】A

【解析】证券交易所内的证券交易按"价格优先、时间优先"原则竞价成交。成交时价格优先的原则为：较高价格买入申报优先于较低价格买入申报，较低价格卖出申报优先于较高价格卖出申报。成交时间优先的原则为：买卖方向、价格相同的，先申报者优先于后申报者。因此，本题的正确答案为A。

15．【答案】B

【解析】深圳证券交易所证券的收盘价通过集合竞价的方式产生。收盘集合竞价不能产生收盘价的，以当日该证券最后一笔交易前一分钟所有交易的成交量加权平均价（含最后一笔交易）为收盘价。该股的收盘价＝（11×50+11.04×150+11.13×300）÷（50+150+300）＝11.09（元）。因此，本题的正确答案为B。

16.【答案】A

【解析】我国证券交易的印花税税率标准曾多次调整。2008年9月19日，证券交易印花税只对出让方按1‰税率征收，对受让方不再征收。则：Y股票的印花税＝11.52×500×1‰＝5.76（元）。因此，本题的正确答案为A。

17.【答案】B

【解析】建立健全客户回访制度，及时发现并纠正不规范行为。证券公司应当统一组织回访客户，对新开户客户应当在1个月内完成回访，对原有客户的回访比例应当不低于上年末客户总数（不含休眠账户及中止交易账户客户）的10%，回访内容应当包括但不限于客户身份核实、客户账户变动确认、证券营业部及证券从业人员是否违规代客户操作账户、是否向客户充分揭示风险、是否存在全权委托行为等情况。客户回访应当留痕，相关资料应当保存不少于3年，所以A、C、D项不符合题意。因此，本题的正确答案为B。

18.【答案】D

【解析】合规风险的防范包括：(1)证券公司要加强合规文件建设，从高级管理人员到普通员工都要增强法治观念和合规意识；(2)要建立健全各项规章制度，严格按经纪业务内部控制的要求完善内部控制机制和制度（故A项说法正确）；(3)对客户交易结算资金实行第三方存管（故C项说法正确）；(4)强化岗位制约和监督（故B项说法正确），对经纪业务主要部门和岗位实行相互分离的管理制度。因此，本题的正确答案为D。

19.【答案】D

【解析】证券公司或者其境内分支机构超出国务院证券监督管理机构批准的范围经营业务的，依照《证券法》第二百一十九条的规定处罚，即"责令改正，没收违法所得，并处以违法所得一倍以上五倍以下的罚款；没有违法所得或者违法所得不足三十万元的，处以三十万元以上六十万元以下罚款（故D项符合题意）；情节严重的，责令关闭。对直接负责的主管人员和其他直接责任人员给予警告，撤销任职资格或者证券从业资格，并处以三万元以上十万元以下的罚款"。因此，本题的正确答案为D。

20.【答案】B

【解析】根据相关制度规定，首次公开发行股票的公司及其保荐机构确定股票发行价格的方式为向询价对象询价，此处询价对象是指符合中国证监会规定条件的机构投资者。因此，本题的正确答案为B。

21.【答案】A

【解析】可转债转换成发行公司股票的股份数（股）的计算公式：可转债转股的数（股）＝转债手数×1000÷当次初始转股价格＝300×1000÷10＝30000。因此，本题的正确答案为 A。

22.【答案】C

【解析】上海证券交易所在每个交易日的撮合交易时间内，接受基金份额申购、赎回的申报。上海证券交易所在申购、赎回时间，在行情发布系统中的"最新价"栏目揭示前一交易日每百份基金份额净值。基金管理人可以依据有关法律、法规、行政规章的规定，提前1个工作日，以书面形式向上海证券交易所申请暂停基金份额的申购或赎回（故C项符合题意）。暂停期结束后，可以向交易所重新申请开放基金份额申购或赎回。因此，本题的正确答案为 C。

23.【答案】D

【解析】权证行权采用现金方式结算的，权证持有人行权时，按行权价格与行权日标的证券结算价格及行权费用之差价收取现金。其中，标的证券结算价格为行权日前10个交易日标的证券每日收盘价的平均数（故D项符合题意）。采用现金结算方式行权且权证在行权期满时为价内权证的，发行人在权证期满后的3个工作日内向未行权的权证持有人自动支付现金差价。也就是说，可自动行权，持有人无须申报指令。因此，本题的正确答案为 D。

24.【答案】A

【解析】主办券商应通过专用通道，按接受投资者委托的时间先后顺序向报价系统申报（故A项符合题意）。主办券商收到投资者卖出股份的意向委托后，应验证其证券账户，如股份余额不足，不得向报价系统申报。主办券商收到投资者定价委托和成交确认委托后，应验证券卖方证券账户和买方资金账户，如果卖方股份余额不足或买方资金余额不足，不得向报价系统申报。因此，本题的正确答案为 A。

25.【答案】A

【解析】证券的回转交易是指投资者买入的证券，经确认成交后，在交收前全部或部分卖出。根据我国现行有关交易制度规定，债券和权证实行当日回转交易，即投资者可以在交易日的任何营业时间内反向卖出已买入但未交收的债券和权证；B股实行次交易日起回转交易（故A项符合题意）。深圳证券交易所对专项资产管理计划收益权份额协议交易也实行当日回转交易。因此，本题的正确答案为 A。

26.【答案】B

【解析】中小企业板上市公司出现下列情形之一的，深圳证券交易所对其股票交易实行退市风险警示：（1）最近一个会计年度的审计结果显示其股东权益为负值；（2）最近一个会计年度被注册会计师出具否定意见的审计报告，或者被出具了无法表示意见的审计报告而且深圳证券交易所认为情形严重的；（3）最近一个会计年度的审计结果显示公司对外担保余额（合并报表范围内的公司除外）超过1亿元且占净资产值的100%以上（主营业务为担保的公司除外）；（4）最近一个会计年度的审计结果显示公司违法违规为其控股股东及其他关联方提供的资金余额超过2000万元或者占净资产值的50%以上（故B项符合题意）；(5)公司受到深圳证券交易所公开谴责后，在24个月内再次受到深圳证券交易所公开谴责；(6)连续20个交易日，公司股票每日收盘价均低于每股面值；(7)连续120个交易日内，公司股票通过深圳证券交易所交易系统实现的累计成交量低于300万股。因此，本题的正确答案为B。

27.【答案】A

【解析】在公司股票交易实行退市风险警示期间，公司应当至少在每月前5个交易日内披露公司为撤销退市风险警示所采取的措施及有关工作进展情况。公司出现符合撤销退市风险警示的情形，可以向深圳证券交易所提出撤销退市风险警示的申请。深圳证券交易所决定撤销退市风险警示的，公司应当按照深圳证券交易所要求在撤销退市风险警示前一个交易日做出公告，所以B、C、D不符合题意。因此，本题的正确答案为A。

28.【答案】D

【解析】对于证券交易异常波动。股票、封闭式基金竞价交易出现下列情形之一的，属于异常波动，证券交易所分别公告该股票、封闭式基金交易异常波动期间累计买入、卖出金额最大5家会员营业部（深圳证券交易所是营业部或席位）的名称及其累计买入、卖出金额：(1)连续3个交易日内日收盘价格涨跌幅偏离值累计达到±20%的（故D项符合题意）；(2)ST股票和*ST股票连续3个交易日内日收盘价格涨跌幅偏离值累计达到±15%的；(3)连续3个交易日内日均换手率与前5个交易日的日均换手率的比值达到30倍，并且该股票、封闭式基金连续3个交易日内的累计换手率达到20%的；(4)证券交易所或中国证监会认定属于异常波动的其他情形。因此，本题的正确答案为D。

29.【答案】A

【解析】合格投资者的境内股票投资应当遵守中国证监会规定的持股比例限制和国家其他有关规定。如《关于实施〈合格境外机构投资者境内证券投资管理办法〉有关问题的通知》规定，境外投资者的境内证券投资，应当遵循下列持股比例限制：(1)单个境外投资者通过合格投资者持有一家上市公司股票的，持股比例不得超过该公司股份总数的10%（故A项符合题意）；(2)所有境外投资者对单个上市公司A股的持股比例总和，不超过该上市公司股份总数的20%。但境外投资者根据《外国投资者对上市公司战略投资管理办法》对上市公司战略投资的，其战略投资的持股不受上述比例限制。因此，本题的正确答案为A。

30.【答案】A

【解析】证券自营业务是指经中国证监会批准经营证券自营业务的证券公司用自有资金和依法筹集的资金，用自己名义开设的证券账户买卖依法公开发行或中国证监会认可的其他有价证券，以获取盈利的行为。具体地说有以下4层含义：(1)只有经中国证监会批准经营证券自营的证券公司才能从事证券自营业务。从事证券自营业务的证券公其注册资本最低限额应达到1亿元人民币（故A项符合题意），净资本不得低于5000万元人民币；(2)自营业务是证券公司以盈利为目的、为自己买卖证券、通过买卖价差获利的一种经营行为；(3)在从事自营业务时，证券公司必须使用自有或依法筹集可用于自营的资金；(4)自营买卖必须在以自己名义开设的证券账户中进行；并且只能买卖依法公开发行的或中国证监会认可的其他有价证券。因此，本题的正确答案为A。

31．【答案】C

【解析】证券公司应建立健全相对集中、权责统一的投资决策与授权机制。自营业务决策机构原则上应当按照"董事会—投资决策机构—自营业务部门"的三级体制设立。董事会是自营业务的最高决策机构，在严格遵守监管法规中关于自营业务规模等风险控制指标规定的基础上，根据公司资产、负债、损益和资本充足等情况确定自营业务规模、可承受的风险限额等，并以董事会决议的形式进行落实。自营业务具体投资运作管理由董事会授权公司投资决策机构决定。投资决策机构是自营业务投资运作的最高管理机构（故C项符合题意），负责确定具体的资产配置策略、投资事项和投资品种等。自营业务部门为自营业务的执行机构，应在投资决策机构做出的决策范围内，根据授权负责具体投资项目的决策和执行工作。因此，本题的正确答案为C。

32．【答案】D

【解析】证券交易内幕信息的知情人包括：(1)发行人的董事、监事、高级管理人员（故A项属于知情人）；(2)持有公司5%以上股份的股东及其董事、监事、高级管理人员，公司的实际控制人及其董事、监事、高级管理人员（故B、C项属于知情人）；(3)发行人控股的公司及其董事、监事、高级管理人员；(4)由于所任公司职务可以获取公司有关内幕信息的人员；(5)证券监督管理机构工作人员以及由于法定职责对证券的发行、交易进行管理的其他人员；(6)保荐人、承销的证券公司、证券交易所、证券登记结算机构、证券服务机构的有关人员；(7)国务院证券监督管理机构规定的其他人。因此，本题的正确答案为D。

33．【答案】B

【解析】证券公司对其证券自营业务与其他业务不依法分开办理，混合操作的，责令改正，没收违法所得，并处以30万元以上60万元以下的罚款；情节严重的，撤销相关业务许可。对直接负责的主管人员和其他直接责任人员给予警告，并处以3万元以上10万元以下的罚款；情节严重的，撤销任职资格或者证券业从业资格，所以A、C、D不符合题意。因此，本题的正确答案为B。

34．【答案】A

【解析】限定性集合资产管理计划的资产应当主要用于投资国债、国家重点建设债券、债券型证券投资基金、在证券交易所上市的企业债券、其他信用度高且流动性强的固定收益类金融产品(故A项符合题意)。限定性集合资产管理计划投资于业绩优良、成长性高、流动性强的股票等权益类证券以及股票型证券投资基金的资产，不得超过该计划资产净值的20%，并应当遵循分散投资风险的原则。因此，本题的正确答案为A。

35.【答案】B

【解析】代理客户办理专用证券账户，应当由证券公司向证券登记结算机构申请办理（故B项符合题意）。证券公司办理专用证券账户时，应当提交证券资产管理业务许可证明、与客户签订的定向资产管理合同以及证券登记结算机构规定的其他文件。因此，本题的正确答案为B。

36.【答案】D

【解析】证券公司应当在定向资产管理合同失效、被撤销、解除或者终止后15日内（故D项符合题意），向证券登记结算机构代为申请注销专用证券账户，或者根据客户要求，代理客户向证券登记机构申请将专用证券账户转换为普通证券账户。客户应当予以协助。专用证券账户注销后，证券公司应当在3个交易日内报证券交易所备案。因此，本题的正确答案为D。

37.【答案】A

【解析】管理风险主要是指证券公司在资产管理业务中由于管理不善、违规操作而导致管理的客户资产损失、违约或与客户发生纠纷等（故B、D项说法正确），可能承担赔偿责任而使证券公司受到损失。如与客户签订资产管理合同不规范、约定不明，操作人员违反合同约定买卖证券或划转资金，操作人员在经营中进行不必要的证券买卖损害委托人的利益等（故C项说法正确）。因此，本题的正确答案为A。

38.【答案】D

【解析】证券公司应当聘请具有证券相关业务资格的会计师事务所，对每个集合计划的运营情况进行年度审计。集合计划审计报告应当在每年度结束之日起60个交易日内（故D项符合题意），按照合同约定的方式向客户和资产托管机构提供，并报送住所地中国证监会派出机构备案。因此，本题的正确答案为D。

39.【答案】B

【解析】证券公司从事证券资产管理业务，接受一个客户的单笔委托资产价值低于规定的最低限额；投资范围或者投资比例违反规定的，责令改正，给予警告，没收违法所得，并处以违法所得1倍以上5倍以下的罚款（故B项符合题意）；没有违法所得或者违法所得不足10万元的，处以10万元以上30万元以下的罚款；情节严重的，暂停或者撤销其相关证券业务许可。对直接负责的主管人员和其他直接责任人员，给予警告，并处以3万元以上10万元以下的罚款；情节严重的，撤销任职资格或者证券从业资格。因此，本题的正确答案为B。

40.【答案】C

【解析】证券公司开展定向资产管理业务，应当于每季度结束之日起5日内，将签订

253

定向资产管理合同报注册地中国证监会派出机构备案。因此，本题的正确答案为C。

41．【答案】B

【解析】证券发行人派发股票红利或权证等证券的，登记结算公司按照证券公司客户信用交易的担保证券账户的实际余额记增红股或配发权证，并根据证券公司委托相应维护客户信用证券账户的明细数据。因此，本题的正确答案为B。

42．【答案】C

【解析】客户信用证券账户是证券公司根据证券登记结算公司相关规定为客户开立的、用于记载客户委托证券公司持有的担保证券的明细数据的账户。该账户是证券公司客户信用交易担保证券账户的二级证券账户，所以A、B、D项不符合题意。因此，本题的正确答案为C。

43．【答案】C

【解析】客户融资买入证券时，融资保证金比例不得低于50%。因此，本题的正确答案为C。

44．【答案】C

【解析】维持担保比例超过300%时（故C项符合题意），客户可以提取保证金可用余额中的现金或冲抵保证金的有价证券，但提取后维持担保比例不得低于300%。因此，本题的正确答案为C。

45．【答案】B

【解析】证券发行人派发股票红利或权证等证券的，登记结算公司按照证券公司客户信用交易的担保证券账户的实际余额记增红股或配发权证（故B项符合题意），并根据证券公司委托相应维护客户信用证券账户的明细数据。因此，本题的正确答案为B。

46．【答案】C

【解析】证券公司应当在每月结束后7个工作日内，向中国证监会、注册地证监会派出机构和证券交易所书面报告当月的下列情况：（1）融资融券业务客户的开户数量；（2）对全体客户和前10名客户的融资、融券余额；（3）客户交存的担保物种类和数量；（4）强制平仓的客户数量、强制平仓的交易金额；（5）有关风险控制指标值；（6）融资融券业务盈亏状况。因此，本题的正题答案为C。

47．【答案】B

【解析】根据《证券公司融资融券业务试点管理办法》的规定，证券公司不得向以下情形的客户融资融券：（1）对未按照要求提供有关情况；（2）在证券公司从事证券交易不足半年（故B项符合题意）；（3）交易结算资金未纳入第三方存管；（4）证券投资经验不足；（5）缺乏风险承担能力或者有重大违约记录的客户；（6）证券公司的股东、关联人。因此，本题的正确答案为B。

48．【答案】D

【解析】单只标的证券的融资余额达到该证券上市可流通市值的25%时（故D项符合题意），交易所可以在次一交易日暂停其融资买入，并向市场公布。当该标的证券的融资余额降低至20%以下时，交易所可以在次一交易日恢复其融资买入，并向市场公布。因此，本题的正确答案为D。

49．【答案】A

【解析】证券交易所质押式回购实行质押库制度（故A项符合题意）。融资方应在回购申报前，通过交易所交易系统申报提交相应的债券作质押。因此，本题的正确答案为A。

50．【答案】A

【解析】《上海证券交易所债券交易实施细则》规定，债券回购交易集中竞价时，其申报应当符合要求之一：计价单位为每百元资金到期年收益。因此，本题的正确答案为A。

51．【答案】D

【解析】中国人民银行是全国银行间债券市场的主管部门（故D项符合题意）。中国人民银行各分支机构对辖内金融机构的债券交易活动进行日常监督。因此，本题的正确答案为D。

52．【答案】A

【解析】质押券欠库的，中国结算公司在该日日终暂不交付或从其资金交收账户中扣划与质押券欠库量等额的资金。如次一交易日未补充申报提交，或补充申报提交质押券后相关证券账户仍然发生质押券欠库的，从该交易日起（含节假日）向该融资方结算参与人收取违约金。因此，本题的正确答案为A。

53．【答案】A

【解析】全国银行间市场买断式回购以净价交易，全价结算（故A项符合题意）。买断式回购的首期交易净价、到期交易净价和回购债券数量由交易双方确定，但到期交易净价加债券在回购期间的新增应计利息应大于首期交易净价。因此，本题的正确答案为A。

54．【答案】C

【解析】根据各结算参与人的风险程度，中国结算公司每月为各结算参与人确定最低结算备付金比例，并按照各结算参与人上月证券日均买入金额和最低结算备付金比例（故C项符合题意），确定其最低结算备付金限额。因此，本题的正确答案为C。

55．【答案】C

【解析】中国结算公司按照中国人民银行规定的金融同业活期存款利率向结算参与人计付结算备付金利息。结算备付金利息每季度结息一次（故C项符合题意），结息日为每季度第三个月的20日，应计利息记入结算参与人资金交收账户并滚入本金。因此，本题的正确答案为C。

56．【答案】B

【解析】买入股票应付金额 = 50 × 20 = 1000（万元）；申购新股应付金额 = 600 × 6

＝3600（万元）；应付金额总额＝1000＋3600＝4600（万元）。因此，本题的正确答案为B。

57．【答案】B

【解析】买股票应付资金＝50×20＝1000（万元）；申购新股应付资金＝600×6＝3600（万元）；应付资金总额＝1000+3600＝4600（万元）；需回购融入资金＝4600-4000＝600（万元）。因此，本题的正确答案为B。

58．【答案】C

【解析】国债买断式回购到期购回结算的交收时点为R+1日（R为到期日）14:00（故C项符合题意）。回购到期清算日（R日）9:00～15:00，融资方和融券方均可通过PROP系统对当日到期的一笔或多笔买断式回购申报不履约。因此，本题的正确答案为C。

59．【答案】C

【解析】根据我国证券交易所的相关规定，买卖、申购、赎回ETF的基金份额时，还应遵守下列规定：（1）当日申购的基金份额，同日可以卖出，但不得赎回（所以可以排除A项答案）；（2）当日买入的基金份额，同日可以赎回，但不得卖出（故可以排除B项答案）；（3）当日赎回的证券，同日可以卖出，但不得用于申购基金份额（故C项答案符合题意）；（4）当日买入的证券，同日可以用于申购基金份额（所以可以排除D项答案）。因此，本题的正确答案为C。

60．【答案】C

【解析】法人申请查询：客户填写《证券账户查询申请表》，并提交企业法人营业执照或注册登记证书的原件及复印件，或加盖发证机关确认章的复印件，或发证机关出具的注明注册号的遗失证明及复印件、经办人有效身份证明文件及复印件（故A项说法正确）。境内法人还需提供法定代表人证明书、法定代表人授权委托书和法定代表人有效身份证明文件复印件（故B、D项说法正确）；境外法人还需提供董事会或董事、主要股东授权委托书，以及授权人的有效身份证明文件复印件。因此，本题的正确答案为C。

二、多项选择题

1．【答案】ABCD

【解析】我国《证券法》规定，证券登记结算机构是为证券交易提供集中登记、存管与结算服务，不以营利为目的的法人。设立证券登记结算机构必须经国务院证券监督管理机构批准。证券登记结算机构应履行下列职能：（1）证券账户、结算账户的设立和管理（故D项符合题意）；(2)证券的存管和过户；(3)证券持有人名册登记及相关管理（故B项符合题意）；（4）证券和资金的清算交收及相关管理；（5）受发行人的委托派发证券权益（故C项符合题意）；（6）依法提供与证券登记结算业务有关的查询、信息、咨询和培训服务（故A项符合题意）；（7）中国证监会批准的其他业务。因此，本题的正确答案为ABCD。

2.【答案】AD

【解析】证券交易所会员取得席位后，享有下列权利（以深圳证券交易所为例）：(1)进入证券交易所参与证券交易（故A项符合题意）；(2)每个席位自动享有一个交易单元的使用权（故B项说法不正确）；(3)每个席位自动享有一个标准流速的使用权（故D项符合题意）；(4)每个席位每年自动享有交易类和非交易类申报各2万笔流量的使用权（故C项说法不正确);(5)证券交易所章程、业务规则规定享有的其他权利。因此，本题的正确答案为AD。

3.【答案】ABCD

【解析】证券交易所会员在享受权利的同时，也必须承担一定的义务：(1)遵守国家的有关法律法规、规章和政策，依法开展证券经营活动。(2)遵守证券交易所章程、各项规章制度，执行证券交易所决议。(3)派遣合格代表入场从事证券交易活动。(4)维护投资者和证券交易所的合法权益，促进交易市场的稳定发展。(5)按规定缴纳各项经费和提供有关信息资料以及相关的业务报表和账册。(6)接受证券交易所的监督等。因此，本题的正确答案为ABCD。

4.【答案】BC

【解析】境外证券经营机构驻华代表处申请成为证券交易所特别会员的条件是：依法设立且满1年（故A项说法不正确）；承认证券交易所章程和业务规则，接受证券交易所监管（故B项说法正确且符合题意）；其所属境外证券经营机构具有从事国际证券业务经验，且有良好的信誉和业绩（故C项说法正确且符合题意）；代表处及其所属境外证券经营机构最近1年无因重大违法违规行为而受主管当局处罚的情形（故D项说法不正确）。因此，本题的正确答案为BC。

5.【答案】AD

【解析】在委托买卖证券的过程中，证券经纪商作为受托人，享有一定的权利。主要有：(1)有拒绝接受不符合规定的委托要求的权利，即客户的委托要求应符合有关法律和规章制度的规定;(2)有按规定收取服务费用的权利(故A项符合题意)，如收取交易佣金等；(3)对违约或损害经纪商自身权益的客户，经纪商有通过留置其资金、证券或司法途径要求其履约或赔偿的权利（故D项符合题意）。因此，本题的正确答案为AD。

6.【答案】ABCD

【解析】证券经纪商必须承担一定的义务。这些义务主要体现了为委托人服务和公平买卖的原则。例如，坚持信誉为本、客户至上（故C项说法正确且符合题意）；坚持客户优先、委托优先（故B项说法正确且符合题意）；坚持为客户负责，但不代替客户进行决策（故D项说法正确且符合题意）；坚持公平交易，不得以非正当手段牟取私利（故A项说法正确且符合题意）。因此，本题的正确答案为ABCD。

7.【答案】ABCD

【解析】在委托指令中，不管是采用填写委托单还是自助委托方式，都需要反映客户买卖证券的基本要求或具体内容,这些主要体现在委托指令的基本要素中。以委托单为例，委托指令的基本要素包括：证券账户，日期，品种，买卖方向，数量，价格，时间，有效期，签名，其他内容。因此，本题的正确答案为 ABCD。

8．【答案】BD

【解析】上海证券交易所可以接受下列方式的市价申报：(1) 最优 5 档即时成交剩余撤销申报（故 B 项说法正确且符合题意），即该申报在对手方实时最优 5 个价位内以对手方价格为成交价逐次成交，剩余未成交部分自动撤销；(2) 最优 5 档即时成交剩余转限价申报（故 D 项说法正确且符合题意），即该申报在对手方实时 5 个最优价位内以对手方价格为成交价逐次成交，剩余未成交部分按本方申报最新成交价转为限价申报；如该申报无成交的，按本方最优报价转为限价申报；如无本方申报的，该申报撤销；(3) 上海证券交易所规定的其他方式。因此，本题的正确答案为 BD。

9．【答案】ACD

【解析】上海和深圳证券交易所规定，属于下列情形之一的，首个交易日不实行价格涨跌幅限制：(1) 首次公开发行上市的股票（上海证券交易所还包括封闭式基金）（故 A 项符合题意）；(2) 增发上市的股票（故 D 项符合题意）；(3) 暂停上市后恢复上市的股票（故 C 项符合题意）；(4) 证券交易所或中国证监会认定的其他情形。因此，本题的正确答案为 ACD。

10．【答案】ABCD

【解析】证券公司所属营业部经纪业务内部控制的主要内容和要求包括以下几方面：(1)建立健全客户账户管理制度(故 A 项说法正确且符合题意);(2)建立健全投资者教育、客户适当性管理制度，建立以"了解自己的客户"和"适当性服务"为核心的客户管理和服务体系（故 B 项说法正确且符合题意）；(3) 建立健全客户交易安全监控制度（故 C 项说法正确且符合题意);(4)建立健全客户回访制度，及时发现并纠正不规范行为;(5)建立健全客户投诉处理制度（故 D 项说法正确且符合题意），妥善处理客户投诉以及与客户的纠纷；(6) 建立健全客户资料管理制度。因此，本题的正确答案为 ABCD。

11．【答案】ABCD

【解析】在集合资产管理计划中，客户主要承担如下义务：(1) 按合同约定承担投资风险（故 B 项说法正确且符合题意）；(2) 保证委托资产来源及用途的合法性；(3) 不得非法汇集他人资金参与集合资产管理计划（故 C 项说法正确且符合题意）；(4) 不得转让有关集合资产管理合同或所持集合资产管理计划的份额（故 D 项说法正确且符合题意);(5) 按照合同的约定支付管理费、托管费及其他费用（故 A 项说法正确且符合题意）。因此，本题的正确答案为 ABCD。

12．【答案】ABCD

【解析】回购成交合同是回购双方就回购交易所达成的协议。回购成交合同应采用书面形式,具体包括全国银行间同业拆借中心交易系统生成的成交单、电报、电传、传真、合同书和信件等。因此,本题的正确答案为 ABCD。

13.【答案】CD

【解析】目前,上海证券交易所实行标准券制度的债券质押式回购分为 1 天、2 天、3 天、4 天、7 天、14 天、28 天、91 天、182 天 9 个品种,代码分别为 GC001、GC002、GC003、GC004、GC007、GC014、GC028、GC091 和 GC182。深圳证券交易所现有实行标准券制度的债券质押式回购有 1 天、2 天、3 天、4 天、7 天、14 天、28 天、63 天、91 天、182 天、273 天 11 个品种,代码分别为 R001、R002、R003、R004、R007、R014、R028、R063、R091、R182 和 R273;实行标准券制度的质押式企业债回购有 1 天、2 天、3 天、7 天 4 个品种,代码分别为 RC-001、RC-002、RC-003 和 RC-007。因此,本题的正确答案为 CD。

14.【答案】ABC

【解析】中央国债登记结算有限责任公司(简称"中央结算公司")为中国人民银行指定的办理债券的登记、托管与结算的机构。因此,本题的正确答案为 ABC。

15.【答案】ABCD

【解析】买断式回购的这一特性对完善市场功能具有重要意义,主要表现在:(1)有利于降低利率风险,合理确定债券和资金的价格(故 A 项说法正确且符合题意)。买断式回购使大量的债券不再像质押式回购那样被冻结,保证了市场上可供交易的债券量,缓解了债券供求矛盾,从而提高了债券市场的流动性,有利于合理地确定债券和资金的价格。(2)有利于金融市场的流动性管理(故 B 项说法正确且符合题意)。债券资产在商业银行、保险公司以及证券公司和基金公司等金融机构的资产结构中占有相当重要的地位,而债券回购业务是其调整头寸、进行资金管理的重要工具。这些机构的资产流动性管理始终贯穿于其经营管理的全过程,也是体现其经营管理水平的重要标志。买断式回购可以使大量回购债券不被冻结,突破了质押式回购在流动性管理方面存在的隐患和桎梏,提高了债券的利用效率,可以满足金融市场流动性管理的需要(故 D 项说法正确且符合题意)。(3)有利于债券交易方式的创新(故 C 项说法正确且符合题意)。买断式回购使交易双方处于对称的地位。对正回购方而言,由于回购协议具有较低的利率和较低的保证金要求,所以正回购方可以利用融入的资金建立一个具有杠杆作用的证券远期多头。对于逆回购方来说,不仅可以防止因为正回购方到期拒付资金而给逆回购方带来损失,而且逆回购方还可以利用回购"买断"的债券进行相应的规避利率风险和套利的操作。如果将买断式回购、现券买卖、质押式回购以及其他远期交易新品种等金融工具配合操作,可以组合产生一系列新的交易方式,满足投资者债券结构调整、规避利率风险等要求。因此,本题的正确答案为 ABCD。

16．【答案】CD

【解析】买断式回购发生违约，对违约事实或违约责任存在争议的，交易双方可以协议申请仲裁或者向人民法院提起诉讼，并将最终仲裁或诉讼结果报告同业中心和中央结算公司（故C、D项符合题意）。同业中心和中央结算公司应在接到报告后5个工作日内将最终结果予以公告。因此，本题的正确答案为CD。

17．【答案】ABCD

【解析】上海证券交易所买断式回购的履约金制度与银行间市场的保证金或保证券制度的初衷类似，也是为了防范到期违约风险。但相比而言，上海证券交易所履约金制度还存在以下特点：(1)双方均需缴纳履约金（故A项说法正确且符合题意），而在银行间市场，是否引入保证金或保证券由交易双方协商。(2)履约金比率由交易所确定（故B项说法正确且符合题意），而在银行间市场，保证金或保证券的金额也由双方协商。(3)履约金到期归属按规则判定（故C项说法正确且符合题意），而银行间市场则没有此类规则。上海证券交易所规定，回购到期双方按约履行的，履约金返还各自一方；如单方违约（含无力履约和主动申报"不履约"两种情况），违约方的履约金归守约方所有；如双方违约，双方各自缴纳的履约金划归证券结算风险基金。(4)违约方承担的违约责任只以支付履约金为限（故D项说法正确且符合题意），实际履约义务可以免除；而在银行间市场，保证金或保证券处置后仍不能弥补违约损失的，一般情况下守约方可以继续向违约方追索。与此相对应，上海证券交易所买断式回购到期日闭市前，融资方和融券方均可就该日到期回购进行不履约申报。因此，本题的正确答案为ABCD。

18．【答案】ACD

【解析】全国银行间市场买断式回购以净价交易，全价结算。买断式回购的首期交易净价、到期交易净价和回购债券数量由交易双方确定（所以B项不符合题意），但到期交易净价加债券在回购期间的新增应计利息应大于首期交易净价。因此，本题的正确答案为ACD。

19．【答案】CD

【解析】深圳证券交易所现有实行标准券制度的债券质押式回购有1天、2天、3天、4天、7天、14天、28天、63天、91天、182天、273天11个品种（故C、D项符合题意），实行标准券制度的质押式企业债回购有1天、2天、3天、7天4个品种；代码分别为R001、R002、R003、R004、R007、R014、R028、R063、R091、R182和R273。因此，本题的正确答案为CD。

20．【答案】BCD

【解析】净额清算方式的主要优点是可以简化操作手续，减少资金在交收环节的占用。应该注意的是，在实行滚动交收的情况下，清算价款时同一清算期内发生的不同种类证券的买卖价款可以合并计算，但不同清算期发生的价款不能合并计算；清算证券时，只有在同一清算期内且同种的证券才能合并计算。因此，本题的正确答案为 BCD。

21．【答案】AD

【解析】证券清算和资金交收是证券结算的两个方面。因此，本题的正确答案为 AD。

22．【答案】ACD

【解析】过户费是委托买卖的股票、基金成交后，买卖双方为变更证券登记所支付的费用。这笔收入属于中国结算公司的收入，由证券公司在同投资者清算交收时代为扣收。上海证券交易所和深圳证券交易所在过户费的收取上略有不同。在上海证券交易所，A 股的过户费为成交面额的 1‰，起点为 1 元；在深圳证券交易所，免收 A 股的过户费（故 B 项说法正确但不符合题意）。对于 B 股，这项费用称为结算费。在上海证券交易所为成交金额的 0.5‰（故 C 项说法不正确但符合题意）；在深圳证券交易所亦为成交金额的 0.5‰（故 D 项说法不正确但符合题意），但最高不超过 500 港元。基金交易目前不收过户费（故 A 项说法不正确且不符合题意）。因此，本题的正确答案为 ACD。

23．【答案】ABCD

【解析】人民币普通股票账户简称"A 股账户"，其开立仅限于国家法律法规和行政规章允许买卖 A 股的境内投资者和合格境外机构投资者。A 股账户按持有人分为自然人证券账户、一般机构证券账户、证券公司自营证券账户和基金管理公司的证券投资基金专用证券账户等，故 A、B、C、D 项都符合题意。在实际运用中，A 股账户是我国目前用途最广、数量最多的一种通用型证券账户，既可用于买卖人民币普通股票，也可用于买卖债券、上市基金、权证等各类证券。因此，本题的正确答案为 ABCD。

24．【答案】AD

【解析】股票网上发行是利用证券交易所的交易系统，新股发行主承销商在证券交易所挂牌销售，投资者通过证券营业部交易系统进行申购的发行方式。股票网上发行方式按发行价格决定机制划分，有网上定价发行和网上竞价发行（故 A、D 项符合题意）。在我国，绝大多数股票采用了网上定价发行。此外，在网上定价发行中，具体形式有多种，如过去曾采用过的网上累计投标询价发行和网上定价市值配售等发行方式。因此，本题的正确答案为 AD。

25．【答案】ABD

【解析】2000 年以后，我国新股发行出现过多种形式，如上网定价发行（故 B 项符合题意），网上累计投标询价发行（故 A 项符合题意），对一般投资者上网发行和对法人配售结合方式（故 D 项符合题意），向二级市场投资者市场配售等。其中，网上累计投标询价发行和网上定价市值配售也都属于网上定价发行模式。因此，本题的正确答案为 ABD。

26．【答案】BCD

【解析】股份转让的转让日根据股份转让公司质量，实行区别对待，分类转让。同时满足以下条件的股份转让公司，股份实行每周5次（周一至周五）的转让方式：（1）规范履行信息披露义务。（2）股东权益为正值或净利润为正值。（3）最近年度财务报告未被注册会计师出具否定意见或拒绝发表意见。因此，本题的正确答案为BCD。

27．【答案】ABC

【解析】证券账户持有人可以查询其账户的注册资料、证券余额、证券变更及其他相关内容。因此，本题的正确答案为ABC。

28．【答案】BCD

【解析】根据《深圳证券交易所交易规则》的规定，在深圳证券交易所进行的证券买卖符合以下条件的，可以采用大宗交易方式：（1）A股单笔交易数量不低于50万股，或者交易金额不低于300万元人民币。（2）B股单笔交易数量不低于5万股，或者交易金额不低于30万元港币。（3）基金单笔交易数量不低于300万份，或者交易金额不低于300万元人民币。（4）债券单笔现货交易数量不低于5000张(以100元人民币面额为1张)或者交易金额不低于50万元人民币。（5）债券单笔质押式回购交易数量不低于5000张（以人民币100元面额为1张）或者交易金额不低于50万元人民币。（6）多只A股合计单向买入或卖出的交易金额不低于500万元人民币，且其中单只A股的交易数量不低于20万股。（7）多只基金合计单向买入或卖出的交易金额不低于500万元人民币，且其中单只基金的交易数量不低于100万份。（8）多只债券合计单向买入或卖出的交易金额不低于500万元人民币，且其中单只债券的交易数量不低于1.5万张。因此，本题的正确答案为BCD。

29．【答案】BD

【解析】参与者的自主报价分为两类：公开报价和对话报价。公开报价还可进一步分为单边报价和双边报价两类。因此，本题的正确答案为BD。

30．【答案】AD

【解析】公开报价可进一步分为单边报价和双边报价两类。单边报价是指参与者为表明自身对资金或债券的供给或需求而面向市场做出的公开报价。双边报价是指经批准的参与者在进行现券买卖公开报价时，在中国人民银行核定的债券买卖价差范围内连续报出该券种的买卖实价，并可同时报出该券种的买卖数量、清算速度等交易要素。进行双边报价的参与者有义务在报价的合理范围内与对手方达成交易。因此，本题的正确答案为AD。

31．【答案】ABCD

【解析】清算与交收的联系。从时间发生及运作的次序来看，清算是交收的基础和保证，交收是清算的后续与完成。清算结果正确才能确保交收顺利进行；而只有通过交收，才能最终完成证券或资金收付，结束整个交易过程。因此，本题的正确答案为ABCD。

32.【答案】ABC

【解析】证券自营买卖的对象主要有两大类：(1) 依法公开发行的证券。这类证券主要是股票、债券、权证、证券投资基金等，这是证券公司自营买卖的主要对象。(2) 中国证监会认可的其他证券。目前，这类证券主要是已发行在外但没有在证券交易所挂牌交易的非上市证券。这类证券的自营买卖主要通过银行间市场、证券公司的营业柜台实现。因此，本题的正确答案为ABC。

33.【答案】ACD

【解析】自营业务与经纪业务相比较，根本区别是自营业务是证券公司为盈利而自己买卖证券，经纪业务是证券公司代理客户买卖的证券。具体表现在以下几点：(1) 决策的自主性（故A项符合题意）；(2) 交易的风险性（故C项符合题意）；(3) 收益的不确定性（故D项符合题意）。因此，本题的正确答案为ACD。

34.【答案】ABD

【解析】货银对付（DVP）又称款券两讫或钱货两清。货银对付是指证券登记结算机构与结算参与人在交收过程中，当且仅当资金交付时给付证券，证券交付时给付资金。通俗地说，就是"一手交钱、一手交货"。根据货银对付原则，一旦结算参与人未能履行对证券登记结算机构的资金交收义务，证券登记结算机构就可以暂不向其交付其买入的证券，反之亦然。货银对付通过实现资金和证券的同时划转，可以有效规避结算参与人交收违约带来的风险，大大提高证券交易的安全性。因此，本题的正确答案为ABD。

35.【答案】AC

【解析】一般情况下，通过证券交易所达成的交易需采取净额清算方式。净额清算又称差额清算，指在一个清算期中，对每个结算参与人价款的清算只计其各笔应收、应付款项相抵后的净额，对证券的清算只计每一种证券应收、应付相抵后的净额。净额清算又分为双边净额清算和多边净额清算（所以B、D项不符合题意）。因此，本题的正确答案为AC。

36.【答案】ABCD

【解析】金融期权的基本类型是买入期权和卖出期权。前者指期权的买方具有在约定期限内按协定价格买入一定数量金融工具的权利，后者指期权的买方具有在约定期限内按协定价格卖出一定数量金融工具的权利。如果按照金融期权基础资产性质的不同，金融期权还可以分为股权类期权、利率期权、货币期权、金融期货合约期权、互换期权等。因此，本题的正确答案为ABCD。

37.【答案】AD

【解析】公平原则是指参与交易的各方应当获得平等的机会。它要求证券交易活动中的所有参与者都有平等的法律地位，各自的合法权益都能得到公平保护。在证券交易活动中，有各种各样的交易主体，这些交易主体的资金数量、交易能力等可能各不相同，但不能因此而给予不公平的待遇或者使其受到某些方面的歧视。因此，本题的正确答案为 AD。

38.【答案】ABC

【解析】所谓集合竞价，是指对在规定的一段时间内接受的买卖申报一次性集中撮合的竞价方式。根据我国证券交易所的相关规定，集合竞价确定成交价的原则为：(1) 可实现最大成交量的价格。(2) 高于该价格的买入申报与低于该价格的卖出申报全部成交的价格。(3) 与该价格相同的买方或卖方至少有一方全部成交的价格。因此，本题的正确答案为 ABC。

39.【答案】ABCD

【解析】可转换债券的初始转股价格可因公司送红股、增发新股、配股或降低转股价格时进行调整，具体调整情况公司应予以公告。若出现不足转换 1 股的可转债余额时，在 T+1 日交收时由公司通过中国结算公司以现金兑付。因此，本题的正确答案为 ABCD。

40.【答案】ACD

【解析】证券公司申请设立集合资产管理计划，应当按规定的内容与格式制作申请材料，并聘请律师事务所对拟设立集合资产管理计划的合规性和申报材料的真实性、准确性、完整性出具法律意见。因此，本题的正确答案为 ACD。

三、判断题

1.【答案】A

【解析】公开原则又称信息公开原则，指证券交易是一种面向社会的、公开的交易活动。其核心要求是实现市场信息的公开化。根据这一原则的要求，证券交易参与各方应依法及时、真实、准确、完整地向社会发布有关信息。因此，本题的正确答案为 A。

2.【答案】A

【解析】期货交易与远期交易有类似的地方，都是现在定约成交，将来交割。但远期交易是非标准化的，在场外市场进行；期货交易则是标准化的，有规定格式的合约，一般在场内市场进行。现货交易和远期交易以通过交易获取标的物为目的；而期货交易在多数情况下不进行实物交收，而是在合约到期前进行反向交易、平仓了结。因此，本题的正确答案为 A。

3.【答案】A

【解析】证券交易所的组织形式有会员制和公司制两种。因此，本题的正确答案为 A。

4.【答案】B

【解析】股票是一种有价证券，是股份有限公司签发的证明股东所持股份的凭证。股票可以表明投资者的股东身份和权益，股东可以据以获取股息和红利。股票交易就是以股票为对象进行的流通转让活动。因此，本题的正确答案为B。

5.【答案】A

【解析】在证券交易发展的早期，柜台市场（又称"店头市场"）是一种重要的形式，许多有价证券的买卖是在银行或证券公司等金融机构的柜台上进行的。因此，本题的正确答案为A。

6.【答案】B

【解析】债券交易就是以债券为对象进行的流通转让活动。根据发行主体的不同，债券主要有政府债券、金融债券和公司债券三大类。这三类债券都是债券市场上的交易品种。政府债券是国家为了筹措资金而向投资者出具的，承诺在一定时期支付利息和到期还本的债务凭证。政府债券的发行主体是中央政府和地方政府。中央政府发行的债券称为国债，地方政府发行的债券称为地方债。金融债券是指银行及非银行金融机构依照法定程序发行并约定在一定期限内还本付息的有价证券。公司债券是公司依照法定程序发行、约定在一定期限还本付息的有价证券。因此，本题的正确答案为B。

7.【答案】A

【解析】金融债券是指银行及非银行金融机构依照法定程序发行并约定在一定期限内还本付息的有价证券。公司债券是公司依照法定程序发行、约定在一定期限还本付息的有价证券。因此，本题的正确答案为A。

8.【答案】A

【解析】货银对付是指证券登记结算机构与结算参与人在交收过程中，当且仅当资金交付时给付证券，证券交付时给付资金。通俗地说，就是"一手交钱、一手交货"。因此，本题的正确答案为A。

9.【答案】B

【解析】证券的流动性是证券市场生存的条件。如果证券市场缺乏流动性，或者说不能提供充分的流动性，证券市场的功能就要受到影响。从积极的意义上看，证券市场流动性为证券市场有效配置资源奠定了基础。证券市场流动性包含两个方面的要求，即成交速度和成交价格。如果投资者能以合理的价格迅速成交，则市场流动性好。反过来，单纯是成交速度快，并不能完全表示流动性好。因此，本题的正确答案为B。

10.【答案】A

【解析】对于记名证券而言，完成了清算和交收，还有一个登记过户的环节。完成了登记过户，证券交易过程才告结束。因此，本题的正确答案为A。

11.【答案】B

【解析】特别会员享有的权利有：（1）列席证券交易所会员大会；（2）向证券交易所提出相关建议；（3）接受证券交易所提供的相关服务。因此，本题的正确答案为B。

12.【答案】B

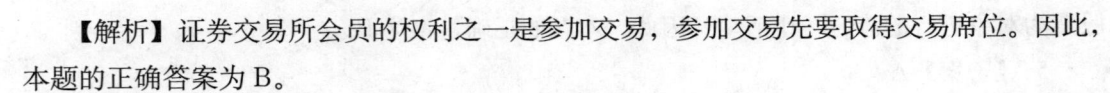

【解析】证券交易所会员的权利之一是参加交易，参加交易先要取得交易席位。因此，本题的正确答案为B。

13．【答案】B

【解析】交易席位可以转让，但转让席位必须按照证券交易所的有关规定。根据现行制度：席位只能在会员间转让；会员转让席位的，应当将席位所属权益一并转让；会员转让席位，应当签订转让协议，并向证券交易所提出申请。证券交易所自受理之日起5个工作日内对申请进行审核，并作出是否同意的决定。因此，本题的正确答案为B。

14．【答案】A

【解析】交易单元是指证券交易所会员取得席位后向证券交易所申请设立的、参与证券交易所证券交易与接受证券交易所监管及服务的基本业务单位。因此，本题的正确答案为A。

15．【答案】A

【解析】证券交易所要对会员进行监督管理，其中重要的一环是制定具体的会员管理规则。这一规则的内容包括总则、会员资格管理、席位与交易权限管理、证券交易及相关业务管理、日常管理、监督检查和纪律处分等。因此，本题的正确答案为A。

16．【答案】B

【解析】在委托买卖证券过程中，客户作为委托人享有一定的权利，但在享有权利的同时也必须承担相应的义务。证券经纪商作为受托人，享有一定的权利，同时也必须承担相应的义务。因此，本题的正确答案为B。

17．【答案】A

【解析】委托指令的基本要素之一：时间，这是指客户填写委托单的具体时点，也可由证券经纪商填写委托时点，即上午某时某分或下午某时某分。这是检查证券经纪商是否执行时间优先原则的依据。因此，本题的正确答案为A。

18．【答案】A

【解析】人工电话委托是指客户将委托要求通过电话报给证券经纪商，证券经纪商根据电话委托内容向证券交易所交易系统申报。因此，本题的正确答案为A。

19．【答案】B

【解析】上海证券交易所和深圳证券交易所都规定，客户可以采用限价委托或市价委托的方式委托会员买卖证券。同时，证券交易所也接受会员的限价申报和市价申报。不过，市价申报只适用于有价格涨跌幅限制证券连续竞价期间的交易。因此，本题的正确答案为B。

20．【答案】B

【解析】合规风险主要情形之一：在与客户签订业务合同之前未按规定指定专人向客户讲解有关业务规则和合同内容，并以书面方式向其揭示投资风险；因此，本题的正确答案为 B。

21. 【答案】A

【解析】证券经纪业务的风险是指证券公司在开展证券经纪业务过程中因种种原因而导致其自身利益遭受损失的可能性。按风险起因不同，经纪业务风险主要包括合规风险、管理风险和技术风险等。因此，本题的正确答案为 A。

22. 【答案】A

【解析】管理风险的防范之一：建立客户投诉处理及责任追究机制。应明确客户投诉和纠纷处理流程，并以适当形式向客户公示。公司总部和营业网点至少在营业时间投诉电话有人值守，投诉事项有人受理并及时反馈客户。对公司从业人员在执业过程中的违法违规行为，按照有关法律法规和公司有关制度的规定，追究其责任。因此，本题的正确答案为 A。

23. 【答案】A

【解析】自然人及一般机构开立证券账户，可以通过中国结算公司委托的分布在全国各地的开户代理机构办理。目前多数证券公司营业部都取得了开户代理资格，可以代理中国结算公司为投资者开立证券账户。投资者通过开户代理机构开立证券账户的流程是：开户代理机构受理投资者申请，申请材料审核合格后实时向中国结算公司上传开户申请；中国结算公司收到后进行审核，对于合规的申请予以配号，并实时将审核结果返回各开户代理机构；开户代理机构对已配号的申请，使用中国结算公司统一制作的证券账户纸卡，打印证券账户卡交申请人。目前，上海证券账户当日开立，次一交易日生效。深圳证券账户当日开立，当日即可用于交易。因此，本题的正确答案为 A。

24. 【答案】A

【解析】采用网上竞价发行方式，由投资者竞价产生的发行价格反映了市场供求的平衡点，与二级市场上的交易价格无多大的差别，因而竞价发行保证了发行市场与交易市场价格的连续性，实现了发行市场与交易市场的平稳顺利对接。因此，本题的正确答案为 A。

25. 【答案】A

【解析】（1）发行公告的刊登。发行人和主承销商应在网上发行申购日一个交易日之前刊登网上发行公告，可以将网上发行公告与网下发行公告合并刊登；（2）已经参与网下初步询价的配售对象不得参与网上申购；（3）网上发行与网下发行的回拨。发行人可以进行网上发行数量与网下发行数量的回拨。如作回拨安排，发行人和主承销商应在网上申购资金验资当日通知证券交易所。发行人和主承销商未在规定时间内通知证券交易所的，发行人和主承销商不得进行回拨处理；（4）网下股份登记。网下发行结束后，发行人向中国结算公司提交相关材料申请办理股权登记，中国结算公司在其材料齐备的前提下 2 个交易日内完成登记。网上与网下股份登记完成后，中国结算公司将新股股东名册交予发行人。因此，本题的正确答案为 A。

26．【答案】A

【解析】发行人可以进行网上发行数量与网下发行数量的回拨。如作回拨安排，发行人和主承销商应在网上申购资金验资当日通知证券交易所。发行人和主承销商未在规定时间内通知证券交易所的，发行人和主承销商不得进行回拨处理。因此，本题的正确答案为 A。

27．【答案】A

【解析】分红派息主要是上市公司向其股东派发红利和股息的过程，也是股东实现自己权益的过程。分红派息的形式主要有现金股利和股票股利两种。上市公司分红派息须在每年决算并经审计之后，由董事会根据公司盈利水平和股息政策确定分红派息方案，提交股东大会审议。随后，董事会根据审议结果向社会公告分红派息方案，并规定股权登记日。因此，本题的正确答案为 A。

28．【答案】A

【解析】上海证券交易所网络投票系统基于交易系统，投资者通过交易系统进行投票。深圳证券交易所网络投票系统基于交易系统和互联网，投资者通过交易系统进行投票，也可以通过互联网进行投票。通过交易系统进行投票，其操作类似于新股申购。通过互联网投票系统投票的投资者需申请密码，并要在互联网注册，然后通过交易系统激活。因此，本题的正确答案为 A。

29．【答案】A

【解析】配股权证是上市公司给予其老股东的一种认购该公司股份的权利证明。配股权证分配方案的产生与分红派息方案的产生大致相同，即首先由董事会提出配股方案，经股东大会审议通过后，向社会公告。在现阶段，我国 A 股的配股权证不挂牌交易，不允许转托管。因此，本题的正确答案为 A。

30．【答案】A

【解析】上海证券交易所交易系统控制证券公司的可配股总量及投资者明细账户的可配股数量。每日交易结束后，证券公司根据上海证券交易所发回的成交回报数据确认配股数据。若申报账户的配股数量小于或等于证券公司的可配股总量，且小于或等于该账户的可配股数量，则按申报数量予以确认，否则配股申报无效。对于那些在配股期内尚未办理全面指定交易的投资者，在选择证券公司办理指定交易后，即可委托该证券公司进行配股。因此，本题的正确答案为 A。

31．【答案】B

【解析】投资者通过深圳证券交易所认购上市开放式基金，应持深圳市场人民币普通股票账户或证券投资基金账户（以下简称"深圳证券账户"）。投资者通过基金管理人及其他代销机构认购上市开放式基金，应使用中国结算公司深圳开放式基金账户。因此，本题的正确答案为 B。

32.【答案】A

【解析】柜台自营买卖，是指证券公司在其营业柜台以自己的名义与客户之间进行的证券自营买卖。这种自营买卖比较分散，交易品种较单一，一般仅为非上市的债券，通常交易量较小，交易手续简单、清晰，费时也少。因此，本题的正确答案为 A。

33.【答案】B

【解析】证券自营买卖的对象之一：依法公开发行的证券。这类证券主要是股票、债券、权证、证券投资基金等，这是证券公司自营买卖的主要对象。这类证券主要是上市证券，上市证券的自营买卖是证券公司自营业务的主要内容。因此，本题的正确答案为 B。

34.【答案】B

【解析】证券公司进行证券自营买卖，其收益主要来源于低买高卖的价差。但这种收益有很大的不确定性，有可能是收益，也有可能是损失，而且收益与损失的数量也无法事先准确预计。因此，本题的正确答案为 B。

35.【答案】A

【解析】中国证监会及其派出机构对从事证券自营业务过程中涉嫌违反国家有关法规的证券公司，将进行调查，并可要求提供、复制或封存有关业务文件、资料、账册、报表、凭证和其他必要的资料。对中国证监会及其派出机构的检查和调查，证券公司不得以任何理由拒绝或拖延提供有关资料，或提供不真实、不准确、不完整的资料。在调查过程中，证券公司主要负责人和直接相关人员不得以任何理由逃避调查。中国证监会及其派出机构还可以要求证券公司有关人员在指定时间和地点提供有关证据。因此，本题的正确答案为 A。

36.【答案】A

【解析】证券公司进行集合资产管理业务投资运作，在证券交易所进行证券交易的，应当通过专用交易单元进行，集合计划账户、专用交易单元应当报证券交易所、证券登记结算机构及公司住所地中国证监会派出机构备案。集合资产管理计划资产中的证券，不得用于回购。因此，本题的正确答案为 A。

37.【答案】B

【解析】专用证券账户仅供定向资产管理业务使用，并且只能由代理办理专用证券账户的证券公司使用，不得办理转托管或者转指定，中国证监会另有规定的除外。因此，本题的正确答案为 B。

38.【答案】A

【解析】证券公司从事定向资产管理业务，买卖证券交易所的交易品种，应当使用定向资产管理专用证券账户。专用证券账户应当以客户名义开立，客户也可以申请将其普通证券账户转换为专用证券账户。客户开立专用证券账户，或者将普通证券账户转换为专用证券账户,应当委托证券公司向证券登记结算机构申请办理。专用证券账户名称为"客户名称",证券登记结算机构应当对专用证券账户进行标识。因此,本题的正确答案为A。

39．【答案】B

【解析】推广安排之一：证券公司、推广机构应当保证每一份集合资产管理合同的金额不得低于《试行办法》规定的最低金额,并防止客户非法汇集他人资金参与集合资产管理计划。因此,本题的正确答案为B。

40．【答案】B

【解析】上海证券交易所有关规定如下：集合资产管理计划的投资交易活动应当集中在专用账户和专用交易单元上进行。单个会员管理的多个集合资产管理计划由同一托管机构托管的,可以共用一个专用交易单元。因此,本题的正确答案为B。

41．【答案】B

【解析】深圳证券交易所有关规定如下：会员集合资产管理计划的证券交易活动应当通过自有专用交易单元进行。一个集合资产管理计划应当使用1个专用交易单元；单个会员管理的由同一托管机构托管的所有集合资产管理计划应当使用同一个专用交易单元。因此,本题的正确答案为B。

42．【答案】A

【解析】集合资产管理规模在开始运作之日起6个月内首次达到合同约定比例的,应于次日以书面形式向上海证券交易所报告达到的日期及投资组合情况；因证券市场波动等外部因素致使组合投资比例不符合集合资产管理合同约定的,应在10个工作日内进行调整并于调整次日以书面形式向上海证券交易所报告调整情况；发生投资者巨额退出或出现其他可能对集合资产管理计划的持续运作产生重大影响的,应在发生之日起2个工作日内以书面形式向上海证券交易所报告有关情况。因此,本题的正确答案为A。

43．【答案】A

【解析】证券公司在开展资产管理业务中禁止的行为之一：通过报刊、电视、广播、互联网和其他公共媒体公开推介具体的定向资产管理业务方案和集合资产管理计划。因此,本题的正确答案为A。

44．【答案】A

【解析】市场风险主要是指因不可预见和控制的因素导致市场波动,造成证券公司管理的客户资产亏损。这是证券公司资产管理业务运作中面临的主要风险。该风险按《试行办法》规定应在资产管理合同中约定由客户承担。证券公司不得向客户做出保证资产本金不受损失或取得最低收益的承诺。因此,本题的正确答案为A。

45．【答案】A

【解析】客户要在证券公司开展融资融券业务,应由客户本人向证券公司营业部提出申请。客户申请时应向证券公司营业部提交证券公司规定的相关材料。因此,本题的正确答案为 A。

46．【答案】A

【解析】日均换手率是指过去 3 个月内标的证券或基准指数每日换手率的平均值。因此，本题的正确答案为 A。

47．【答案】A

【解析】当融资买入证券市值低于融资买入金额或融券卖出证券市值高于融券卖出金额时，折算率按 100% 计算。因此，本题的正确答案为 A。

48．【答案】B

【解析】标的证券为股票的，应当符合的条件之一是：在交易所上市交易满 3 个月。因此，本题的正题答案为 B。

49．【答案】A

【解析】司法机关依法对客户信用证券账户或者信用资金账户记载的权益采取财产保全或者强制执行措施的，证券公司应当处分担保物，实现因向客户融资融券所生债权，并协助司法机关执行。因此，本题的正确答案为 A。

50．【答案】A

【解析】单只标的证券的融券余量达到该证券上市可流通量的 25% 时，交易所可以在次一交易日暂停其融券卖出，并向市场公布。当该标的证券的融券余量降低至 20% 以下时，交易所可以在次一交易日恢复其融券卖出，并向市场公布。因此，本题的正确答案为 A。

51．【答案】A

【解析】单一证券的市场融资买入量或者融券卖出量占其市场流通量的比例达到规定的最高限额的，证券交易所可以暂停接受该种证券的融资买入指令或者融券卖出指令。因此，本题的正确答案为 A。

52．【答案】A

【解析】2008 年，上海证券交易所规定国债、企业债、公司债等可参与回购的债券均可折成标准券，并可合并计算，不再区分国债回购和企业债回购．深圳证券交易所仍维持原状，规定国债、企业债折成的标准券不能合并计算。因此需要区分国债回购和企业债回购。因此，本题的正确答案为 A。

53．【答案】A

【解析】《上海证券交易所债券交易实施细则》规定，债券回购交易集中竞价时，其申报应当符合的要求之一：申报单位为手，1000 元标准券为 1 手。因此，本题的正确答案为 A。

54．【答案】B

【解析】在债券质押式回购交易中，融资方是指在债券回购交易中融入资金、出质债

271

券的一方；融券方是指在债券回购交易中融出资金、享有债券质权的一方。可见，融券方只是取得了暂时的质权，而非所有权。因此，本题的正确答案为B。

55．【答案】B

【解析】2007年公司债推出后，证券交易所又进一步允许公司债[包括普通公司债和分离交易的可转换公司债券中的公司债（简称"分离债"）]进行质押式回购。因此，目前交易所上市的各类债券都可以用作质押式回购。因此，本题的正确答案为B。

56．【答案】A

【解析】违约方承担的违约责任只以支付履约金为限，实际履约义务可以免除；而在银行间市场，保证金或保证券处置后仍不能弥补违约损失的，一般情况下守约方可以继续向违约方追索。与此相对应，上海证券交易所买断式回购到期日闭市前，融资方和融券方均可就该日到期回购进行不履约申报。因此，本题的正确答案为A。

57．【答案】A

【解析】全国银行间市场规定进行买断式回购，任何一家市场参与者单只券种的待返售债券余额应小于该只债券流通量的20%，任何一家市场参与者待返售债券总余额应小于其在中央结算公司托管的自营债券总额的200%。同业中心和中央结算公司每日向市场披露上一交易日单只券种买断式回购待返售债券总余额占该券种流通量的比例等买断式回购业务信息。这些规定有利于防范承担返售债券义务的正回购方被迫高价买券或违约的风险，有利于维护债券市场的正常秩序。因此，本题的正确答案为A。

58．【答案】B

【解析】净额清算又分为双边净额清算和多边净额清算。双边净额清算指将结算参与人相对于另一个交收对手方的证券和资金的应收、应付额加以轧抵，得出该结算参与人相对于另一个交收对手方的证券和资金的应收、应付净额。多边净额清算是指将结算参与人所有达成交易的应收、应付证券或资金予以冲抵轧差，计算出该结算参与人相对于所有交收对手方累计的应收、应付证券或资金的净额。因此，本题的正确答案为B。

59．【答案】B

【解析】共同对手方是指在结算过程中，同时作为所有买方和卖方的交收对手并保证交收顺利完成的主体，一般由结算机构充当。因此，本题的正确答案为B。

60．【答案】A

【解析】结算系统参与人无对应交易席位且已结清与中国结算公司的一切债权、债务后，可申请终止在中国结算公司的结算业务，撤销结算账户。因此，本题的正确答案为A。